中联律师事务所
SGLA LAW FIRM

刑事诉讼之
家属常见**132**问

主　编 \ 姚志刚

副主编 \ 杜小兰　符　颖

西南财经大学出版社
Southwestern University of Finance & Economics Press
中国·成都

图书在版编目(CIP)数据

刑事诉讼之家属常见 132 问/姚志刚主编;杜小兰,符颖副主编.—成都:西南财经大学出版社,2023.9
ISBN 978-7-5504-5924-3

Ⅰ.①刑… Ⅱ.①姚…②杜…③符… Ⅲ.①刑事诉讼—中国—问题解答 Ⅳ.①D925.213-44

中国国家版本馆 CIP 数据核字(2023)第 165772 号

刑事诉讼之家属常见 132 问

XINGSHI SUSONG ZHI JIASHU CHANGJIAN 132 WEN

主　编　姚志刚
副主编　杜小兰　符　颖

责任编辑:周晓琬
责任校对:肖　翀
封面设计:何东琳设计工作室
责任印制:朱曼丽

出版发行	西南财经大学出版社(四川省成都市光华村街 55 号)
网　　址	http://cbs.swufe.edu.cn
电子邮件	bookcj@swufe.edu.cn
邮政编码	610074
电　　话	028-87353785
照　　排	四川胜翔数码印务设计有限公司
印　　刷	四川新财印务有限公司
成品尺寸	170mm×240mm
印　　张	17
字　　数	298 千字
版　　次	2023 年 9 月第 1 版
印　　次	2023 年 9 月第 1 次印刷
书　　号	ISBN 978-7-5504-5924-3
定　　价	68.00 元

序　言

　　古今中外，刑事诉讼都是国家重要的司法活动，主要解决被追诉者（即犯罪嫌疑人、被告人）的刑事责任问题。俗话说："刑事律师办的不仅是案件，还是他人的人生。"

　　任何一个刑事案件，不管大小，对于当事人来讲，都是天大的事情。因为刑事案件，涉及人最宝贵的自由甚至是生命，影响的是一个人乃至整个家庭的未来，当事人以及家属对案件的重视程度自然不言而喻。

　　作为涉刑嫌疑人或被告人的家属，他们时常辗转反侧难以入眠，因为他们时刻关注和忧虑案件的情况和进展。同时因为自身知识的局限性，家属对刑事法律法规可能不甚了解或认识相对模糊，求助网络得到的答案又不一定具有权威性，于是又陷入更深的焦虑与不安中。

　　笔者多年专业从事刑事辩护工作，与犯罪嫌疑人家属、被告人家属接触颇多，深刻了解他们心中的疑惑和需求。于是，萌生了以刑事案件家属提问，律师结合法律知识和实务以答疑的模式编纂成书的想法，以期让刑事诉讼中的家属能够快速又系统地找到答案或解除心中的某些疑惑。故本书中的家属指犯罪嫌疑人家属、被告人家属。

　　有人说"教会徒弟，饿死师父。教会家属，饿死律师"，我认为该观点是不正确的。在信息发达、知识开放、市场竞争异常激烈的今天，刑辩律师应对自己的专业能力充满自信，“师父”“徒弟”之间应该是相互依存、相互信任、相互鼓励的关系，而并非排他或垄断的关系。同时，教会家属，让家属具备一定的刑事法律知识，家属才能明白律师要做什么，为何这样做，以及这样做会面临何种风险等。这样更能加深彼此的信任和理解，更有利于律师工作的开展。

本书共五个篇章：一是委托篇，内容为家属要不要委托律师、如何委托律师、如何选择律师事务所和承办律师、律师可以做哪些工作、没有经济能力委托律师怎么办等；二是侦查阶段篇，内容为涉嫌刑事犯罪后如何面对各类刑事强制措施、如何做出最佳选择等；三是审查起诉篇，内容为如何面对公诉人、要不要签认罪认罚具结书、案件不起诉的条件有哪些等；四是审判篇，内容为庭前会议有哪些需要注意的、开庭前有哪些准备工作、开庭时如何配合等；五是判后释疑篇，内容为亲人如何见面，被告人如何争取减刑假释，被告人的保险、驾照、行驶证、债权债务如何处理，对工作有没有影响等。

书中不仅有相应的法律法规作为参考，附录也列出了本书涉及的法律全文二维码，扫码即可阅读、查找相关法条，还融入了笔者从事法律工作多年的实务经验和心得体会。写作本书的过程，也让我们有了重新审视、思考和提高自己的机会。我的两位搭档杜小兰律师、符颖律师也为本书的编写付出了很多时间和精力。生命中最美的遇见是成就彼此的成长，感谢与她们的相遇。

希望此书能够帮助到更多的嫌疑人家属、被告人家属，同时也可作为年轻刑事辩护律师、法学院学生的工具书。

由于写作时间仓促，本书难免有很多不足之处，望各位读者理解并提出指正意见，万分感谢！

期待读者和笔者一样受益于这本书！

姚志刚

2023 年 6 月

目录 *M ULU*

第一部分 委托篇

第 1 问：刑事案件委托律师有没有价值？ ················· 3

第 2 问：如何选择刑事辩护律师？ ···················· 4

第 3 问：何时可以委托律师？ ······················· 9

第 4 问：刑事案件中律师具体可以做哪些工作？ ············· 10

第 5 问：嫌疑人的哪些关系人可以委托律师？ ·············· 14

第 6 问：家属委托律师需要哪些手续？ ·················· 15

第 7 问：律师为何都不承诺结果？ ···················· 17

第 8 问：律师收多少费用才合理？ ···················· 18

第 9 问：与律师沟通过程中，当事人应告知哪些内容？ ········· 20

第 10 问：律师办案过程中不作为怎么办？ ················ 21

第 11 问：当事人中途可不可以换律师？ ················· 23

第 12 问：可不可以委托律师只会见一次？ ················ 23

第 13 问：律师会见能不能带上家属一起去？ ··············· 24

第 14 问：律师会见时会做哪些工作？ ·················· 24

第 15 问：家属可不可以自己为亲人辩护？ ················ 25

第 16 问：犯罪嫌疑人或被告人可不可以委托来自不同律师事务所的律师？ ··· 25

第 17 问：同案的不同被告人可不可以委托同一家律师事务所的律师？ ········ 26

第 18 问：没钱委托律师怎么办？ ···················· 26

第 19 问：没达到理想的结果，可不可以找律师退钱？ ·········· 28

第 20 问：可不可以与律师事务所签订风险代理合同？ ·········· 30

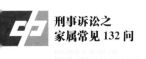

第二部分　侦查阶段篇

第 21 问：犯罪了一定会被追究刑事责任吗？　　35

第 22 问：中国公民在国外涉嫌犯罪，回国后会被处罚吗？　　37

第 23 问：有些案件为何要异地关押、异地审判？　　38

第 24 问：办案人员如果与犯罪嫌疑人及其近亲属有利害关系怎么办？　　39

第 25 问：犯罪后主动去公安机关投案就可以从轻或减轻处罚吗？　　39

第 26 问：家属带嫌疑人去公安局能算自首吗？　　43

第 27 问：家属帮公安机关破获案件，能算犯罪嫌疑人立功吗？　　43

第 28 问：少数民族当事人在诉讼中可以用方言吗？　　45

第 29 问：犯罪嫌疑人或家属可不可以处理与案件无关的财产？　　45

第 30 问：侦查机关查封、扣押、冻结了家属个人所有的财产怎么办？　　48

第 31 问：一个案件处理完要花多长时间？　　49

第 32 问：公安机关打电话通知我去协助调查，我可以拒绝吗？　　50

第 33 问：公安机关问话最长持续多长时间？　　51

第 34 问：报案人可以申请销案吗？　　52

第 35 问：犯罪嫌疑人被拘留了，家属可以与其见面和通电话吗？　　53

第 36 问：家属可不可以与犯罪嫌疑人通信？　　54

第 37 问：犯罪嫌疑人随身携带的物品家属可不可以要回来？　　55

第 38 问：家属如何给关押人员送钱送物？　　56

第 39 问：家属能为犯罪嫌疑人申请取保候审吗？　　57

第 40 问：什么时候才能申请取保候审？　　57

第 41 问：取保候审有哪些条件？　　58

第 42 问：取保候审后有哪些限制？　　59

第 43 问：取保候审期限是多长？到期了怎么办？　　60

第 44 问：如何写取保候审申请书？　　61

第 45 问：取保候审的保证人需要满足什么条件？　　62

第 46 问：取保候审的保证金会不会退还？ ················ 63

第 47 问：取保候审成功后，还会不会被判刑？ ··············· 64

第 48 问：成功取保候审的犯罪嫌疑人如果被判刑，一定会判缓刑吗？ ··· 65

第 49 问：取保候审期间违规了有哪些后果？ ················ 66

第 50 问：没有保证人又没钱交保证金的怎么办？ ··············· 68

第 51 问：监视居住与取保候审之间的区别是什么？ ············· 68

第 52 问：为什么会出现先抓捕后出具逮捕通知书的情形？ ········· 70

第 53 问：批准逮捕前的拘留期限是多久？ ················· 71

第 54 问：没有批准逮捕，是不是就意味着没事了？ ············· 71

第 55 问：批准逮捕后，是不是一定会被判刑？ ··············· 75

第 56 问：批准逮捕后，还可不可以申请取保候审？ ············· 76

第 57 问：犯罪嫌疑人认为被刑讯逼供了该怎么办？ ············· 76

第 58 问：犯罪嫌疑人有没有沉默权？ ···················· 78

第 59 问：犯罪嫌疑人应如何检查讯问笔录？ ················ 79

第 60 问：如质疑鉴定意见结果，如何处理？ ················ 79

第 61 问：如果被证人污陷怎么办？ ····················· 80

第 62 问：家属能去找证人出庭作证吗？ ··················· 81

第 63 问：家属能去调查取证吗？ ······················· 82

第 64 问：取保到期后，公安机关不撤销案件怎么办？ ··········· 82

第 65 问：案件被撤销后可不可以申请国家赔偿？ ·············· 82

第三部分　审查起诉篇

第 66 问：公安机关办理的取保候审快到期了，检察院会将人收监吗？ ········ 87

第 67 问：案件移送到检察院后要多长时间才会起诉到法院？ ········· 87

第 68 问：案件不起诉要具备哪些条件？ ··················· 88

第 69 问：案件不起诉，犯罪嫌疑人是不是就平安无事了？ ········· 89

第 70 问：案件不起诉后可不可以申请国家赔偿？ ·············· 90

第 71 问：检察官会去会见案件的当事人吗？ …………………… 91

第 72 问：面对检察官的讯问，要注意些什么？ ………………… 92

第 73 问：人民检察院会不会调查取证？ ………………………… 92

第 74 问：律师可以调查取证吗？ ………………………………… 96

第 75 问：律师有没有必要与检察官沟通案情或提交书面辩护意见？ …… 96

第 76 问：对己方有利的情况要不要提前告诉公诉人？ ………… 98

第 77 问：什么是认罪认罚具结书？ …………………………… 100

第 78 问：针对认罪认罚具结书，签与不签的差异在哪里？ …… 103

第 79 问：签了认罪认罚具结书后，能不能反悔？ …………… 104

第 80 问：犯罪嫌疑人想认罪，律师想无罪辩护，如何处理？ … 106

第 81 问：检察官建议的量刑刑期，法院一定会采纳吗？ ……… 107

第 82 问：对受害人进行赔偿，在检察院审查阶段进行还是在法院审判阶段进行？
………………………………………………………………… 108

第 83 问：可不可以在审查起诉阶段申请重新鉴定？ ………… 110

第 84 问：家属赔偿被害人达成和解，对嫌疑人有帮助吗？ … 110

第四部分　审判篇

第 85 问：家属可以旁听庭前会议吗？ ………………………… 115

第 86 问：开庭的时间地点，会通知家属吗？ ………………… 117

第 87 问：家属能旁听法院的开庭审理吗？ …………………… 119

第 88 问：家属可以不出庭作证吗？ …………………………… 121

第 89 问：家属参加旁听有哪些注意事项？ …………………… 122

第 90 问：旁听人员没有遵守法庭规则和纪律有哪些后果？ … 124

第 91 问：开庭时，家属可以与被告人在法院见面交流吗？ … 125

第 92 问：在审判阶段，家属可以与承办法官沟通吗？ ……… 126

第 93 问：简易程序审判好还是普通程序审判好？ …………… 126

第 94 问：被告人可以不出庭，缺席审判吗？ ………………… 130

第 95 问：开完庭后，法院多长时间才能出判决？ ·················· 134

第 96 问：对受害人进行赔偿可以减刑吗？ ····················· 136

第 97 问：犯罪嫌疑人可不可以只认罚不认罪？ ·················· 138

第 98 问：判决书会不会送达家属？ ·························· 140

第 99 问：罚金金额一般是多少？ ···························· 141

第 100 问：对判决不满意，如何解决？ ······················· 144

第 101 问：家属对结果不服，可不可以单独提起上诉？ ············· 149

第 102 问：上诉后会不会加重被告人的刑期？ ·················· 149

第 103 问：上诉后，第二审人民法院一般是如何处理的？ ··········· 151

第 104 问：发回重审后，可以申请对犯罪嫌疑人取保候审吗？ ········ 159

第 105 问：发回重审后，是不是要重新与辩护律师办理委托手续？ ····· 172

第 106 问：当事人对发回重审后的一审判决仍然不服，可不可以再次上诉？

··· 172

第 107 问：死刑复核程序是不是第三审？ ····················· 173

第 108 问：什么情况下可能不核准死刑？ ····················· 177

第五部分 判后释疑篇

第 109 问：家属如何知晓亲人送到哪里服刑了？ ·················· 183

第 110 问：判刑以后家属何时才能与其见面？ ·················· 186

第 111 问：想争取减刑要如何做？ ···························· 189

第 112 问：争取减刑，律师可以代理吗？ ····················· 201

第 113 问：申请假释有哪些条件？ ···························· 209

第 114 问：申请监外执行有什么条件？ ······················· 215

第 115 问：如何确定社区矫正执行地？ ······················· 227

第 116 问：没钱缴纳罚金，就不能减刑吗？ ···················· 228

第 117 问：亲人被判刑后，其工作还能保住吗？ ·················· 233

第 118 问：亲人被判刑后，对其子女有没有影响？ ················ 235

第 119 问：亲人被判刑后，其做股东有无影响？ ·············· 237

第 120 问：亲人被判刑后，其债权、债务怎么办？ ·············· 238

第 121 问：亲人被判刑后，机动车年检、驾驶证更换怎么办？ ····· 239

第 122 问：亲人被判刑后，交纳的商业保险怎么办？ ·········· 240

第 123 问：亲人被判刑后，缴纳的社保怎么办？ ·············· 241

第 124 问：亲人作为公职人员被判刑后，其退休工资受影响吗？ ····· 243

第 125 问：配偶被判刑后，要离婚如何办理？ ·············· 244

第 126 问：亲人被判刑后，要处理房产怎么办？ ·············· 245

第 127 问：被告人对终审判决不服怎么办？ ················ 246

第 128 问：申请再审，可以委托律师吗？ ················· 249

第 129 问：家属可否代为申诉，流程是什么？ ·············· 249

第 130 问：未上诉案件，是否还可以申诉？ ················ 258

第 131 问：最高人民法院核准死刑后，何时执行？ ············ 258

第 132 问：死刑的执行方式有哪些？ ···················· 259

附录　相关法律参考 ·························· 260

第一部分
委托篇

第1问：刑事案件委托律师有没有价值？

答：有价值。

生活中，大家常常会听到这样的说法："刑事案件没必要请律师""刑事案件请律师没有作用"，或者有些案件的家属会从办案人员处或者朋友处听说刑事案件不用请律师。那到底刑事案件有没有必要请律师呢？

很多当事人家属在亲人遭遇刑事强制措施或遇到刑事风险之后，会选择第一时间求助身边的朋友，尤其是自己在国企、政府单位，尤其是公检法①工作的朋友；也会有部分当事人或家属选择求助律师。可以看出很多当事人家属对于"用不用请律师"的说法还保持着一份怀疑。那么究竟要不要请律师呢？作为一名专业的刑辩律师，我觉得应该综合来分析。

一、视案件的具体情况而定

家属要对亲人所涉及的案件有基本了解。如果是盗窃之类的罪名，涉案金额较小，事实清楚无争议，积极退赔被害人损失并取得谅解，当事人很有可能争取到缓刑，此时不请律师也无妨。

但如果是涉及诈骗类犯罪、毒品类犯罪、职务类犯罪、金融类犯罪等类型的案件，就有必要请律师介入了。律师介入后会从实体与程序两方面入手审查当事人是否构成犯罪。比如：主观上是否知情，客观上实施了哪些犯罪行为，在犯罪中是不是主犯，有没有从轻、减轻处罚等情节，关键证据有没有法定的排除事由，等等。此类案件越早请律师介入越有利于当事人，若是等判决下来，当事人发现所判刑期远远超过心理预期，此时再重新委托律师上诉会付出更高的代价。

二、视家庭的经济情况而定

是否请律师以及请什么样的律师，当事人以及家属应当结合自身的经济状况来决定。

如果家庭经济条件比较困难，而本身案件又比较简单，所涉案件事实比较清楚，即使是刑事案件也没必要一定要请律师。此种情况，可由被告人自行辩护；如果符合法律援助条件的，也可以申请法律援助律师为自己提供法律上的帮助。同时，在刑事辩护全覆盖的背景下，由于家庭困难而没有委托律师的被告人，法

---

① 公检法是公安局、检察院、法院的简称。下同。

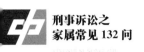
律援助中心会为其安排法律援助律师。

如果当事人及家属认为自己的生活阅历以及知识储备不足以应对和处理案件情况，且在经济条件允许的情况下，可以选择委托律师来提供专业帮助。越是专业或资深的律师，收费可能会越高，家属可根据自身的经济承受能力进行选择。

三、视自身对案件的重视程度而定

每个人遇到刑事风险或遭遇刑事强制措施后的心态或对其的重视程度是不一样的。比如执业医生或公务员，他们一旦面临刑事风险，内心一定是十分忐忑不安的。即使是比较轻微的危险驾驶行为，他们也会十分重视，因为一旦涉刑就可能面临被剥夺执业资格的风险，这关乎自己未来的生计和饭碗问题，同时也可能影响到后两代的政审问题（如政审不通过，则不能参军、不能考公务员等）。所以，他们往往会在第一时间寻求律师等专业人士的帮助。

而如果当事人自己平时没有正当职业，或者收入较低，在面临一些轻微的刑事案件的时候，可能重视程度就不会很高。这时他们可能更多地会考虑一个性价比与值不值的问题。

四、视对案件大小的认识而定

对案件的大与小，每个人的认识是不一样的，有的人认为杀人案才是大案件，而有的人认为故意伤害（轻伤）就是大案件。律师对案件的大与小认识也是不一样的，有的律师认为收费多的是大案件，而有的律师认为只要有无罪辩护空间的就是大案件，无偿为其辩护也愿意。

同样是偷一辆价值 3 000 元的电动自行车，甲案中盗窃者可能构成犯罪，乙案中可能由于其是无主物、或由于鉴定出错等原因而认定盗窃者无罪。3 000 元是个小数目，但有罪与无罪的差异就非常大了。

总而言之，请律师肯定比不请律师好。律师能够提供更专业的帮助，对当事人来说也是一个较大的慰藉。

第 2 问：如何选择刑事辩护律师？

答：没有唯一答案，可多方参考。

当事人遇到刑事风险或者遭遇刑事强制措施时，内心一定是忐忑、焦虑、惶恐不安的。毕竟人的一生可能很少会遭遇到这样的麻烦，不像其他事情，有很多可以复制的经验。随着大众法律意识的逐渐增强，遇到刑事风险时，普通人的第一反应是寻求律师的帮助，特别是专业刑事律师的帮助。但是，如何选择刑事辩护律师也是一道难题，甚至很多当事人病急乱投医，轻信关系，最终事与愿违！

根据本人多年刑事辩护的经验以及与当事人沟通的心得体会，本书提出以下几点建议，供大家在选律师的时候作为参考：

一、看律师的执业背景

2018 年后，可以参加法律职业资格考试的人员范围缩小到了法学科班生。此前，并无此限制，非法学专业学生只要通过国家司法考试，就可以从事律师职业。一般而言，法学院校教育背景的律师具有较全面的法学理论基础，善于把握每个案件中复杂的法律关系，论辩思维强。

而非法学专业毕业的律师，则在某些特定领域更有特色和优势。比如，有医学、建筑、会计、税务、环境等行业相关从业经验或学历经验的律师，会对相关行业涉嫌的罪名有更深层次的理解和认识，这就是他们的优势。另外，即使该律师本身对这些行业背景知识了解得不是很深入和透彻，他还有庞大的人脉资源，即使自己不懂，他也可以寻求身边专业人士的帮助，这可能会为当事人降低更多的成本（寻求专业帮助可能会产生额外费用）。

因此，委托人可以根据案情的专业性要求而做出具体的选择。

二、看律师的实务办案经验

辩护是司法实务工作，带有很强的实践（战）性，经验的积累是任何一个成熟的律师都必需的。每个案件既有个性，也有共性，办理了大量刑事案件的辩护律师，积累了较为丰富的经验与辩护技巧，可以将之前的成功经验融入到具体个案的办理中去。

当事人对律师的了解，不应局限于亲人、朋友的介绍，还可以通过以下几方面了解：

第一，在信息化时代，当事人或家属可以上网进行查询，了解该律师的相关信息，查询该律师曾经办过的案件，以及正在办理的案件。

第二，还可以查询了解该律师曾经主办或参与的沙龙、讲座、论坛，查看该律师曾经写过的专业文章。

第三，直接联系了解，比如打电话咨询、添加律师微信等。看其朋友圈，这样可以快速了解该律师平常工作、生活的状态，从而对该律师有一个直观的印象。

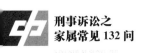

综合以上信息，有助于当事人及亲属判断该律师专攻和擅长的领域，同时也可以初步判断该律师的综合能力，包括其社交圈、人脉和资源，等等。

三、看律师所在律所的品牌以及律师的个人魅力

律师事务所的品牌是经过多年累积形成的被社会认可的标识。知名的规范化律师事务所对于执业律师的要求较高，管理严格，其律师实力相对较强，影响较大，从概率上来说不会太差。

但是，在一些中小型律师事务所中也有刑辩大律师，他们靠自己的专业能力、个人魅力成为行业的佼佼者。

四、看律师的职业操守

优秀的律师不但应当业务精湛，更应当注重职业操守，不因委托人法律知识有限而实施欺骗或不竭尽全力，也不因收费低而不用心办理案件。根据《律师职业道德和执业纪律规范》的相关规定，律师应当遵循诚实守信的原则，客观地告知委托人所委托事项可能出现的法律风险，不得故意对可能出现的风险做不恰当的表述或做虚假承诺。严谨和负责任的律师，应结合自己的专业知识对涉案事实、证据、定性以及量刑等问题进行客观的分析，既不夸大风险吓唬当事人，也不能轻易承诺好的结果诱使委托人聘请其担任辩护人。对于轻易承诺结果的辩护律师，委托人更应保持警惕。

同时，巧立名目向当事人收费的律师，绝对不是优秀的律师，除了合同约定的费用以外，律师不得再以任何名目向当事人收取费用。

五、术业有专攻，选择专业的刑辩律师更好

闻道有先后，术业有专攻，律师也一样。现在的律师行业，已经细分出许多不同的业务领域板块，每个执业律师都有自己擅长和专业从事的领域。比如：金融律师、证券律师、知识产权律师、建设工程律师，等等。

这就如同大型医院，会细化出很多不同的科室，每个科室都会有专注和深耕某一个领域的专家。找专业刑辩律师就如同找专科医生一样，更能做到对症下药并游刃有余。

六、视情况选择本地律师或外地律师

很多刑事案件可能会出现异地管辖、异地关押的情况，尤其是现在网络犯罪案件频发，管辖问题纷繁复杂。比如，一个广东人在广州通过网络实施诈骗，受

害人在四川某县，受骗后向当地派出所报案。此时，四川某县的公安机关就对该案件具有了管辖权，犯罪嫌疑人被异地抓捕，关押在四川某县看守所。

作为身在广东的家属，该如何选择律师，是选择案发当地律师，还是外地律师。家属可结合具体情况来选择：

其一，选择自己信任的律师。

家属首要的是选择自己信任的律师，一方面信任律师的人品，另一方面也要信任律师的专业能力和业务水平。如果家属已经有这方面的信任基础，心中已有合适人选，那无论这个律师是在北京、上海、还是在广州、成都，都不影响。

辩护律师同样也希望能够得到家属的认可和信任，这样才能心无旁骛地投入到案件中去。

其二，一般案件，选择当地律师有优势。

如果家属并没有熟识的律师，也没有前期合作的信任基础。这个时候，家属可以根据案件的复杂、难易情况来做出选择。

一般的刑事案件，当地的律师可能更有优势。本地律师的社交、人脉圈都在当地，和当地公检法的人员也经常打交道，更加了解当地的司法环境以及办案人员的办案思路。且因地理优势，律师无需长途出差，与家属会见相对也较为方便，时间成本和经济成本都相对较低。

如家属无法判断案件的难易程度，可先委托律师去会见一次，去了解一下案件的大体情况，再做判断。

七、根据案件难易程度，有针对性地选择律师

找律师是不是一定就要找知名度最高的、专业能力最强、收费最贵的呢？

其实不然，家属或当事人在寻找刑事律师之前，可以对自己或亲属所涉案件有一个大致的认识。如果是一个事实非常清晰的故意伤害案件，案件基本事实又没有多大争议，当事人可结合自身的经济情况，去选择一般的律师提供法律帮助，并不一定需要花费太多的钱去委托知名度高的或专业能力很强的律师。这就好比，一般的小感冒在小诊所就可以解决，不需要去大医院来处理。

如果所涉案件影响重大，或所涉案情复杂，在条件允许的情况下，当事人可以选择在该类案件中深耕的、理论基础扎实的，同时又富有实践经验的资深刑辩律师，其能更有针对性地进行辩护，从证据出发，结合事实和法律，最大限度地为当事人争取合法权益。

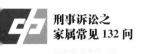

八、面对面的交流，更能加深对律师的认识

律师的逻辑能力、反应能力、表达能力、语言风格等对于判断一个律师的能力也是十分重要的。

家属或当事人如果有意向委托一个律师，最好是亲自到其所在的律师事务所，与该律师进行面对面的交流。这有以下几个方面的好处：

第一，亲自到该律师的律师事务所，可以更加直观地感受这个律所的规模与实力。当然，不排除规模小的律所也有非常优秀的律师。

第二，面对面的交流，能够更直观地观察该律师为人处事的方式，以及沟通和表达能力等，也更容易建立委托人与律师之间的信任感。

第三，刑事案件所涉案情可能较为复杂，有许多事情通过电话沟通不方便。面对面沟通能够打消彼此心中的芥蒂和顾虑，能够使彼此更加坦诚地进行交流，更有助于律师对案情的了解，从而有助于工作的开展。

第四，观察律师的办公室，可以看到该律师办理的其他案件或者相关同类案件，更加直观地了解该律师的工作情况。例如，一个案件会见了多少次，写了多少法律文书，等等。

九、有真实的团队更好

俗话说"众人拾柴火焰高"，单打独斗的时代已一去不复返了，很多律师发展到一定阶段，具备一定的实力之后，就会开始组建自己的团队。因为他们深知个人的力量始终是有限的，一个人的思维肯定具有一定的局限性，而一个精诚协作的团队往往能够互相商议、优势互补，达到事半功倍的效果。

但是，当事人或者家属在找律师团队的时候，要注意"大律师接单，小律师办案"这种情况的出现。

十、多作对比

我们购房、买衣服、找工作都会货比三家，找律师也可以用此方法。因为大多数人平常与律师接触少，不了解这个行业，特别是刑辩律师行业。通过对比来选择自己适合的律师是个不错的方案。

总而言之，选择律师需要综合判断，当事人或家属可以参考以上内容，并结合实际情况进行衡量和选择。

第 3 问: 何时可以委托律师?

答: 随时都可以。

大体上可分为以下几种情况:

一、法律咨询

当事人认为自己有涉刑的风险, 本人或家属可以选择咨询律师, 律师可结合案件情况进行具体的分析。如果当事人行为已经构成犯罪, 则律师可以协助其自首, 争取宽大处理。

二、风险防控

当事人认为自己有涉及刑事犯罪的风险, 寻求律师的帮助。律师可以为其讲解刑事法律知识, 帮助其正确面对和预防风险。

三、刑事辩护

案件正式进入程序以后, 犯罪嫌疑人或被告人可以委托律师为其辩护, 被害人或自诉人可以委托诉讼代理人。具体时间如下:

其一, 犯罪嫌疑人自被侦查机关第一次讯问或者采取强制措施之日起, 有权委托辩护人。犯罪嫌疑人、被告人在押的, 也可以由其监护人、近亲属代为委托辩护人。

其二, 公诉案件的被害人及其法定代理人或者近亲属, 附带民事诉讼的当事人及其法定代理人, 自案件移送审查起诉之日起, 有权委托诉讼代理人。

其三, 自诉案件的自诉人及其法定代理人, 附带民事诉讼的当事人及其法定代理人, 有权随时委托诉讼代理人。

四、监委办理的案件

如果所涉案件为职务犯罪, 在监委留置期间家属可以委托律师, 只是律师权利受限。

《中华人民共和国监察法》没有明确规定禁止被调查人聘请律师。依据基本的人权保障通例, 任何人在任何时候都有聘请律师的权利, 因而我们可以认为被调查人即便是处于被调查期间也同样具有委托聘请律师的权利。

当然, 处于留置期间的被调查人因为不能与外界联系, 所以不能直接聘请律师, 但是其近亲属仍可以为其委托聘请律师。

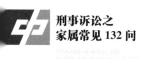
但律师在该阶段不能依照《中华人民共和国刑事诉讼法》（下称《刑事诉讼法》）行使关于辩护的权利，不能以辩护人的身份向监察机关了解罪名、案件情况，以及会见被调查人或与其通信等。

对已经发生法律效力的判决、裁定结果不服的，当事人及其法定代理人、近亲属可委托律师提出申诉。

相关法条：

参见《中华人民共和国刑事诉讼法》第三十四条、第四十六条、第二百五十二条。

《最高人民法院关于适用〈中华人民共和国刑事诉讼法〉的解释》

第四百五十一条　当事人及其法定代理人、近亲属对已经发生法律效力的判决、裁定提出申诉的，人民法院应当审查处理。

案外人认为已经发生法律效力的判决、裁定侵害其合法权益，提出申诉的，人民法院应当审查处理。

申诉可以委托律师代为进行。

第 4 问：刑事案件中律师具体可以做哪些工作？

答：律师因担任角色的不同，其工作内容和重点也不同。

刑事案件中，律师可以担任以下几种角色：接受刑事案件犯罪嫌疑人、被告人的委托或者依法接受法律援助机构的指派，担任辩护人；接受自诉案件自诉人、公诉案件被害人或者其近亲属的委托，担任代理人；担任刑事控告案件的代理人，等等。

一、律师担任犯罪嫌疑人或被告人的辩护人具体可做的工作

1. 告知当事人所拥有的权利和注意事项

侦查阶段只有律师可以见到当事人，而这正是侦查人员讯问当事人的重要时期，有律师告知权利和注意事项可以避免当事人的权利受损。

如律师应告知当事人有辩解权。当事人有如实陈述案件事实的权利，并有权要求侦查人员如实记录。如果笔录与所述不符，可以要求修改。如果侦查人员不修改，当事人可以拒绝签字。这是当事人最重要的权利，也是律师最需要提醒的事项。

很多当事人在接受侦查人员讯问时，会抱有"侦查人员问什么，我就说什么"的想法。这种形式的问答结果就是你所回答的都是对方想要知道的，至于那些对你有利的无罪或罪轻的证据，如果侦查人员不问，基本上自己也是想不起来说的。此时，就需要律师在与当事人沟通后，从当事人的陈述中提炼出对其有利的东西，并告知其在下次接受讯问时一定要主动告诉侦查人员，并确保所述内容被记录在笔录中。这些技巧与策略，都是需要律师与当事人沟通后当事人才能够好好消化、掌握的。

2. 为当事人提供法律帮助

（1）告诉其涉及罪名的构成要件。

（2）告诉其案件可能的结果。

（3）告诉其可以采取的辩护方案。

（4）在审查起诉阶段和审判阶段，辩护律师阅卷后可以与当事人核实证据，对于不利于当事人的证据，符合法定条件的可以申请排除；对于有利于当事人但未在卷的证据，可以申请调取。

（5）可以申请证人作证。

（6）可以发表和提交辩护意见。

（7）可以对当事人进行庭前辅导，以保障其了解庭审程序，了解对抗机制，正确行使抗辩权，并帮助其缓解紧张情绪和焦虑感。

3. 作为当事人与家属沟通的纽带

当事人在羁押状态下，只有受委托的律师可以见到他，律师会见时可以代为转达亲属对当事人的关心；可以就与案件无关的家庭或其单位的重大事项进行通报；可以了解当事人是否有生活上的需要，并转告其家属办理；还可以提出专业性建议，避免不必要的麻烦。而在没有律师的情况下，这些工作是不可能完成的。

4. 可以有效跟踪案件进程，提出辩护方案

律师接受委托后，专司辩护，为当事人提供专门服务。在整个案件的办理过程中，律师有权了解案件的进展，而且可以根据案件进展情况，通过自己的专业分析，提出相应的辩护方案和策略。

二、律师担任受害人的代理人具体可做的工作

1. 提供法律咨询

代理律师可以就案件的基本情况为被害人提供法律咨询，告之其应享有的各项诉讼权利，以及诉讼过程的一些规则和期限。

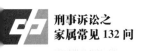
2. 调查取证

代理律师可以就案件的基本情况对有关的人员和单位进行调查，收集证明被告人犯罪、侵犯被害人的相关证据。

3. 查阅案卷材料

代理律师应全面、仔细地查阅案卷材料，客观、真实地做好阅卷笔录，注意审查被告人及其辩护人所提出的证明被告人无罪、罪轻或可以从轻的证据或理由。

4. 庭前做好充分的准备工作

如案件涉及被害人隐私，代理律师要请求法院不公开审理，并且在具备法定条件的前提下申请合议庭组成人员以及公诉人、鉴定人等回避，准备代理意见。

5. 参加法庭审理

参加法庭审理包括参加法庭调查、指导、协助或代理委托人陈述案情、举证和质证、参加法庭辩论、发表代理意见等。庭审结束后，委托人不服一审判决的，代理律师可协助或代理委托人在其收到判决书后的五日内请求检察院抗诉。

三、律师担任刑事控告案件的代理人具体可做的工作

律师在接受被害人委托或被指定担任诉讼代理人之后，其主要目标是促使案件进入刑事诉讼程序，推动侦查机关立案、检察机关批准逮捕、侦查机关移送审查起诉、检察机关提起公诉，使得案件获得成功的刑事追诉。

具体可做的事项：

其一，和当事人了解案件相关情况，协助当事人收集和整理能够证明被控告方构成刑事犯罪的相关证据。

其二，协助当事人完成刑事控告书或刑事报案材料。刑事控告书不能脱离事实和证据，其内容尽量围绕所控罪名的相关事实和犯罪构成来展开，突出中心和重点，所述的事实要尽量做到有证据支撑。

其三，陪同当事人到公安机关（派出所/经侦大队/刑侦大队）进行刑事控告，递交报案相关材料。与公安机关反复进行沟通、交涉和协商，说服侦查机关作出立案的决定。如侦查机关经审查后认为其不符合立案的条件，作出不立案的决定，律师还可协助当事人依法提出复议和复核。

大体流程如下：

（1）控告人向公安机关提交刑事控告材料后，公安机关会制作接受证据材料清单，并由控告人签字。

（2）公安机关接受案件后，会制作接受案件登记表和受案回执，受案回执会

交给控告人。

（3）公安机关经过审查后作出是否立案的决定，决定不予立案的，公安机关应当制作不予立案通知书，并在三日内送达控告人。

（4）对不予立案决定不服的，收到决定书七日内向作出决定的公安机关申请复议，公安机关三十日内作出决定，并将决定送控告人。

（5）对复议决定不服的，收到决定书七日内向上一级公安机关申请复核，公安机关三十日内作出决定。

（6）案情重大、复杂的，公安机关可以延长复议、复核时限，但是延长时限不得超过三十日，并书面告知申请人。

相关法条：

参见《中华人民共和国刑事诉讼法》第三十七条至第四十三条、第一百零九条至第一百一十四条。

《最高人民法院关于适用〈中华人民共和国民事诉讼法〉的解释》

第六十五条　律师担任诉讼代理人的，可以查阅、摘抄、复制案卷材料。其他诉讼代理人经人民法院许可，也可以查阅、摘抄、复制案卷材料。

律师担任诉讼代理人，需要收集、调取与本案有关的证据材料的，参照适用本解释第五十九条至第六十一条的规定。

《公安机关办理刑事案件程序规定》

第一百六十九条　公安机关对于公民扭送、报案、控告、举报或者犯罪嫌疑人自动投案的，都应当立即接受，问明情况，并制作笔录，经核对无误后，由扭送人、报案人、控告人、举报人、投案人签名、捺指印。必要时，应当对接受过程录音录像。

第一百七十条　公安机关对扭送人、报案人、控告人、举报人、投案人提供的有关证据材料等应当登记，制作接受证据材料清单，由扭送人、报案人、控告人、举报人、投案人签名，并妥善保管。必要时，应当拍照或者录音录像。

第一百七十一条　公安机关接受案件时，应当制作受案登记表和受案回执，并将受案回执交扭送人、报案人、控告人、举报人。扭送人、报案人、控告人、举报人无法取得联系或者拒绝接受回执的，应当在回执中注明。

第一百七十五条　经过审查，认为有犯罪事实，但不属于自己管辖的案件，应当立即报经县级以上公安机关负责人批准，制作移送案件通知书，在二十四小时以内移送有管辖权的机关处理，并告知扭送人、报案人、控告人、举报人。对于不属于自己管辖而又必须采取紧急措施的，应当先采取紧急措施，然后办理手续，移送主管机关。

对不属于公安机关职责范围的事项，在接报案时能够当场判断的，应当立即口头告知扭送人、报案人、控告人、举报人向其他主管机关报案。

对于重复报案、案件正在办理或者已经办结的，应当向扭送人、报案人、控告人、举报人作出解释，不再登记，但有新的事实或者证据的除外。

第一百七十八条 公安机关接受案件后，经审查，认为有犯罪事实需要追究刑事责任，且属于自己管辖的，经县级以上公安机关负责人批准，予以立案；认为没有犯罪事实，或者犯罪事实显著轻微不需要追究刑事责任，或者具有其他依法不追究刑事责任情形的，经县级以上公安机关负责人批准，不予立案。

对有控告人的案件，决定不予立案的，公安机关应当制作不予立案通知书，并在三日以内送达控告人。

决定不予立案后又发现新的事实或者证据，或者发现原认定事实错误，需要追究刑事责任的，应当及时立案处理。

第一百七十九条 控告人对不予立案决定不服的，可以在收到不予立案通知书后七日以内向作出决定的公安机关申请复议；公安机关应当在收到复议申请后三十日以内作出决定，并将决定书送达控告人。

控告人对不予立案的复议决定不服的，可以在收到复议决定书后七日以内向上一级公安机关申请复核；上一级公安机关应当在收到复核申请后三十日以内作出决定。对上级公安机关撤销不予立案决定的，下级公安机关应当执行。

案情重大、复杂的，公安机关可以延长复议、复核时限，但是延长时限不得超过三十日，并书面告知申请人。

第 5 问：嫌疑人的哪些关系人可以委托律师？

答：依照法律规定，可以由以下这几类人为嫌疑人或者被告委托辩护律师。

第一，犯罪嫌疑人、被告人自己。

第二，犯罪嫌疑人、被告人在押的，也可以由其监护人、近亲属代为委托辩护人。刑事诉讼法中的近亲属范围是配偶、父母、子女、兄弟、姐妹。

第三，犯罪嫌疑人、被告人因经济困难或者其他原因没有委托辩护人的，本人及其近亲属可以向法律援助机构提出申请。对符合法律援助条件的，法律援助机构应当指派律师为其提供辩护。

第四，犯罪嫌疑人、被告人是盲、聋、哑人，或者是尚未完全丧失辨认或者控制自己行为能力的精神病人，没有委托辩护人的，人民法院、人民检察院和公安机关应当通知法律援助机构指派律师为其提供辩护。

第五，犯罪嫌疑人、被告人可能被判处无期徒刑、死刑，没有委托辩护人的，人民法院、人民检察院和公安机关应当通知法律援助机构指派律师为其提供辩护。

第六，未成年犯罪嫌疑人、被告人没有委托辩护人的，人民法院、人民检察院、公安机关应当通知法律援助机构指派律师为其提供辩护。

相关法条：

参见《中华人民共和国刑事诉讼法》第三十五条、第一百零八条、第二百七十八条。

第6问：家属委托律师需要哪些手续？

答：刑事案件当事人的近亲属在委托律师的时候，需要向律师事务所提供以下手续：

一、委托人的近亲属关系证明

配偶可提供结婚证，其他近亲属关系可提供户口簿或亲属关系证明等。

二、委托人自己的身份证原件及复印件

律师事务所接受委托后，会向公检法等办案机关提交委托授权书。该授权书需要委托人进行签字按印，最好注明委托人的公民身份号码。

有些律师事务所在进行所内立案管理的时候，也需要委托人填写公民身份号码，因为签订委托合同时，需要核对委托人的身份证原件，并留存委托人的身份证复印件。

三、被采取刑事强制措施的犯罪嫌疑人或被告人的身份信息

犯罪嫌疑人或被告人已被羁押，近亲属来委托律师。这时律师需要及时去会

见当事人，了解案件情况。

律师会见的时候，有些看守所会要求在提交的会见手续上写上被会见人员的公民身份号码。这不难理解，一个看守所关押的人数众多，难免会出现同名同姓的人，看守所通过公民身份号码区分被关押人员，以防止错误出现。

同时，一些看守所内律师会见需要提前进行线上预约，在预约的过程中，也需要填写被会见人员的身份信息。

因此，签订委托合同时，有必要留存犯罪嫌疑人或被告人的身份证复印件，以便于律师后续工作的开展。亲属找不到犯罪嫌疑人或被告人身份证的，也可以提供其所在家庭的户口薄，户口薄上面也会记载其身份信息。

四、委托人和律所签订正规的刑事案件委托合同

委托人决定聘请某个律师作为自己或亲属的辩护律师时，切记一定要和该律师所在的律师事务所签订正规的刑事案件委托合同，合同会明确记载双方的权利和义务。一旦出现纠纷，才能更好地维护自身的权益。

律所一般都会有统一的委托合同模版，不需要委托人自己准备。委托人在签约前应认真研读条款，对部分条款有异议的，在法律允许的范围内，可以双方协商一致进行调整和修改。

五、委托人出具授权委托书

委托人需出具授权委托书，授权某律师事务所的某某律师为犯罪嫌疑人或被告人提供法律帮助或辩护，授权时需明确有效期限。

得到授权后，承办律师才拥有了依法履行辩护职能的权限。

该授权委托书一般也不需要委托人自己准备，律所会提供模版，委托人填写后签字按印即可。授权书一般不少于四份，律师需提交公检法各一份，与犯罪嫌疑人或被告人会见的时候也需要。

相关法条：

《最高人民法院关于适用〈中华人民共和国刑事诉讼法〉的解释》

第四十二条　对接受委托担任辩护人的，人民法院应当核实其身份证明和授权委托书。

第 7 问：律师为何都不承诺结果？

答：法律明确禁止承诺结果。

一、司法部和中华全国律师协会文禁止律师对案件结果进行不当承诺

2016 年 11 月 1 日起施行的《律师执业管理办法》第三十三条规定："律师承办业务，应当告知委托人该委托事项办理可能出现的法律风险，不得用明示或者暗示方式对办理结果向委托人作出不当承诺。"

《律师职业道德和执业纪律规范》第二十六条规定："律师应当遵循诚实守信的原则，客观地告知委托人所委托事项可能出现的法律风险，不得故意对可能出现的风险做不恰当的表述或做虚假承诺。"

司法部与中华全国律师协会之所以出台上述文件，主要是因为诉讼的结果受到诸多因素的影响，如：证据情况、法官倾向性、审委会意见、诉讼策略、律师的专业水平、国家政策、权力干预等因素。其中有可控因素，如诉讼策略和律师的努力；也有不可控、不可知因素，如审委会意见、证据材料的取得、法官对案情的理解和倾向性等。

所以，在众多因素中，律师只能着力于可控因素。因为律师不可能对自己无法掌握的事实和情况不懂装懂，去忽悠当事人。另外，当事人很可能有意或无意将有利于自己的事实夸大，对不利于自己的事实轻描淡写，甚至只字不提，或当事人对纠纷在法律性质上的认知有偏差。而这些事前不甚明确的事实，会随着庭审的进行而逐渐明晰，或者被误认为明确的事实会随着对方出示一些证据材料而发生变化。

二、律师无法决定结果

当事人希望有好结果乃是人之常情，但以承诺结果作为委托律师的前提则是走入了歧途。

律师就像医生，有各自的执业领域，水平高低相差悬殊。但再好的律师也不能承诺结果，就像再好的医生也不能包治百病一样。法律是社会科学，不是一加一等于二那么简单。面对同样的案情，不同的律师、不同的法官看法可能不一样。

诉讼过程非常复杂，影响最终结果的不确定因素很多。证据、法律、办案人员的理解和认知，以及法外因素可能都会起作用，只要还没有宣判，最后结果都

可能会有变化。诉讼争取的是一种概率和可能性。

办案越专业的律师越不会承诺结果，相反他们会如实分析、告知家属可能的最坏结果。跟承诺结果相比，他们更在乎做好过程，更在乎在约束条件下和变动博弈中实现可能的最好结果。

第 8 问：律师收多少费用才合理？

答：没有统一的标准。

一、自 2021 年 12 月 28 日开始，律师服务收费由律师事务所自主定价

根据 2021 年 12 月 28 日开始施行的，司法部、国家发展和改革委员会、国家市场监督管理总局印发的《关于进一步规范律师服务收费的意见》，律师服务收费项目、收费方式、收费标准等原则上由律师事务所（下称律所）制定。

自此，放开了律师服务收费标准，由各律所自主定价。

二、刑事案件律师收费没有统一的衡量标准

刑事案件律师收费不存在统一的衡量标准，律所与委托人协商律师服务费用应当考虑以下主要因素：耗费的工作时间、法律事务的难易程度、委托人的承受能力、律师可能承担的风险和责任，以及律师的社会信誉和工作水平等。

1. 不同地域收费会有差异

例如，北京、上海、广州、深圳等一线城市的律师收费普遍高于其他地区，在北京的律师一个案件可能可以收入上百万的律师费，但是其他地区就很难达到这么高的收费标准。省会城市的律师的收费相较于地级市或区县普遍也会更高。

2. 不同律所收费会有差异

排名靠前的律所，在综合实力上相对较强，律师的综合素质也普遍较高，相较于排名靠后的律所来说收费也会普遍偏高。

3. 不同律师收费会有差异

律师等级不同，收费也会存在很大的差异。这就类似于看病有专家号、普通医师号等差异，律师也存在此类差异。大型律师事务所一般会对律师进行分类，包括合伙人律师、提成律师、工薪律师等。一般而言，不同级别的律师收费也会不一样。

4. 案件难易程度，也是影响案件收费的一个参考因素

案件的难易程度也是律师收费的一个参考因素，很多看似一样的案件，其工作量、难易程度完全不同。

就刑事案件而言，当事人根据自己有限的了解，认为案情不复杂。但律师介入了解或阅卷后发现，案情远比预期复杂、烦琐，这样的的案件不在少数。很多案件看似是一个小案子，但其办案难度、耗费的时间并不亚于大家眼中所谓的大案子，律师的工作量也并不会比所谓的大案子少。

因此，案件的难易程度，也会成为律师收费的考虑因素。作为委托人来说，如果对此有顾虑，则可以通过分段委托的方式来解决。

相关法条：

《律师服务收费管理办法》

第九条　实行市场调节的律师服务收费，由律师事务所与委托人协商确定。律师事务所与委托人协商律师服务收费应当考虑以下主要因素：

（一）耗费的工作时间；

（二）法律事务的难易程度；

（三）委托人的承受能力；

（四）律师可能承担的风险和责任；

（五）律师的社会信誉和工作水平等。

《司法部　国家发展和改革委员会　国家市场监督管理总局印发〈关于进一步规范律师服务收费的意见〉的通知》）

二、完善律师服务收费政策

（一）提升律师服务收费合理化水平。律师服务收费项目、收费方式、收费标准等原则上由律师事务所制定。在制定律师服务费标准时，律师事务所应当统筹考虑律师提供服务耗费的工作时间、法律事务的难易程度、委托人的承受能力、律师可能承担的风险和责任、律师的社会信誉和工作水平等因素。各省（区、市）律师协会指导设区的市或者直辖市的区（县）律师协会对律师事务所制定的律师服务费标准实施动态监测分析。

（二）提高律师服务收费公开化程度。律师事务所制定的律师服务费标准，应当每年向所在设区的市或者直辖市的区（县）律师协会备案，备案后一年内原则上不得变更。新设律师事务所在取得执业许可证书 10 个工作日内，应当制定律师服务费标准并向所在设区的市或者直辖市的区（县）律师协会备案。

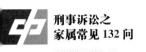

律师事务所不得超出该所在律师协会备案的律师服务费标准收费。律师事务所应当严格执行明码标价制度，将本所在律师协会备案的律师服务费标准在其执业场所显著位置进行公示，接受社会监督。

第9问：与律师沟通过程中，当事人应告知哪些内容？

答：《律师职业道德和执业纪律规范》中规定，律师对与委托事项有关的保密信息，委托代理关系结束后仍有保密义务。在与律师沟通过程中，与案件相关的要尽可能详尽地告知。

一、与案件相关的内容，要详细、全面、准确地告诉律师

对于刑事案件，请律师是必要的。既然请了，就一定要相信律师，一定要把案件的情况详细、全面、准确地告诉律师，特别是以下四个方面的情况：

1. 犯罪嫌疑人的基本情况

这个基本情况不仅包括犯罪嫌疑人的姓名、年龄、职业等基本信息，还包括家庭情况、案发的背景情况等，当事人所知道的和案件相关的基本情况都需要告诉律师。这个时候当事人不需要有太多的顾虑，为当事人保密是律师最基本的职业道德。

2. 涉嫌罪名和被指控的情况

刑事案件的办案单位一旦对嫌疑人采取强制措施，需在法定期限内通知家属并告知采取强制措施的原因。对于涉嫌的罪名以及指控的大概情况，家属应将其了解的情况及时告知律师，这有利于辩护律师对案件进行初步的判断和分析。例如，事情发生的时间、地点、参与人员、背景，以及是否有被害人，涉案金额是多少等其他相关信息。这些问题，对案件本身都非常重要，家属要尽可能做到知无不言。

3. 案件现阶段的情况

因为家属聘请律师的时间不确定，所以家属必须跟律师说清楚案件到底到了哪个阶段，因为案件所处的阶段不同，律师的努力重点也不一样，工作的侧重点需要根据案件的具体阶段而定。

就刑事案件而言，大体分为三个阶段，分别是公安侦查、检察院审查起诉、

法院审理三个阶段。每个阶段还可以划分为许多小的阶段，比如，侦查阶段可以细分为刑事拘留期间、逮捕期等；法院阶段，可细分为一审阶段、二审阶段等。这些信息都需要明确告知律师。

4. 案件的其他情况

例如，案件是单人单案，还是共同犯罪；是否有共犯，有的话共犯的情况如何，是否都被抓获，或者有几个在逃的；当事人在其中的作用是什么，是主犯还是从犯，自动到案还是被抓获。这些细节问题对定罪和量刑都有很大的影响，家属需要尽可能详尽地告知律师。

二、律师有保密的义务

律师对在执业活动中知悉的委托人和其他人不愿泄露的有关情况和信息，应当予以保密。但是，委托人或者其他人准备或者正在实施危害国家安全、公共安全，以及严重危害他人人身安全的犯罪事实和信息除外。

相关法条：

参见《中华人民共和国刑事诉讼法》第四十八条。

参见《中华人民共和国律师法》第三十八条。

《律师职业道德和执业纪律规范》

第三十九条　律师对与委托事项有关的保密信息，委托代理关系结束后仍有保密义务。

《律师执业管理办法》

第四十三条　律师应当保守在执业活动中知悉的国家秘密、商业秘密，不得泄露当事人和其他人的个人隐私。

律师对在执业活动中知悉的委托人和其他人不愿泄露的有关情况和信息，应当予以保密。但是，委托人或者其他人准备或者正在实施危害国家安全、公共安全以及严重危害他人人身安全的犯罪事实和信息除外。

第 10 问：律师办案过程中不作为怎么办？

答：首先判断律师是否不作为，如果是则可诉讼和投诉。

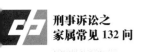

一、应先明确律师的职责和义务

1. 法定义务

根据《中华人民共和国律师法》的规定，律师有以下法定义务：

（1）律师担任法律顾问的，应当按照约定为委托人就有关法律问题提供意见，草拟、审查法律文书，代理参加诉讼、调解或者仲裁活动，办理委托的其他法律事务，维护委托人的合法权益。

（2）律师担任诉讼法律事务代理人或者非诉讼法律事务代理人的，应当在受委托的权限内，维护委托人的合法权益。

（3）律师担任辩护人的，应当根据事实和法律，提出犯罪嫌疑人、被告人无罪、罪轻或者减轻、免除其刑事责任的材料和意见，维护犯罪嫌疑人、被告人的诉讼权利和其他合法权益。

2. 约定义务

委托人委托律师会和律师事务所签订授权委托合同，在合同中会明确双方的权利和义务。

如律师不作为，违反合同的约定，可依据合同主张违约责任，如造成损害的，还可主张违约损害赔偿。

二、投诉途径

在明确了哪些是律师的责任和义务之后，就可以判断律师是否不作为。如律师在接受委托后，不认真履行职责，不作为，有以下投诉途径：

第一，向律师所在的律师事务所进行投诉。

第二，向律师或律师事务所所在地的司法行政部门或当地律师协会进行投诉。

投诉时应准备书面的投诉信，并附带有关证据材料（如委托代理合同、收费凭据等）的复印件前往所在地司法局律师管理部门、律师协会，或者通过信函等方式进行投诉。

相关法条：

参见《中华人民共和国律师法》第二十九条至第三十一条。

第 11 问：当事人中途可不可以换律师？

答：可以。

在刑事案件中，一个当事人最多可以委托两名律师，自行委托律师是委托人的自由意志表现，委托人可随时更换两名律师。

首先，直接与已经委托的律师办理解除委托代理的手续，可以签署书面的解除委托代理合同/协议，出具书面的解除委托申明。然后到律师事务所将费用结算清楚，可以的话最好出一个关于律师费用结算清楚的证明材料。

其次，解除委托后，再与新的律师事务所签署委托手续（委托合同、授权委托书等），签署后再将新的授权连同解除委托申明一并提交到相关的办案单位（侦查机关、检察机关、审判机关、看守所）。

最后，需要注意的是，如果之前已有两名律师，新委托的律师第一次会见时需要带上之前律师已被解除的证明材料（解除委托申明），以备看守所审核。

相关法条：

参见《中华人民共和国刑事诉讼法》第四十五条。

第 12 问：可不可以委托律师只会见一次？

答：可以。

律师会见权、通信权，是法律赋予辩护律师最基本的权利。当事人在委托律师时，每一次委托都要明确具体的委托事项，根据委托人的需要，可以委托律师只进行一次会见，签署委托合同时写明即可。

刑事案件中委托辩护律师一般是按照案件程序进行委托，侦查阶段、审查起诉阶段、审判阶段都可以单独委托，也可以一并委托。但是，我们建议三个阶段最好委托同一个律师，这样同一个律师对案件熟悉且工作起来具有连贯性。

当然，如中途对律师不满意，一个阶段结束后，更换律师也是可以的。常见的是委托某一律师作为辩护人，至一审判决止，这就包含了判决前的所有程序。若对一审判决不服上诉，之后还可以委托原一审的辩护律师继续二审辩护，也可

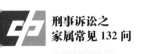

以重新委托其他律师作为二审辩护人，直到二审判决（裁决）。若案件发回重审，相当于案件又回到原点，当事人可以根据实际情况再委托律师。

除此之外，刑事案件的嫌疑人可能突然被传唤或拘留，大多数时候家属完全不了解案情，无法具体、准确地对案件作出判断。这个时候，家属急需律师提供法律帮助和咨询，以便了解案件事实和法律程序，以及了解嫌疑人的情况。这时，家属就可以委托律师进行一次会见，面见当事人了解情况。

相关法条：

参见《中华人民共和国刑事诉讼法》第三十九条。

第 13 问：律师会见能不能带上家属一起去？

答：不能。

律师会见不能带上家属一起去，家属在刑事诉讼程序中没有会见嫌疑人、被告人的权利。只有在罪犯服刑期间，家属才可以探监。

家属在法定情形下，作为辩护人时，除侦查阶段外，在取得检察院、法院的同意后可以会见、通信在押的犯罪嫌疑人、被告人。但在实践中，这种情况较为少见。

相关法条：

参见《中华人民共和国刑事诉讼法》第三十九条。

第 14 问：律师会见时会做哪些工作？

答：刑事案件中律师会见有两方面的工作。

一方面，是为了了解案件情况、了解当事人诉求、为当事人提供法律咨询，在案件移送审查起诉之日起可以向当事人核实证据，这也是律师会见最主要的工作。即，律师的会见工作主要是围绕案件展开相关工作。

另一方面，律师可以作为家属和当事人之间的桥梁，向当事人传达家属的关心和嘱咐，向家属传达当事人生活上的需求。

需要说明的是，法律明确规定任何人不得帮助犯罪嫌疑人、被告人隐匿、毁灭、伪造证据或者串供，不得威胁、引诱证人作伪证以及进行其他干扰司法机关诉讼活动的行为。所以家属若想通过律师以不正当的方式方法"帮助"嫌疑人、被告人，是严重违反法律规定的，严重者还会受到刑事处罚。

相关法条：

参见《中华人民共和国刑事诉讼法》第三十九条、第四十四条。

第15问：家属可不可以自己为亲人辩护？

答：可以。

每一个犯罪嫌疑人、被告人可以委托1~2人作为辩护人。可以作为辩护人的包括三类人：一是律师；二是人民团体或当事人所在单位推荐的人；三是当事人的监护人、亲友。

要注意一点，监护人、亲友可以作为辩护人，但是有限制，在案件侦查阶段犯罪嫌疑人只能委托律师作为辩护人。

相关法条：

参见《中华人民共和国刑事诉讼法》第三十三条、第三十四条。

第16问：犯罪嫌疑人或被告人可不可以委托来自不同律师事务所的律师？

答：可以。

一个犯罪嫌疑人或被告人根据法律规定，最多可以委托两人作为辩护人。律师作为辩护人，不管是同一律所的两名律师还是不同律所的两名律师都可以。

同时委托不同律所的两名律师作为辩护人，要分别签署两份委托合同和授权委托书等委托手续，也要根据委托合同支付相应的律师费用。

需要注意的是，委托不同律所的两名律师作为辩护人，律师之间可能会涉及工作方式、方案的协调。实践中，一般而言，刑事案件同一被告人委托同一律所的两名律师或者同一个团队的两名律师共同担任其辩护人更好，这样在工作协

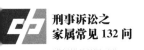

调、配合以及案件讨论沟通上会更加方便。

另外，还有一种情况也比较常见。委托不同律所的两名律师，但两名律师工作分工以及侧重点会有所不同。比如，很多家属会在羁押当地专门委托一名律师，其工作侧重于会见当事人沟通生活需要、传递家属关心，方便随时关注当事人的情况；再根据案件实际情况，委托另外一名律师，其工作侧重于案件辩护工作。这样也是比较合理有效的委托律师的方式。

相关法条：

参见《中华人民共和国刑事诉讼法》第三十三条。

第 17 问：同案的不同被告人可不可以委托同一家律师事务所的律师？

答：可以。

刑事案件同案不同被告人可以委托同一家律师事务所的律师，目前对此并无禁止性规定。实践中同案不同被告人委托同一家律师事务所的律师也是十分常见的，只是需要注意，同一律师不得为两名以上的同案被告人，或者虽未同案处理但犯罪事实存在关联的被告人辩护。

相关法条：

《最高人民法院关于适用〈中华人民共和国刑事诉讼法〉的解释》

第四十三条 一名被告人可以委托一至二人作为辩护人。

一名辩护人不得为两名以上的同案被告人，或者未同案处理但犯罪事实存在关联的被告人辩护。

第 18 问：没钱委托律师怎么办？

答：符合条件的可申请法律援助。

没钱委托律师的，本人及近亲属可以申请法律援助，符合法律援助条件的，法律援助机构会指派律师担任辩护人提供法律援助。

在押的犯罪嫌疑人、被告人可以向监管场所、办案机关提出申请，或者通过值班律师提出申请。申请法律援助所需材料可由看守所通知申请人的法定代理人或者近亲属协助提供。其近亲属也可作为申请人到办案机关所在地的法律援助机构提出申请。

申请人要如实地向法律援助机构说明经济困难状况。法律援助机构会通过信息共享查询，到有关部门、单位、村委会、居委会等进行核查，或者要求申请人进行个人诚信承诺来核查申请人的经济困难状况。

有几类特殊的人群，在申请法律援助时不用核查经济困难的情况。分别是：

①无固定生活来源的未成年人、老年人、残疾人等特定群体。

②社会救助、司法救助或者优抚对象。

③申请支付劳动报酬或者请求工伤事故人身损害赔偿的进城务工人员。

④法律、法规、规章规定的其他人员。

法律援助机构在收到申请人提出的申请后，会在七日内作出是否给予法律援助的决定。决定给予法律援助的，会在作出决定之日起三日内指派法律援助人员为受援人提供法律援助。决定不给予法律援助的，会书面告知申请人，并说明理由。

如果当事人属于法律规定的几种特殊情况，即犯罪嫌疑人系未成年人，系盲、聋、哑残疾人，系不能完全辨认自己行为的成年人，涉及的犯罪行为可能被判处无期、死刑的，缺席审判案件的被告人，申请法律援助的死刑复核案件被告人等，以上几种情况，如果没有委托律师，即使不主动申请，法律援助机构也会指派律师提供帮助。

如果法律援助机构没有指派律师，当事人自己也没有委托律师的，犯罪嫌疑人、被告人可以约见值班律师，值班律师可以为其提供法律咨询，提供程序选择建议，申请变更强制措施，提供案件处理意见等法律帮助。

相关法条：

参见《中华人民共和国刑事诉讼法》第三十五条、第三十六条。

参见《中华人民共和国法律援助法》第二十三条至第二十五条、第三十八条至第四十二条。

《法律援助条例》

第十一条　刑事诉讼中有下列情形之一的，公民可以向法律援助机构申请法律援助：

（一）犯罪嫌疑人在被侦查机关第一次讯问后或者采取强制措施之日起，因经济困难没有聘请律师的；

（二）公诉案件中的被害人及其法定代理人或者近亲属，自案件移送审查起诉之日起，因经济困难没有委托诉讼代理人的；

（三）自诉案件的自诉人及其法定代理人，自案件被人民法院受理之日起，因经济困难没有委托诉讼代理人的。

第十七条　公民申请代理、刑事辩护的法律援助应当提交下列证件、证明材料：

（一）身份证或者其他有效的身份证明，代理申请人还应当提交有代理权的证明；

（二）经济困难的证明；

（三）与所申请法律援助事项有关的案件材料。

申请应当采用书面形式，填写申请表；以书面形式提出申请确有困难的，可以口头申请，由法律援助机构工作人员或者代为转交申请的有关机构工作人员作书面记录。

第 19 问：没达到理想的结果，可不可以找律师退钱？

答：一般不能。

"没达到理想的结果"只是委托人的主观判断，仅以此为由，是不可以找律师退钱的。

律师提供的是法律服务，律师费就是法律服务费用，如果律师没有违反职业道德、职业规范以及委托合同约定的事项，当事人是没有理由找律师退钱的。

在实践中，许多委托人、当事人，总觉得如果律师没有扭转乾坤或者没有达到其私人诉求，律师费就是打了水漂，或是所谓的"案件没有达到想要的结果"，所以律师费就应当退还。

有这样的想法和担忧是可以理解的，而为什么会有这样的想法，其实归根结底是对律师费缺乏正确的认识。中国的现代法治化进程较晚，律师制度起步更晚，还有很多的人没有正确地理解和认识律师的价值。

首先，委托人应当正确地认识律师费到底是什么费用。

律师属于服务业，其实和医生、教师的职业性质很相似，提供的都是无形的服务。更贴切一点，律师费就是提供法律服务的服务费用，这是一个"过程费用"而不是一个"结果费用"。刑事案件的最终结果，是由公检法以及在案证据材料决定的。律师基于其职业的特性，永远都不可能决定案件结果。就像做手术，你找一个技术强、名气大的医生，是为了提高手术成功率。找律师也同理，找一个专业的、负责的、经验丰富的、优秀的律师，是为了增加"得到对当事人更有利的结果"的概率，而不是保证结果，律师没有办法保证、也没有能力左右最终结果。

其次，委托人、当事人也应该正确地认识律师这个职业的价值。

律师的介入，可以监督办案机关，防止或及时发现非法取证和其他违法行为；可以提出异议，来维护当事人的合法权益，保护当事人；可以引领、帮助当事人以体面的、有尊严的、更为适宜的方式面对整个刑事诉讼的过程；可以在家属茫然不知所措的情况下合理地引导当事人及家属，作为二者之间的桥梁，防止家属病急乱投医或者被骗；可以及时地了解案件的情况和进展，安抚家属的情绪，以免繁杂的诉讼程序影响他们的正常生活；可以给在押的当事人信心和鼓励，避免其盲目悲观或盲目乐观，正确面对当下的情况；可以结合在案的证据和法律规定，最大限度地降低犯罪数额，减少罪名数量，作罪名辩护将重罪变为轻罪，打掉部分犯罪事实，降低量刑幅度；可以调取无罪或罪轻证据，从而快速有效地说服办案机关做出不立案、不起诉的决定，等等。

而要让这些工作真正发挥作用、真正有效，律师需要花大量的时间、脑力，结合自己所有的法律知识，查阅案卷，逐一分析，将事实和证据结合起来，形成闭环，寻找突破点、辩点，要研究大量的法条、法理、学术研究结果、类似案例。在大数据检索汇集、反复会见被告人、跟办案人员沟通、参与法庭、展示证据和辩护观点、撰写提交辩护意见书，等等。这些过程中，律师都要一直承受案件带来的各种压力，花费大量心血。

所以一个律师，最本质的工作是以其专业和经验，为自己的当事人争取最大限度的合法权益，提供优质的法律服务。

综上，委托人应正确地认识律师以及律师费的价值，仅仅以结果为导向，来作为是否支付律师费的标准，显然是不合理的。如果始终无法正确认识律师的价值，尊重律师的工作，也无法信任律师的话，选择花非常少的钱请一个仅仅实时反馈程序进程的律师也是一个比较合理的选择，或者不请律师也是一种选择。

第 20 问：可不可以与律师事务所签订风险代理合同？

答：刑事案件不可以。

刑事诉讼是法定禁止风险代理的，即便签署风险代理合同或条款，也是无效的。

风险代理是指委托代理人与当事人之间的一种特殊委托诉讼代理，委托人先支付较少的代理费或不支付代理费，案件胜诉后委托人按照法律文书确认的债权的一定比例付给代理人作为报酬。如果败诉，代理人将得不到任何回报；如果胜诉，被代理人将按照约定的高额比例支付给代理人，对双方来讲都存在一定风险，所以称之为风险代理。

风险代理分为部分风险代理和全风险代理。部分风险代理指前期支付一定基本律师费用后，再根据结果按比例支付律师费，此比例低于上述全风险代理。全部风险代理指根据案件的具体情况，与律师协商确定，一般根据案件结果按比例收费。

司法部、国家发展和改革委员会、国家市场监督管理总局最新印发的《关于进一步规范律师服务收费的意见》（下称《意见》），主要从严格限制风险代理适用范围，严格限制风险代理收费金额，严格规范风险代理行为三个方面对严格限制风险代理作出了规定。

《意见》明确规定，禁止刑事诉讼案件、行政诉讼案件、国家赔偿案件、群体性诉讼案件、婚姻继承案件，以及请求给予社会保险待遇、最低生活保障待遇、赡养费、抚养费、扶养费、抚恤金、救济金、工伤赔偿、劳动报酬的案件实行或者变相实行风险代理。

由此可知，刑事诉讼案件禁止实行或者变相实行风险代理。因刑事案件代理不同于一般的民事案件代理，如果允许刑事诉讼中进行风险代理，律师在风险代理中就有了足够的经济动机，因此可能会采取作伪证、帮助犯罪分子规避刑事制裁、开脱罪责等措施来谋取胜诉判决，还可能导致司法腐败，损害社会公共利益。

所以，法律明令禁止刑事诉讼案件进行风险代理。

相关法条：

《律师服务收费管理办法》

第十一条 办理涉及财产关系的民事案件时，委托人被告知政府指导价后仍要求实行风险代理的，律师事务所可以实行风险代理收费，但下列情形除外：

（一）婚姻、继承案件；

（二）请求给予社会保险待遇或者最低生活保障待遇的；

（三）请求给付赡养费、抚养费、扶养费、抚恤金、救济金、工伤赔偿的；

（四）请求支付劳动报酬的等。

第十二条 禁止刑事诉讼案件、行政诉讼案件、国家赔偿案件以及群体性诉讼案件实行风险代理收费。

第十三条 实行风险代理收费，律师事务所应当与委托人签订风险代理收费合同，约定双方应承担的风险责任、收费方式、收费数额或比例。

实行风险代理收费，最高收费金额不得高于收费合同约定标的额的30%。

《最高人民法院 最高人民检察院 司法部关于逐步实行律师代理申诉制度的意见》

十五、强化律师代理申诉执业管理。对律师在代理申诉过程中，违反《中华人民共和国律师法》《律师执业管理办法》等规定，具有煽动、教唆和组织申诉人以违法方式表达诉求；利用代理申诉案件过程中获得的案件信息进行歪曲、有误导性的宣传和评论，恶意炒作案件；与申诉人签订风险代理协议；在人民法院或者人民检察院驻点提供法律服务时接待其他当事人，或者通过虚假承诺、明示或暗示与司法机关的特殊关系等方式诱使其他当事人签订委托代理协议等行为的，司法行政部门或者律师协会应当相应给予行业处分和行政处罚。构成犯罪的，依法追究刑事责任。

《司法部 国家发展和改革委员会 国家市场监督管理总局印发〈关于进一步规范律师服务收费的意见〉的通知》

三、严格规范律师风险代理行为

（四）严格限制风险代理适用范围。禁止刑事诉讼案件、行政诉讼案件、国家赔偿案件、群体性诉讼案件、婚姻继承案件，以及请求给予社会保险待遇、最低生活保障待遇、赡养费、抚养费、扶养费、抚恤金、救济金、工伤赔偿、劳动报酬的案件实行或者变相实行风险代理。

（五）严格规范风险代理约定事项。律师事务所和律师不得滥用专业优势地位，对律师事务所与当事人各自承担的风险责任作出明显不合理的约定，不得在风险代理合同中排除或者限制当事人上诉、撤诉、调解、和解等诉讼权利，或者对当事人行使上述权利设置惩罚性赔偿等不合理的条件。

（六）严格限制风险代理收费金额。律师事务所与当事人约定风险代理收费的，可以按照固定的金额收费，也可以按照当事人最终实现的债权或者减免的债务金额（以下简称"标的额"）的一定比例收费。律师事务所在风险代理各个环节收取的律师服务费合计最高金额应当符合下列规定：标的额不足人民币 100 万元的部分，不得超过标的额的 18%；标的额在人民币 100 万元以上不足 500 万元的部分，不得超过标的额的 15%；标的额在人民币 500 万元以上不足 1 000 万元的部分，不得超过标的额的 12%；标的额在人民币 1 000 万元以上不足 5 000 万元的部分，不得超过标的额的 9%；标的额在人民币 5 000 万元以上的部分，不得超过标的额的 6%。

（七）建立风险代理告知和提示机制。律师事务所应当与当事人签订专门的书面风险代理合同，并在风险代理合同中以醒目方式明确告知当事人风险代理的含义、禁止适用风险代理案件范围、风险代理最高收费金额限制等事项，并就当事人委托的法律服务事项可能发生的风险、双方约定的委托事项应达成的目标、双方各自承担的风险和责任等进行提示。

第二部分
侦查阶段篇

第 21 问：犯罪了一定会被追究刑事责任吗？

答：不一定。

并不是只要犯罪就一定会被追究刑事责任，以下情形就属于不予追究刑事责任的情形：

一、未满刑事责任年龄

《中华人民共和国刑法》（以下简称《刑法》）第十七条对刑事责任年龄进行了明确的规定，该条共分为五款。

第一款规定了"完全负刑事责任"的年龄段。

根据本款的规定，实施犯罪行为的人负刑事责任的年龄是满十六周岁，即凡年满十六周岁的人，实施了《刑法》规定的任何一种犯罪行为，都应当负刑事责任。

这样的规定是从我国的实际情况出发的。在我国，已满十六周岁的人，其体力、智力已发展到一定程度，并具备一定社会知识，已具有分辨是非善恶的能力，因此，应当要求他们对自己的一切犯罪行为负刑事责任。

第二款是关于"相对负刑事责任"年龄段的规定。

在这个年龄段中的行为人不是实施了任何犯罪都要负刑事责任。根据本款的规定，已满十四周岁不满十六周岁的人，只有实施故意杀人、故意伤害致人重伤或者死亡、强奸、抢劫、贩卖毒品、放火、爆炸、投放危险物质犯罪的，才负刑事责任。

需要注意的是，这里所规定的八种犯罪，是指具体犯罪行为而不是具体罪名。"犯故意杀人、故意伤害致人重伤或者死亡"，是指只要故意实施了杀人、伤害行为，并且致人重伤、死亡后果的，都应负刑事责任，而不是指只有犯故意杀人罪、故意伤害罪的，才负刑事责任。在司法实践中，已满十四周岁不满十六周岁的人绑架人质后杀害被绑架人，拐卖妇女、儿童而故意造成被拐卖妇女、儿童重伤或者死亡的行为，应当依据《刑法》追究其刑事责任。

第三款是关于"已满十二周岁不满十四周岁"的特别规定。

已满十二周岁不满十四周岁，经特别程序，应当负刑事责任。由于家庭、学校、社会等多方面的原因，低龄未成年人严重犯罪案件近年来时有发生。经有关方面反复研究，综合考虑各方面的意见，《刑法》修正案（十一）增加了本款规定，即在特定情形下，经特别程序，对法定最低刑事责任年龄作个别下调，而不

是普遍降低刑事责任年龄。根据本款的规定，已满十二周岁不满十四周岁的人，犯故意杀人、故意伤害罪，致人死亡或者以特别残忍手段致人重伤造成严重残疾，情节恶劣，经最高人民检察院核准追诉的，应当负刑事责任。

这里的"犯故意杀人、故意伤害罪，致人死亡或者以特别残忍手段致人重伤造成严重残疾"，同第二款的规定一样，指的也是故意实施了杀人、伤害行为，并且致人死亡或者以特别残忍手段致人重伤造成严重残疾的后果的，都应负刑事责任。而不是指只有犯故意杀人罪、故意伤害罪才负刑事责任，绑架撕票的负刑事责任。

第四款是关于对"未成年人犯罪处罚原则"的规定。

根据本款的规定，对依照前三款规定追究刑事责任的不满十八周岁的人犯罪，应当从轻或者减轻处罚。这样规定，充分体现了我国对犯罪的未成年人实行教育为主、惩罚为辅，重在教育、挽救和改造的方针。

第五款是关于对因不满十六周岁不予刑事处罚的人如何处理的规定。

根据本款规定，对于实施了危害社会的行为，但因不满十六周岁而没有受刑事处罚的人，不是放任不管，而是要责令其父母或者其他监护人对行为人严加管教；在必要的时候，依法对其进行专门矫治教育。

二、具有法定的不负刑事责任的事由

1. 精神病人

《刑法》规定，精神病人在不能辨认或者不能控制自己行为的时候造成危害结果，经法定程序鉴定确认的，不负刑事责任。

2. 正当防卫

《刑法》规定，为了使国家、公共利益、本人或者他人的人身、财产和其他权利免受正在进行的不法侵害，而采取的制止不法侵害的行为，对不法侵害人造成损害的，属于正当防卫，不负刑事责任。

3. 紧急避险

《刑法》规定，为了使国家、公共利益、本人或者他人的人身、财产和其他权利免受正在发生的危险，不得已采取的紧急避险行为，造成损害的，不负刑事责任。

三、刑法规定可以免除处罚的情形

1. 又聋又哑的人或盲人犯罪

《刑法》规定，又聋又哑的人或者盲人犯罪，可以从轻、减轻或者免除处罚。

2. 犯罪预备、犯罪中止

《刑法》规定，对于预备犯，可以比照既遂犯从轻、减轻处罚或者免除处罚；对于中止犯，没有造成损害的，应当免除处罚，造成损害的，应当减轻处罚。

3. 从犯、胁从犯

《刑法》规定，对于从犯，应当从轻、减轻处罚或者免除处罚；对于被胁迫参加犯罪的，应当按照他的犯罪情节减轻处罚或者免除处罚。

4. 自首

《刑法》规定，对于自首的犯罪分子，可以从轻或者减轻处罚。其中，犯罪较轻的，可以免除处罚。

5.《中华人民共和国刑事诉讼法》规定的不予追究刑事责任的情形

《中华人民共和国刑事诉讼法》（以下简称《刑事诉讼法》）规定，对于情节显著轻微、危害不大，不认为是犯罪的；犯罪已过追诉时效期限的；经特赦令免除刑罚的；依照刑法告诉才处理的犯罪，没有告诉或者撤回告诉的；犯罪嫌疑人、被告人死亡的等情形，不追究刑事责任。

相关法条：

参见《中华人民共和国刑法》第十六条至第十八条、第二十条至第二十四条、第二十七条、第二十八条、第六十七条。

第 22 问：中国公民在国外涉嫌犯罪，回国后会被处罚吗？

答：会，但有例外。

犯罪嫌疑人是中国公民，在国外实施犯罪，其犯罪行为虽发生在国外，但犯罪结果很可能波及多个国家。

具体可分为两种情形：

其一，行为人在国外实施了犯罪行为，但是受害人包括了中国的公民。

此时，因犯罪结果发生在中华人民共和国领域内，就认为是在中华人民共和国领域内犯罪。在我国领域内犯罪的，除法律有特别规定的以外，都适用《刑法》。而《刑法》明确将这类行为规定为是犯罪，只要达到立案追诉标准，回国后会面临相应的刑事处罚。

其二，行为人在国外实施了犯罪行为，但是受害人不包括中国的公民。

此时，按照属人管辖权的规定，我国公民在我国领域外犯《刑法》"分则"规定的任何一种罪的，都要适用《刑法》，追究其刑事责任。

但是有一种例外，如其所犯之罪，按照《刑法》"分则"的规定，最高刑为三年以下有期徒刑的，可以不予追究。最高刑应当根据犯罪情节所应适用的相应法定刑档次的最高刑来判断。

而国家工作人员和军人在我国领域外犯《刑法》"分则"规定之罪的，都适用《刑法》追究刑事责任，没有任何例外。

相关法条：

参见《中华人民共和国刑法》第六条、第七条。

第 23 问：有些案件为何要异地关押、异地审判？

答：因为管辖或办案所需，异地关押、异地审判大体包含两种情况：

一、犯罪地在外地

有些案件的犯罪地在外地，犯罪地包括犯罪行为发生地和犯罪结果发生地。外地的公安机关立案侦查，进行异地抓捕，再将犯罪嫌疑人带回立案公安机关所在的羁押场所（看守所）进行羁押。异地办案单位基于法定的管辖权，包括立案侦查、审查起诉以及审判等方面的管辖权，为了方便办案，会对犯罪嫌疑人就近进行羁押。此时，对于犯罪嫌疑人或被告人来说就属于异地关押。

二、基于办案的需要可实施异地关押

在实务中常常会遇见一些案件，主要是受贿类案件以及涉黑恶案件，犯罪嫌疑人可能在当地具有一定的影响力，为了防止在侦查阶段出现有碍侦查的行为，办案单位一般会选择对当事人进行异地关押。

第24问：办案人员如果与犯罪嫌疑人及其近亲属有利害关系怎么办？

答：可以申请办案人员回避。

犯罪嫌疑人如发现办案人员，包括审判人员、检察人员以及侦查人员，与自己或者自己的近亲属有利害关系，可行使法律赋予的回避申请权。

一旦发现类似情况，犯罪嫌疑人本人或者其法定代理人有权申请上述人员回避，不再参与该案件的办理。

相关法条：

参见《中华人民共和国刑事诉讼法》第二十九条、第三十条。

《最高人民法院关于适用〈中华人民共和国刑事诉讼法〉的解释》

第三十五条　对当事人及其法定代理人提出的回避申请，人民法院可以口头或者书面作出决定，并将决定告知申请人。当事人及其法定代理人申请回避被驳回的，可以在接到决定时申请复议一次。不属于《刑事诉讼法》第二十九条、第三十条规定情形的回避申请，由法庭当庭驳回，并不得申请复议。

第三十六条　当事人及其法定代理人申请出庭的检察人员回避的，人民法院应当区分情况作出处理：（一）属于刑事诉讼法第二十九条、第三十条规定情形的回避申请，应当决定休庭，并通知人民检察院尽快作出决定；（二）不属于刑事诉讼法第二十九条、第三十条规定情形的回避申请，应当当庭驳回，并不得申请复议。

第25问：犯罪后主动去公安机关投案就可以从轻或减轻处罚吗？

答：不一定。

许多当事人可能会有这样一个误区，认为只要主动去公安机关投案，就是"自首"，而自首按照法律规定，就可以从轻或减轻处罚。

其实，按照法律规定，"自首"需要同时符合两个要件，一是自动投案，二是如实供述。如果仅是主动去公安机关投案，但是又并没有对主要犯罪事实如实供述，是不构成自首的。

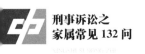

一、自动投案

所谓"自动投案",是指犯罪分子犯罪以后,犯罪事实被司法机关掌握以前,或者犯罪事实虽被发现,但不知何人所为,或者犯罪事实和犯罪分子均已被发现,但是尚未受到司法机关的传唤、讯问或者未被采取强制措施时,主动、直接到司法机关或者所在单位、基层组织等投案,接受审查和追诉的。

这里的"司法机关"应指所有的依法负有调查、处理违法犯罪案件相关职责的机关,包括公安机关、国家安全机关、监察机关、人民检察院、人民法院等。需要说明的是,实践中对于相关司法机关具体职责分工的法律规定,很多公民并不是很清楚或者认知不是很准确。因此,只要犯罪行为人确实出于主动投案,接受法律处理的目的,到有关机关自首,即使该机关不属于相关案件的法定管辖机关,也不会因这一点而影响其自首的成立。

比如,行为人实施了间谍行为,到公安机关投案自首,实际上案件应当由国家安全机关管辖;或者其到人民法院自首,而人民法院是审判机关,并不负责案件的侦查。这些机关接到犯罪行为人投案的,应当将其转交相应的负有案件管辖权的机关处理,这样的情况也不影响其自首的成立。

二、如实供述自己的罪行

如实供述自己的罪行是指犯罪分子投案以后,对于自己所犯的罪行,不管司法机关是否掌握,都必须如实地向司法机关供述,不能有隐瞒。至于有些细节或者情节,犯罪分子记不清楚或者确实无法说清楚的,不能认为是隐瞒。只要基本的犯罪事实和主要情节说清楚就应当认为属于如实供述自己的罪行。如果犯罪分子避重就轻或者只供述一部分,保留一部分,企图蒙混过关,就不能认为是如实供述自己的罪行。共同犯罪中的犯罪分子不仅应供述自己的犯罪行为,还应供述与其共同实施犯罪的其他共犯的共同犯罪事实;犯有数罪的犯罪分子仅如实供述所犯数罪中部分犯罪事实的,只对如实供述部分犯罪的行为,认定为自首。

实践中,有的犯罪嫌疑人自动投案并如实供述自己罪行后又翻供,那么这种情况应如何认定?《最高人民法院关于处理自首和立功具体应用法律若干问题的解释》第一条规定,犯罪嫌疑人自动投案并如实供述自己的罪行后又翻供的,不能认定为自首;但在一审判决前又能如实供述的,应当认定为自首。犯罪以后自动投案,如实供述自己的罪行以后,不能逃避司法机关的处理。

三、特殊自首

特殊自首的对象是已经被司法机关采取强制措施的犯罪嫌疑人、被告人和正在服刑的罪犯。

这里的"强制措施"，是指《刑事诉讼法》规定的拘传、拘留、取保候审、监视居住、逮捕。"正在服刑"，是指已经由人民法院判决，正在执行刑罚的罪犯。

要求如实供述的内容是，司法机关还未掌握的本人其他罪行。这里所说的"司法机关还未掌握的本人其他罪行"，是指司法机关根本不知道的，还未掌握犯罪嫌疑人、被告人和正在服刑的罪犯的其他罪行，以及司法机关正在追查或已经追究的行为人所犯罪行以外的其他犯罪行为。

相关法条：

参见《中华人民共和国刑法》第六十七条。

《最高人民法院关于处理自首和立功若干具体问题的意见》

一、关于"自动投案"的具体认定

《解释》① 第一条第（一）项规定七种应当视为自动投案的情形，体现了犯罪嫌疑人投案的主动性和自愿性。根据《解释》第一条第（一）项的规定，犯罪嫌疑人具有以下情形之一的，也应当视为自动投案：

1. 犯罪后主动报案，虽未表明自己是作案人，但没有逃离现场，在司法机关询问时交代自己罪行的；2. 明知他人报案而在现场等待，抓捕时无拒捕行为，供认犯罪事实的；3. 在司法机关未确定犯罪嫌疑人，尚在一般性排查询问时主动交代自己罪行的；4. 因特定违法行为被采取劳动教养、行政拘留、司法拘留、强制隔离戒毒等行政、司法强制措施期间，主动向执行机关交代尚未被掌握的犯罪行为的；5. 其他符合立法本意，应当视为自动投案的情形。

罪行未被有关部门、司法机关发觉，仅因形迹可疑被盘问、教育后，主动交代了犯罪事实的，应当视为自动投案，但有关部门、司法机关在其身上、随身携带的物品、驾乘的交通工具等处发现与犯罪有关的物品的，不能认定为自动投案。

交通肇事后保护现场、抢救伤者，并向公安机关报告的，应认定为自动投

---

① 此处指《最高人民法院关于处理自首和立功具体应用法律若干问题的解释》，下同。

案，构成自首的，因上述行为同时系犯罪嫌疑人的法定义务，对其是否从宽、从宽幅度要适当从严掌握。交通肇事逃逸后自动投案，如实供述自己罪行的，应认定为自首，但应依法以较重法定刑为基准，视情决定对其是否从宽处罚以及从宽处罚的幅度。

犯罪嫌疑人被亲友采用捆绑等手段送到司法机关，或者在亲友带领侦查人员前来抓捕时无拒捕行为，并如实供认犯罪事实的，虽然不能认定为自动投案，但可以参照法律对自首的有关规定酌情从轻处罚。

二、关于"如实供述自己的罪行"的具体认定

《解释》第一条第（二）项规定如实供述自己的罪行，除供述自己的主要犯罪事实外，还应包括姓名、年龄、职业、住址、前科等情况。犯罪嫌疑人供述的身份等情况与真实情况虽有差别，但不影响定罪量刑的，应认定为如实供述自己的罪行。犯罪嫌疑人自动投案后隐瞒自己的真实身份等情况，影响对其定罪量刑的，不能认定为如实供述自己的罪行。

犯罪嫌疑人多次实施同种罪行的，应当综合考虑已交代的犯罪事实与未交代的犯罪事实的危害程度，决定是否认定为如实供述主要犯罪事实。虽然投案后没有交代全部犯罪事实，但如实交代的犯罪情节重于未交代的犯罪情节，或者如实交代的犯罪数额多于未交代的犯罪数额，一般应认定为如实供述自己的主要犯罪事实。无法区分已交代的与未交代的犯罪情节的严重程度，或者已交代的犯罪数额与未交代的犯罪数额相当，一般不认定为如实供述自己的主要犯罪事实。

犯罪嫌疑人自动投案时虽然没有交代自己的主要犯罪事实，但在司法机关掌握其主要犯罪事实之前主动交代的，应认定为如实供述自己的罪行。

三、关于"司法机关还未掌握的本人其他罪行"和"不同种罪行"的具体认定

犯罪嫌疑人、被告人在被采取强制措施期间，向司法机关主动如实供述本人的其他罪行，该罪行能否认定为司法机关已掌握，应根据不同情形区别对待。如果该罪行已被通缉，一般应以该司法机关是否在通缉令发布范围内作出判断，不在通缉令发布范围内的，应认定为还未掌握，在通缉令发布范围内的，应视为已掌握；如果该罪行已录入全国公安信息网络在逃人员信息数据库，应视为已掌握。如果该罪行未被通缉、也未录入全国公安信息网络在逃人员信息数据库，应以该司法机关是否已实际掌握该罪行为标准。

犯罪嫌疑人、被告人在被采取强制措施期间如实供述本人其他罪行,该罪行与司法机关已掌握的罪行属同种罪行还是不同种罪行,一般应以罪名区分。虽然如实供述的其他罪行的罪名与司法机关已掌握犯罪的罪名不同,但如实供述的其他犯罪与司法机关已掌握的犯罪属选择性罪名或者在法律、事实上密切关联,如因受贿被采取强制措施后,又交代因受贿为他人谋取利益行为,构成滥用职权罪的,应认定为同种罪行。

第 26 问:家属带嫌疑人去公安局能算自首吗?

答:不能算自首,但可酌定从宽。

根据《最高人民法院关于处理自首和立功若干具体问题的意见》规定,犯罪嫌疑人被亲友采用捆绑等手段送到司法机关,或者在亲友带领侦查人员前来抓捕时无拒捕行为,并如实供认犯罪事实的,虽然不能认定为自动投案,但可以参照法律对自首的有关规定酌情从轻处罚。

相关法条:

《最高人民法院关于处理自首和立功若干具体问题的意见》

一、关于"自动投案"的具体认定

犯罪嫌疑人被亲友采用捆绑等手段送到司法机关,或者在亲友带领侦查人员前来抓捕时无拒捕行为,并如实供认犯罪事实的,虽然不能认定为自动投案,但可以参照法律对自首的有关规定酌情从轻处罚。

第 27 问:家属帮公安机关破获案件,能算犯罪嫌疑人立功吗?

答:不能算立功。

《最高人民法院关于处理自首和立功若干具体问题的意见》中有明确规定,犯罪分子亲友为使犯罪分子"立功",向司法机关提供他人犯罪线索、协助抓捕犯罪嫌疑人的,不能认定为犯罪分子有立功表现。

立功有以下常见表现形式:

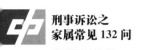

其一，犯罪分子有揭发他人犯罪行为，查证属实的。

"犯罪分子揭发他人的犯罪行为"，是指犯罪分子归案以后，主动揭发其他人的犯罪行为，包括共同犯罪案件中的犯罪分子揭发同案犯共同犯罪以外的其他犯罪。揭发他人的犯罪行为，必须经过查证属实才可认定为立功。"查证属实"是指必须经过司法机关查证以后，证明犯罪分子揭发的情况确实属实。如果经过查证，犯罪分子揭发的情况不属实或者不属于犯罪行为，那么也不算是犯罪分子有立功表现。

其二，提供重要线索，从而得以侦破其他案件的。

所谓"提供重要线索"，是指犯罪分子向司法机关提供未被司法机关掌握的重要犯罪线索，如证明犯罪行为的重要事实或提供有关证人等。这些线索必须是犯罪分子自身掌握的，是实事求是的，不能是编造的线索。"从而得以侦破其他案件"，是指司法机关根据犯罪分子提供的线索，查清了犯罪事实，侦破了其他案件。

其三，实践中有的犯罪分子还有其他有利于国家和社会的突出表现，如阻止他人犯罪活动、协助司法机关抓捕其他犯罪分子（包括同案犯）等，也属于立功。

对于有立功表现的犯罪分子，可以从轻或者减轻处罚；对于有重大立功表现的，可以减轻或者免除处罚。所谓"重大立功表现"，是相对于一般立功表现而言，主要是指犯罪分子检举、揭发他人的重大犯罪行为，如揭发了一个犯罪集团或犯罪团伙，或者因其提供了犯罪的重要线索，使一个重大犯罪案件得以侦破；阻止他人重大犯罪活动；协助司法机关抓捕其他重大犯罪分子（包括同案犯）；对国家和社会有其他重大贡献；等等。

一般而言，犯罪分子检举、揭发他人犯罪，提供侦破其他案件的重要线索，阻止他人犯罪活动，或者协助司法机关抓捕的其他犯罪嫌疑人，依法可能被判处无期徒刑以上刑罚的，应当认定为有重大立功表现。

相关法条：

参见《中华人民共和国刑法》第六十八条。

《最高人民法院关于处理自首和立功若干具体问题的意见》

四、关于立功线索来源的具体认定

犯罪分子通过贿买、暴力、胁迫等非法手段，或者被羁押后与律师、亲友会见过程中违反监管规定，获取他人犯罪线索并"检举揭发"的，不能认定为有立功表现。

犯罪分子将本人以往查办犯罪职务活动中掌握的，或者从负有查办犯罪、监管职责的国家工作人员处获取的他人犯罪线索予以检举揭发的，不能认定为有立功表现。

犯罪分子亲友为使犯罪分子"立功"，向司法机关提供他人犯罪线索、协助抓捕犯罪嫌疑人的，不能认定为犯罪分子有立功表现。

第 28 问：少数民族当事人在诉讼中可以用方言吗？

答：可以。

《刑事诉讼法》明确规定，各民族公民都有用本民族语言文字进行诉讼的权利。

人民法院、人民检察院和公安机关对于不通晓当地通用的语言文字的诉讼参与人，应当为他们翻译。

相关法条：

参见《中华人民共和国刑事诉讼法》第九条。

第 29 问：犯罪嫌疑人或家属可不可以处理与案件无关的财产？

答：视财产是否被采取强制措施而定。

其一，未被采取查封、扣押、冻结等强制措施的，与案件无关的财产，犯罪嫌疑人或家属可以处理。

根据《刑事诉讼法》的规定，在侦查活动中发现的，可用以证明犯罪嫌疑人有罪或者无罪的各种财物、文件，应当查封、扣押；与案件无关的财物、文件，不得查封、扣押。

也就表明，那些在侦查阶段未被采取任何强制措施的财产，是被办案单位认定与案件无关的财产，属于犯罪嫌疑人或家属可以自由处置的财产。

其二，对于已被采取查封、扣押等强制措施的财产，即使与案件无关，犯罪嫌疑人或家属也不能随意处置。

　　刑事案件中，办案单位常常会依法查封、扣押、冻结犯罪嫌疑人的财产。有时因为犯罪嫌疑人财产状况比较复杂，出现财产混同，而面临着与案件无关的财产也可能被查封、扣押或冻结的情况。

　　此时，犯罪嫌疑人或家属可不可以处理与案件无关的财产呢？

　　《刑事诉讼法》明确规定，在侦查活动中与案件无关的财物、文件，不得查封、扣押。但是实务中很多案件，因暂时无法识别个别财产是否与案件有关，往往采取"一刀切"的处理方式，导致与案件无关的财产被查封或扣押。

　　此时，在相关财产已经被司法机关采取了强制措施的情况下，即使认为该财产与案件无关，犯罪嫌疑人或家属也不可擅自进行处分和转移。

　　这种情况需要通过合法的途径来解决：

　　第一步：识别相关财产是否与案件有关。

　　当面临自己的合法财产被办案单位查封、扣押、冻结的情况时，首先要进行识别，自己认知范围中的"与案件无关"，是不是法律意义上的"与案件无关"。

　　根据《公安机关办理刑事案件适用查封、冻结措施有关规定》第二条，涉案财物包括：犯罪所得及其孳息，用于实施犯罪行为的工具，其他可以证明犯罪行为是否发生以及犯罪情节轻重的财物。

　　比如，涉黑案件中的组织者、领导者或积极参加者，有可能面临着被判处没收个人全部财产的情况。办案单位在侦查阶段可能就会对犯罪嫌疑人的全部财产采取强制措施，进行查封、扣押或冻结。比如，某一个财产，虽登记在犯罪嫌疑人自己名下，但是购入时的所有款项均是其他家人支出，且有详细的流水为证，该财产就与犯罪嫌疑人无关，也与案件无关，依法可要求予以解除查封、扣押等措施。

　　第二步：搜集能够证明相关财产与案件无关的证据。

　　当发现自己与案件无关的财产被查封、扣押、冻结的，应当搜集和整理相关证据，来证明相关财产与案件无关。

　　如犯罪嫌疑人处于被羁押状态，无法自行搜集相关证据时，则可以向办案单位反映该情况，并提供相应的线索，由办案单位来进行搜集。必要的时候，办案单位也会让家属来协助查明相关财产的归属和性质。

　　如犯罪嫌疑人处于非羁押状态，如被取保候审了，则可自行搜集和整理相关证据。比如，被查封的房产若属于配偶个人所有的婚前财产，则应着重搜集房屋产权信息、购房合同、支付购房款的银行流水等相关证据，以证实该房产确购于婚前，并由配偶单方在婚前支付的购房款等。

第三步：结合事实和证据，与办案单位进行协调和沟通。

在搜集好相应的证据之后，犯罪嫌疑人应当及时与办案单位进行沟通和协调，并就财产属性以及归属结合证据进行说明。这个沟通的方式既可以采取口头的方式，也可以采取书面的形式；同时也可以两种方式相结合，这样沟通效果可能会更好。

沟通的目的是让办案单位了解相关财产的一个真实状况，经确定确实与案件无关的，争取可以早日解除查封、扣押、冻结，以恢复当事人对自己合法财产享有的相关权益。

第四步：提出申诉或控告，以维护自己的合法权益。

当事人和辩护人、诉讼代理人、利害关系人对于司法机关及其工作人员对与案件无关的财物采取查封、扣押、冻结措施的或应当解除查封、扣押、冻结不解除的，有权向该机关申诉或控告，以维护自己的合法权益。

相关法条：

参见《中华人民共和国刑事诉讼法》第一百一十七条、第一百四十一条、第一百四十五条。

《公安机关办理刑事案件适用查封、冻结措施有关规定》

第二条　根据侦查犯罪的需要，公安机关依法对涉案财物予以查封、冻结，有关部门、单位和个人应当协助和配合。

本规定所称涉案财物，是指公安机关在办理刑事案件过程中，依法以查封、冻结等方式固定的可用以证明犯罪嫌疑人有罪或者无罪的各种财产和物品，包括：

（一）犯罪所得及其孳息；

（二）用于实施犯罪行为的工具；

（三）其他可以证明犯罪行为是否发生以及犯罪情节轻重的财物。

第三十五条　公安机关在采取查封、冻结措施后，应当及时查清案件事实，在法定期限内对涉案财物依法作出处理。

经查明查封、冻结的财物确实与案件无关的，应当在三日以内解除查封、冻结。

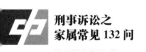
第 30 问：侦查机关查封、扣押、冻结了家属个人所有的 财产怎么办？

答：犯罪嫌疑人家属有权进行申诉、控告、提出异议。

一、有权进行申诉或控告

犯罪嫌疑人家属作为案外人对于自己的财产被刑事案件的侦查机关查封、扣押、冻结的，有权向该机关进行申诉或控告。受理申诉或者控告的机关应当及时处理。对处理结果不服的，可以向同级人民检察院申诉。人民检察院直接受理的案件，可以向上一级人民检察院申诉。人民检察院对申诉应当及时进行审查，情况属实的，通知有关机关予以纠正。

二、后期向执行法院提出书面异议

当刑事案件已审结，进入执行阶段，犯罪嫌疑人家属作为案外人可以向执行法院提出书面异议。人民法院审查案外人异议、复议，应当进行公开听证。

相关法条：

参见《中华人民共和国刑事诉讼法》第一百一十七条。

《最高人民法院关于刑事裁判涉财产部分执行的若干规定》

第十四条　执行过程中，当事人、利害关系人认为执行行为违反法律规定，或者案外人对执行标的主张足以阻止执行的实体权利，向执行法院提出书面异议的，执行法院应当依照民事诉讼法第二百二十五条的规定处理。

人民法院审查案外人异议、复议，应当公开听证。

第十五条　执行过程中，案外人或被害人认为刑事裁判中对涉案财物是否属于赃款赃物认定错误或者应予认定而未认定，向执行法院提出书面异议，可以通过裁定补正的，执行机构应当将异议材料移送刑事审判部门处理；无法通过裁定补正的，应当告知异议人通过审判监督程序处理。

第十六条　人民法院办理刑事裁判涉财产部分执行案件，刑法、刑事诉讼法及有关司法解释没有相应规定的，参照适用民事执行的有关规定。

第 31 问：一个案件处理完要花多长时间？

答：时间不确定。

一、拘留后逮捕前办案期限不超过 37 日

（1）公安机关拘留后提请批捕，一般情况，3 日内提请批捕；特殊情况可延长 1 至 4 日；流窜、结伙、多次作案的，延长至 30 日。（故最长 30 日）

（2）检察机关对于已拘留的，7 日内作出批准、不批准逮捕的决定。

因此，拘留后逮捕前的办案期限不超过 37 日。

二、逮捕后侦查羁押期限为 2 至 7 个月

（1）犯罪嫌疑人逮捕后的羁押期限，一般是 2 个月；案情复杂、期限届满不能终结，可延长 1 个月；对于交通十分不便、犯罪集团、流窜作案、涉及面广取证困难等重大复杂案件，可再延长 2 个月；对犯罪嫌疑人可能判处十年有期徒刑以上刑罚，在《刑事诉讼法》第一百五十八条规定的期限届满不能侦查终结的，可再延长 2 个月。

（2）侦查期间，发现犯罪嫌疑人另有重要罪行的，重新计算；犯罪嫌疑人不讲真实姓名、住址，身份不明的，自查明身份时开始计算。

（3）因特殊原因，在较长时间内不宜交付审判的特别重大复杂案件，由最高人民检察院报批延期审理。

三、审查起诉期限为 10 日至 6.5 个月

（1）检察机关对于公安机关移送起诉的案件，符合速裁程序适用条件的案件，审查起诉的期限是 10 至 15 日；一般案件，审查起诉期限是 1 个月；重大、复杂的案件，可以延长 15 日；改变管辖的，从改变后的检察院收到案件之日，重新计算。

（2）审查起诉阶段，检察机关经审查认为需要补充侦查的，可退回公安机关补充侦查，以 2 次为限，每次不超过 1 个月。

（3）每次补充侦查完毕移送人民检察院后，人民检察院重新计算审查起诉期限，即 1 个月再加 15 日。

四、一审法定审理期限 10 日至 6 个月

（1）一审法院，适用简易程序审理的案件，审理期限是 20 日至一个半月；

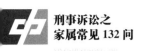

适用速裁程序审理的案件，审理期限是 10 至 15 日。

（2）一审法院，审理被告人被羁押的自诉案件，审理期限是 2 至 3 个月；被告人未被羁押的，审限是 6 个月。

（3）一审法院，审理普通程序案件，一般情况 2 个月，至迟 3 个月；对于可能判处死刑的案件或者附带民事诉讼的案件，以及《刑事诉讼法》第一百五十八条规定的四类案件（交通不便、犯罪集团、流窜作案、涉及面广取证困难等重大复杂案件），审限可延长 3 个月。

（4）改变管辖的，从改变后的法院收到案件之日，重新计算。

（5）人民法院退回检察机关补充侦查的期限是 1 个月。

（6）检察院补充侦查完毕，移送人民法院的案件，审理期限重新计算。

（7）不服一审判决，上诉、抗诉的期限是 10 日；不服裁定，上诉、抗诉的期限是 5 日。

五、二审法定审理期限 2 至 4 个月

（1）法院二审案件，一般情况下，审理期限为 2 个月；对于可能判处死刑的案件或附带民事诉讼的案件，以及《刑事诉讼法》第一百五十八条规定的四类案件，审理期限可延长 2 个月。

（2）因特殊情况还需要延长的，报请最高人民法院批准。

（3）最高人民法院受理上诉、抗诉案件的审理期限，由最高人民法院决定。

相关法条：

参见《中华人民共和国刑事诉讼法》第九十一条、第一百五十六条至第一百六十条、第一百七十二条、第一百七十五条、第二百零八条、第二百一十二条、第二百二十条、第二百二十五条、第二百三十条、第二百四十三条。

第 32 问：公安机关打电话通知我去协助调查，我可以拒绝吗？

答：一般不可以。

其一，如果认为自己可能涉嫌犯罪了，公安机关打电话通知去协助调查的，应当主动配合。

当事人接到公安机关通知协助调查的电话通知后：

首先，要识别是否是诈骗电话。如以协助调查为由头，但是最终又落脚到"钱"上来的，基本可能是遇到了骗子。因此，当事人接到这类电话，应当首先核实对方的身份。

其次，在确认核实了对方的真实身份后，要考虑公安机关联系自己协助调查可能的事由是什么。如果自己可能涉嫌犯罪了，在接到公安机关的电话后，应当到办案单位积极配合协助调查。因为，一旦被认定为犯罪，电话通知到案属于"自动投案"的一种表现形式，再加上"如实供述"，则可以被认定为"自首"，依法可以从轻或减轻处罚。

其二，如果仅是作为其他案件的证人，公安机关通知协助调查的，根据法律规定，证人有义务配合，但是没有强制要求。

作为证人协助调查，首要的也是先核实对方的身份，要求对方出示工作证件或证明文件。如证人不想到办案单位进行协助，也可以自己提出一个地点配合调查和询问等。

相关法条：

参见《中华人民共和国刑事诉讼法》第六十二条、第一百二十四条。

第 33 问：公安机关问话最长持续多长时间？

答：传唤、拘传持续的时间一般不得超过十二小时，特定情形下不得超过 24 小时。

其一，传唤、拘传持续的时间不得超过十二小时；案情特别重大、复杂，需要采取拘留、逮捕措施的，传唤、拘传持续的时间不得超过二十四小时。

其二，对被拘留的人，应当在拘留后二十四小时以内进行讯问。

其三，传唤、拘传、讯问犯罪嫌疑人，应当保证犯罪嫌疑人的饮食和必要的休息时间，并记录在案。

相关法条：

参见《中华人民共和国刑事诉讼法》第一百一十九条。

《公安机关办理刑事案件程序规定》

第八十条　拘传持续的时间不得超过十二小时；案情特别重大、复杂，需要采取拘留、逮捕措施的，经县级以上公安机关负责人批准，拘传持续的时间不得超过二十四小时。不得以连续拘传的形式变相拘禁犯罪嫌疑人。

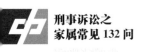
拘传期限届满，未作出采取其他强制措施决定的，应当立即结束拘传。

第一百二十八条　对被拘留的人，应当在拘留后二十四小时以内进行讯问。发现不应当拘留的，应当经县级以上公安机关负责人批准，制作释放通知书，看守所凭释放通知书发给被拘留人释放证明书，将其立即释放。

第二百零一条　传唤、拘传、讯问犯罪嫌疑人，应当保证犯罪嫌疑人的饮食和必要的休息时间，并记录在案。

第 34 问：报案人可以申请销案吗？

答：自诉案件可以，公诉案件不可以。

刑事案件有两种类型，一种是自诉案件，另一种是公诉案件。报案人是否可以撤销案件，按照案件类型的不同分为两种情况：

一、自诉案件可以申请撤回自诉

1. 自诉案件包括三种类型的案件

（1）告诉才处理的案件包括《刑法》第二百四十六条规定的侮辱罪、诽谤罪，第二百五十七条规定的暴力干涉婚姻自由罪，第二百六十条规定的虐待罪，第二百七十条规定的侵占罪。

（2）被害人有证据证明的轻微刑事案件。

（3）被害人有证据证明对被告人侵犯自己人身、财产权利的行为应当依法追究刑事责任，而公安机关或者人民检察院不予追究被告人刑事责任的案件。

2. 自诉案件可调可撤

人民法院对自诉案件可以进行调解；自诉人在宣告判决前，可以同被告人自行和解或者撤回自诉。

二、公诉案件不能申请撤销

如果是公诉案件，报案人或被害人报案后又后悔了，是不能撤销案件的。因为报案人报案后，一旦被立案侦查，就属于公诉案件。公诉案件是由检察机关代表国家行使公诉权。此时，就不再是某一个被害人的私权，不能像自诉案件或民事案件一样，当事人可以选择放弃自己的权利，申请撤诉。

公诉案件只有符合法定的撤案事由的时候，才可以撤销案件，而不是报案人想撤就撤。

相关法条：

参见《中华人民共和国刑事诉讼法》第四条、第二百一十条至第二百一十三条。

参见《中华人民共和国刑法》第九十八条、第二百四十六条、第二百五十七条、第二百六十条、第二百七十条。

第 35 问：犯罪嫌疑人被拘留了，家属可以与其见面和通电话吗？

答：不可以。

一、交付执行前，家属不可以与犯罪嫌疑人见面和通话

案件尚未审结，根据《刑事诉讼法》的规定，只有辩护人（律师或其他辩护人）才可以同在押的犯罪嫌疑人、被告人会见和通信。家属不可以与其见面或通电话，但可以委托律师进行会见和了解情况。

二、交付执行后，家属可以会见和通话

1. 家属在看守所会见的情况

如刑期较短，在看守所内留所执行的，家属在交付执行之后，可以到看守所进行会见。

通常，罪犯每月可以与其亲属或者监护人会见一至两次，每次不超过一小时，每次前来会见罪犯的人员不超过三人。每个看守所会根据自身情况制定相应的制度，例如，成都市看守所针对留所执行的，规定每月安排会见不超过两次，每次会见时间不超过 20 分钟。

因此，家属会见时需去相应的看守所了解会见相关政策，并按规定执行。

2. 家属在监狱会见的情况

判决生效后，交付监狱执行的，家属可以会见。罪犯在监狱服刑期间，按照规定，可以会见亲属、监护人。且罪犯在服刑期间可以与他人通信，但是来往信件应当经过监狱检查。

相关法条：

参见《中华人民共和国刑事诉讼法》第三十九条。

《看守所留所执行刑罚罪犯管理办法》

第四十五条　罪犯可以与其亲属或者监护人每月会见一至二次，每次不超过一小时。每次前来会见罪犯的人员不超过三人。因特殊情况需要延长会见时间，增加会见人数，或者其亲属、监护人以外的人要求会见的，应当经看守所领导批准。

参见《中华人民共和国监狱法》第四十七条、第四十八条。

第 36 问：家属可不可以与犯罪嫌疑人通信？

答：多数情况是可以的。

犯罪嫌疑人被羁押后，从实务来看，我国大多数的看守所都允许犯罪嫌疑人、被告人和家属通信。法律也规定罪犯与其居住在境内的近亲属可以通信，但须经办案机关的同意。

只是，通信内容一般会进行严格的检查，与家属的通信中不能出现与案件有关的内容，以防止有碍侦查的情况出现。

因此，在看守所允许的情况下，家属与犯罪嫌疑人、被告人通信的时候，应注意通信内容，可以表达自己的关心，以及分享家里的一些生活状况等。切勿出现过于消极、激进或者探讨案件相关情况的内容。如果发现有碍侦查、起诉、审判的，可以扣留信件，并移送办案机关处理。

违规的信件，一方面通不过审核，送不到当事人手中；另一方面，探讨案件内容本身对家属来说就存在巨大的刑事风险，比如涉嫌"串供"等。

相关法条：

《中华人民共和国看守所条例》

第三十条　人犯近亲属给人犯的物品，须经看守人员检查。

第三十一条　看守所接受办案机关的委托，对人犯发收的信件可以进行检查。如果发现有碍侦查、起诉、审判的，可以扣留，并移送办案机关处理。

《公安部关于印发〈中华人民共和国看守所条例实施办法〉（试行）的通知》

第三十八条　看守所对人犯发收的信件，未受办案机关委托检查的，一律交办案机关处理。

第 37 问：犯罪嫌疑人随身携带的物品家属可不可以要回来？

答：与案件无关的物品可以要回来。

犯罪嫌疑人随身携带的物品是否能够要回来，要看该物品是否与案件有关，即是否属于案件证据的一部分或者是否属于涉案财产等。

与案件无关的物品可以要回来，侦查机关经核实对与案件无关的物品也会及时退还犯罪嫌疑人本人或者家属。

涉案财产包括：犯罪所得及其孳息，用于实施犯罪行为的工具，以及其他可以证明犯罪行为是否发生以及犯罪情节轻重的财物。

实践中，犯罪嫌疑人随身携带的手机一般会被查扣，因为侦查机关通过手机比较容易发现一些与案件有关的事实或者线索，待核验完毕，确认不会将手机作为案件的证据使用的时候，就会及时退还给犯罪嫌疑人（未羁押）或者其家属。

相关法条：

参见《中华人民共和国刑事诉讼法》第一百四十一条、第一百四十五条。

《公安机关办理刑事案件适用查封、冻结措施有关规定》

第二条　根据侦查犯罪的需要，公安机关依法对涉案财物予以查封、冻结，有关部门、单位和个人应当协助和配合。

本规定所称涉案财物，是指公安机关在办理刑事案件过程中，依法以查封、冻结等方式固定的可用以证明犯罪嫌疑人有罪或者无罪的各种财产和物品，包括：

（一）犯罪所得及其孳息；

（二）用于实施犯罪行为的工具；

（三）其他可以证明犯罪行为是否发生以及犯罪情节轻重的财物。

第三十五条　公安机关在采取查封、冻结措施后，应当及时查清案件事实，在法定期限内对涉案财物依法作出处理。

经查明查封、冻结的财物确实与案件无关的，应当在三日以内解除查封、冻结。

第 38 问：家属如何给关押人员送钱送物？

答：向目标看守所了解规定，按要求送钱送物。

不同的看守所对于家属送钱送物的规定会存在一定的差异，家属在第一次送钱送物的时候，最好到对应的看守所现场了解或者电话了解清楚，再有针对性地准备衣服、物品等，以免出现所送物品不符合规定的情况。

以下为一些看守所关于家属送钱送物的一般性规定，供参考：

一、送衣物的受理范围

衣物一般包括换洗外衣裤、内衣，以及冬天必要的御寒衣物等。衣服以运动衣、卫衣、类似睡衣的衣服之类较为妥当，最好是套头式的，不带纽扣或拉链的最佳。鞋子以布鞋、拖鞋最为适宜，不用系鞋带、一脚蹬式的休闲鞋也可。食品、化妆品、洗漱用品以及其他非生活必需品看守所一般都不会收受。有些看守所规定比较正能量的书籍也是可以送的，包括法律类书籍。

二、送衣服的禁止性规定

衣服不能带有金属拉链、金属纽扣等金属制品，不得带有较大的塑料纽扣，不能带有磁疗颗粒，不能带有长的带子；鞋子不能带有鞋带，女性内衣不得带有金属钢圈、蕾丝边等。

注意衣物里禁止夹带纸条之类的物品。不得为在押人员送类同军（警）衣服、军（警）大衣、羽绒制品、长筒丝袜。

三、送眼镜的规定

眼镜需为全塑料镜架，不得带有任何金属，不能用金属镜架；镜片应为树脂镜片，不得为玻璃镜片。

四、送生活费的规定

以成都市看守所为例，在押人员被关押期间，每月生活费不得超过 500 元。

生活费可用于购买日常生活用品、洗漱用品等。

消费以银行刷卡的方式支付，不能以现金的方式支付。在押人员近亲属需给在押人员准备银行卡，以近亲属本人名义办理，卡内余额不得超过 10 元，送银行卡时，近亲属需携带户口簿、身份证、银行卡、银行卡余额查询单（证明卡内余额少于 10 元）。若在押人员户口与其近亲属户口没有在同一个户口本上，近亲属需到其户籍所在地派出所出具亲属关系证明，为在押人员送衣物时需携带身份证、拘留通知书等。

第 39 问：家属能为犯罪嫌疑人申请取保候审吗？

答：近亲属可以。

根据《刑事诉讼法》第九十七条的规定，犯罪嫌疑人、被告人及其法定代理人、近亲属或者辩护人有权申请变更强制措施，变更强制措施就包括取保候审。

因此，并不是所有的家属都可以为犯罪嫌疑人申请取保候审，只有近亲属才可以申请。而《刑事诉讼法》中的近亲属的范围是配偶、父母、子女、兄弟姐妹，不包括其他亲属。

相关法条：

参见《中华人民共和国刑事诉讼法》第九十七条、第一百零八条。

第 40 问：什么时候才能申请取保候审？

答：被刑拘后就可以申请。

犯罪嫌疑人被刑事拘留或者逮捕后，只要符合取保候审条件，就可以申请取保候审。

案件无论是在侦查阶段、审查起诉阶段还是审判阶段，只要符合申请取保候审的条件，都可以提出申请。

只不过每个阶段，受理的机关不同。侦查阶段，申请人应当向办理案件的公安机关提出申请。而审查起诉阶段，申请人应向检察机关提出申请。审判阶段，

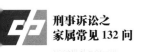

则应向管辖案件的法院提出申请。公安机关、人民检察院、法院都应自收到申请后三日内作出决定，不同意变更、解除强制措施的，应当告知申请人，并说明理由。

> **相关法条：**
>
> 《公安机关办理刑事案件程序规定》
>
> 第一百六十条　犯罪嫌疑人及其法定代理人、近亲属或者辩护人有权申请变更强制措施。公安机关应当在收到申请后三日以内作出决定；不同意变更强制措施的，应当告知申请人，并说明理由。
>
> 《人民检察院刑事诉讼规则》
>
> 第八十八条　被羁押或者监视居住的犯罪嫌疑人及其法定代理人、近亲属或者辩护人向人民检察院申请取保候审，人民检察院应当在三日以内作出是否同意的答复。经审查符合本规则第八十六条规定情形之一的，可以对被羁押或者监视居住的犯罪嫌疑人依法办理取保候审手续。经审查不符合取保候审条件的，应当告知申请人，并说明不同意取保候审的理由。
>
> 《最高人民法院关于适用〈中华人民共和国刑事诉讼法〉的解释》
>
> 第一百七十四条　被告人及其法定代理人、近亲属或者辩护人申请变更、解除强制措施的，应当说明理由。人民法院收到申请后，应当在三日以内作出决定。同意变更、解除强制措施的，应当依照本解释规定处理；不同意的，应当告知申请人，并说明理由。

第 41 问：取保候审有哪些条件？

答：关于取保候审的条件，法律有明确规定。

满足以下条件之一的，可以取保候审：

其一，可能判处管制、拘役或者独立适用附加刑的。

其二，可能判处有期徒刑以上刑罚，采取取保候审不致发生社会危险性的。

其三，患有严重疾病、生活不能自理，怀孕或者正在哺乳自己婴儿的妇女，采取取保候审不致发生社会危险性的。

其四，羁押期限届满，案件尚未办结，需要采取取保候审的。

符合取保候审的条件，办案机关经审查同意取保的犯罪嫌疑人、被告人还应当提出保证人或者交纳保证金。

相关法条：

参见《中华人民共和国刑事诉讼法》第六十七条、第六十八条。

《最高人民法院关于适用〈中华人民共和国刑事诉讼法〉的解释》

第一百五十条　被告人具有刑事诉讼法第六十七条第一款规定情形之一的，人民法院可以决定取保候审。对被告人决定取保候审的，应当责令其提出保证人或者交纳保证金，不得同时使用保证人保证与保证金保证。

《公安机关办理刑事案件程序规定》

第八十二条　对累犯，犯罪集团的主犯，以自伤、自残办法逃避侦查的犯罪嫌疑人，严重暴力犯罪以及其他严重犯罪的犯罪嫌疑人不得取保候审，但犯罪嫌疑人具有本规定第八十一条第一款第三项、第四项规定情形的除外。

第八十四条　公安机关决定对犯罪嫌疑人取保候审的，应当责令犯罪嫌疑人提出保证人或者交纳保证金。

对同一犯罪嫌疑人，不得同时责令其提出保证人和交纳保证金。对未成年人取保候审，应当优先适用保证人保证。

第 42 问：取保候审后有哪些限制？

答：根据《刑事诉讼法》的规定，被取保候审的犯罪嫌疑人、被告人将受到以下限制：

其一，未经执行机关批准不得离开所居住的市、县。

其二，住址、工作单位和联系方式发生变动的，在 24 小时以内向执行机关报告。

其三，在传讯的时候及时到案。

其四，不得以任何形式干扰证人作证。

其五，不得毁灭、伪造证据或者串供。

其六，不得进入特定的场所；不得与特定的人员会见或者通信；不得从事特定的活动；将护照等出入境证件、驾驶证件交执行机关保存。

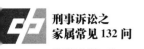

相关法条：

参见《中华人民共和国刑事诉讼法》第七十一条。

第 43 问：取保候审期限是多长？ 到期了怎么办？

答：公安机关、人民检察院和人民法院每个阶段的取保候审最长都不得超过 12 个月，到期了应当及时解除或者撤销取保候审。

根据法律规定，取保候审的期限无论是在侦查阶段、审查起诉阶段，还是审判阶段，各阶段办案机关对犯罪嫌疑人、被告人取保候审最长都不得超过 12 个月。

一个阶段结束，进入新的阶段，需要继续取保候审的，办案单位应当依法重新作出取保候审决定，并对犯罪嫌疑人办理取保候审手续。取保候审的期限也应当重新计算并告知犯罪嫌疑人。对继续采取保证金方式取保候审的，被取保候审人没有违反《刑事诉讼法》第七十一条规定的，不变更保证金数额，不再重新收取保证金。

对于发现不应当追究刑事责任或者取保候审期限届满的，应当及时解除或撤销取保候审。解除取保候审，应当及时通知被取保候审人和有关单位。

相关法条：

参见《中华人民共和国刑事诉讼法》第七十九条。

《人民检察院刑事诉讼规则》

第一百零二条　人民检察院决定对犯罪嫌疑人取保候审，最长不得超过十二个月。

第一百零三条　公安机关决定对犯罪嫌疑人取保候审，案件移送人民检察院审查起诉后，对于需要继续取保候审的，人民检察院应当依法重新作出取保候审决定，并对犯罪嫌疑人办理取保候审手续。取保候审的期限应当重新计算并告知犯罪嫌疑人。对继续采取保证金方式取保候审的，被取保候审人没有违反刑事诉讼法第七十一条规定的，不变更保证金数额，不再重新收取保证金。

第一百零四条　在取保候审期间，不得中断对案件的侦查、审查起诉。

第一百零五条　取保候审期限届满或者发现不应当追究犯罪嫌疑人的刑事责任的，应当及时解除或者撤销取保候审。

解除或者撤销取保候审的决定，应当及时通知执行机关，并将解除或者撤销取保候审的决定书送达犯罪嫌疑人；有保证人的，应当通知保证人解除保证义务。

第 44 问：如何写取保候审申请书？

答：取保候审申请书分为首部、正文和尾部三个部分。

一、首部

1. 标题

标题一般为"取保候审申请书"即可。

2. 申请人的身份信息

包括申请人的姓名、性别、民族、出生年月日、公民身份号码、地址（户籍地和居住地可都详细写上）、与犯罪嫌疑人的关系、联系方式等。

二、正文

1. 申请事项

可简单表述为"申请将涉嫌××罪的××人的强制措施变更为取保候审"。

2. 事实和理由

重点阐述被申请取保人符合法定取保条件的一些事实和理由，有些事项最好可以附上证据来证明。例如，以犯罪嫌疑人身患重大疾病为由申请取保，就可以将当事人的病历资料等附上进行佐证。

三、尾部

1. 致送机关的名称

如"此致　某某区公安分局"。

2. 落款

申请人签字，以及注明提出该申请的年月日。

四、范本

取保候审申请书

申请人：××，汉族，生于×年×月×日，公民身份号码：××，地址：××，与犯罪嫌疑人关系：××。

联系电话：

申请事项：

将犯罪嫌疑人××（涉嫌×××罪）的强制措施变更为取保候审。

事实与理由：

×年×月×日，××因涉嫌帮助信息网络犯罪活动罪，被××市公安局××分局刑事拘留，×年×月×日被××市××人民检察院以掩饰、隐瞒犯罪所得批准逮捕，现羁押于××市×看守所。申请人认为，对××没有继续羁押的必要性，申请对××取保候审。具体理由如下：

1. ……

2. ……

综上，××符合办理取保候审的条件，符合《刑事诉讼法》第 67 条的规定，对其采取取保候审，不会妨碍本案诉讼程序的正常进行，不致发生社会危险性。申请人特向贵院提出将犯罪嫌疑人××的强制措施变更为取保候审，望批准！

此致

××人民检察院

申请人：××

×年×月×日

第 45 问：取保候审的保证人需要满足什么条件？

答：作为取保候审的保证人，需要符合法定条件并履行一定的义务。

一、保证人要符合法定条件

作为被取保候审人的保证人，要符合法定的条件：与本案无牵连；有能力履行保证义务；享有政治权利，人身自由未受到限制；以及有固定的住处和收入等。

二、保证人要履行一定的义务

法律还要求保证人履行一定的义务，包括监督被保证人遵守相应的规定，一旦发现被保证人可能发生或者已经发生违反相应规定的行为的，应当及时向执行机关报告。

三、保证人不履行义务的后果

保证人未履行上述保证义务的，对保证人处以罚款，构成犯罪的，依法追究刑事责任。

相关法条：

参见《中华人民共和国刑事诉讼法》第六十九条。

第46问：取保候审的保证金会不会退还？

答：被保证人在取保候审期间严格遵守规定，取保候审结束时，保证金会依法退还。反之，则可能不退。

一、退还的情形

取保候审期间，被保证人未违反《刑事诉讼法》第七十一条的规定，至取保候审结束时，保证金会依法退还。

二、不退还的情形

不退还保证金的情形包括：被取保候审的犯罪嫌疑人、被告人未经执行机关批准离开了所居住的市、县；或其住址、工作单位和联系方式发生变动，在二十四小时以内未向执行机关报告的；等等。若存在上述情形，已交纳保证金的，没收部分或者全部保证金，并且区别情形，责令犯罪嫌疑人、被告人具结悔过，重新交纳保证金、提出保证人，或者监视居住、予以逮捕。

相关法条：

参见《中华人民共和国刑事诉讼法》第七十一条、第七十三条。

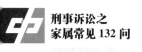
第 47 问：取保候审成功后，还会不会被判刑？

答：取保候审成功后，依然有可能被判刑。

办案机关对犯罪嫌疑人或被告人决定取保候审，原因可能是多方面的，因而对当事人而言后果也可能是有差异的，并不是只要取保成功，就不会被判刑。

一、因犯罪情节轻而被取保的

实务中，因犯罪情节轻而被取保比较常见的罪名是"危险驾驶罪"，该罪名最高法定刑是拘役，属于情节较轻的一个罪名。因此，涉嫌该罪名的，办案机关通常都会为犯罪嫌疑人办理取保候审。但是，这绝不意味着，当事人取保成功后，就不会被判刑。相反，绝大多数危险驾驶罪的被告人，最终都被判处了刑罚（拘役或缓刑）。

这符合《刑事诉讼法》第六十七条第一款的规定，对于可能判处管制、拘役或者独立适用附加刑的，可以取保候审。

二、因犯罪嫌疑人、被告人自身的特殊状况而被取保的

对于患有严重疾病、生活不能自理，怀孕或者正在哺乳自己婴儿的妇女，在确保没有社会危害性的前提下，可以对其进行取保候审。这是因为其特殊状况符合《刑事诉讼法》第六十七条第三款的规定。

因犯罪嫌疑人、被告人自身的特殊状况而被取保的，不会影响到后续的审查起诉以及审判，该判刑的依然会判刑，而且还有可能被判处有期徒刑以上的刑罚。

三、因证据问题需继续侦查而被取保的

例如，案件在提请逮捕阶段，检察院认为案件事实不清、证据不足，不符合逮捕条件，不批准逮捕。此时，公安机关就要对在押的嫌疑人办理取保候审，继续侦查。

取保候审并不会中断对案件的侦查、审查起诉和审理。在没有撤销案件事由的情况下，案件会按照既定的程序推进，法院会依法进行审理，作出有罪或无罪的判决。

相关法条：

参见《中华人民共和国刑事诉讼法》第六十七条。

第48问：成功取保候审的犯罪嫌疑人如果被判刑，一定会判缓刑吗？

答：不一定。

一、成功取保候审并不意味着一定会被判缓

取保候审只是针对犯罪嫌疑人、被告人采取的一种刑事强制措施，而缓刑是一种刑罚制度。符合取保候审的条件，不一定就符合适用缓刑的条件，二者没有必然联系。只能说，成功取保候审的被判缓的概率要比未取保候审的判缓的概率大。

二、缓刑的适用必须符合法定条件

（1）缓刑适用的对象是罪行较轻、被判处拘役或者3年以下有期徒刑的犯罪分子。而对于那些罪行较重、被判处超过3年有期徒刑的犯罪分子，由于他们的社会危害性一般较大，不适宜对他们进行社区矫正，所以不能适用缓刑。

（2）并不是所有被判处3年以下有期徒刑或拘役的都应当适用缓刑，缓刑仅是针对犯罪嫌疑人犯罪情节较轻、有悔罪表现、没有再犯罪的危险，或宣告缓刑对所居住社区没有重大不良影响的情形。

（3）对于累犯和犯罪集团的首要分子，不适用缓刑。

三、缓刑考验期

拘役的缓刑考验期限为原判刑期以上一年以下，但是不能少于二个月。有期徒刑的缓刑考验期限为原判刑期以上五年以下，但是不能少于一年。缓刑考验期限，从判决确定之日起计算。

相关法条：

参见《中华人民共和国刑法》第七十二条至第七十七条。

第 49 问：取保候审期间违规了有哪些后果？

答：没收保证金、变更强制措施等。

一、取保候审期间应当遵守的规定

犯罪嫌疑人或被告人在取保候审期间应当严格遵守《刑事诉讼法》第七十一条的规定，包括：

未经执行机关批准不得离开所居住的市、县；住址、工作单位和联系方式发生变动的，在二十四小时以内向执行机关报告；在传讯的时候及时到案；不得以任何形式干扰证人作证；不得毁灭、伪造证据或者串供。

人民法院、人民检察院和公安机关可根据案件情况，责令被取保候审的犯罪嫌疑人、被告人不得进入特定的场所；不得与特定的人员会见或者通信；不得从事特定的活动；将护照等出入境证件、驾驶证件交执行机关保存。

二、违反规定的法律后果

已交纳保证金的，没收部分或者全部保证金；责令犯罪嫌疑人、被告人具结悔过；重新交纳保证金、提出保证人；变更强制措施为监视居住或予以逮捕。

1. 应当予以逮捕的情形

取保候审期间，被取保人存在故意实施新的犯罪；企图自杀、逃跑；实施毁灭、伪造证据，串供或者干扰证人作证，足以影响侦查、审查起诉工作正常进行；对被害人、证人、鉴定人、举报人、控告人及其他人员实施打击报复的情形，应当予以逮捕。

2. 可以予以逮捕的情形

取保候审期间，被取保人存在未经批准擅自离开所居住的市、县，造成严重后果，或者两次未经批准，擅自离开所居住的市、县；经传讯不到案，造成严重后果，或者经两次传讯不到案；住址、工作单位和联系方式发生变动，未在二十四小时以内向执行机关报告，造成严重后果；违反规定进入特定场所、与特定人员会见或者通信、从事特定活动，严重妨碍诉讼程序正常进行的情形，可以予以逮捕。

对违反取保候审规定，需要予以逮捕的，可以对犯罪嫌疑人、被告人先行拘留。

相关法条：

参见《中华人民共和国刑事诉讼法》第七十一条。

《最高人民法院关于适用〈中华人民共和国刑事诉讼法〉的解释》

第一百五十八条　人民法院发现使用保证金保证的被取保候审人违反刑事诉讼法第七十一条第一款、第二款规定的，应当书面通知公安机关依法处理。人民法院收到公安机关已经没收保证金的书面通知或者变更强制措施的建议后，应当区别情形，在五日以内责令被告人具结悔过，重新交纳保证金或者提出保证人，或者变更强制措施，并通知公安机关。人民法院决定对被依法没收保证金的被告人继续取保候审的，取保候审的期限连续计算。

《人民检察院刑事诉讼规则》

第一百零一条　犯罪嫌疑人有下列违反取保候审规定的行为，人民检察院应当对犯罪嫌疑人予以逮捕：

（一）故意实施新的犯罪；

（二）企图自杀、逃跑；

（三）实施毁灭、伪造证据，串供或者干扰证人作证，足以影响侦查、审查起诉工作正常进行；

（四）对被害人、证人、鉴定人、举报人、控告人及其他人员实施打击报复。

犯罪嫌疑人有下列违反取保候审规定的行为，人民检察院可以对犯罪嫌疑人予以逮捕：

（一）未经批准，擅自离开所居住的市、县，造成严重后果，或者两次未经批准，擅自离开所居住的市、县；

（二）经传讯不到案，造成严重后果，或者经两次传讯不到案；

（三）住址、工作单位和联系方式发生变动，未在二十四小时以内向公安机关报告，造成严重后果；

（四）违反规定进入特定场所、与特定人员会见或者通信、从事特定活动，严重妨碍诉讼程序正常进行。

有前两款情形，需要对犯罪嫌疑人予以逮捕的，可以先行拘留；已交纳保证金的，同时书面通知公安机关没收保证金。

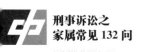

第 50 问：没有保证人又没钱交保证金的怎么办？

答：没有保证人又没钱交保证金，则不能对犯罪嫌疑人取保候审，符合条件的可监视居住。

《刑事诉讼法》明确规定，人民法院、人民检察院和公安机关决定对犯罪嫌疑人、被告人取保候审，应当责令犯罪嫌疑人、被告人提出保证人或者交纳保证金。

这意味着提出保证人或者交纳保证金是取保候审的强制要求，如果既没有保证人又没有钱交保证金的，则不能被取保。

但是符合监视居住条件的，可以对犯罪嫌疑人或被告人进行监视居住。

相关法条：

参见《中华人民共和国刑事诉讼法》第六十八条、第七十四条。

第 51 问：监视居住与取保候审之间的区别是什么？

答：这是两种不同的刑事强制措施，存在以下七点不同之处。

一、适用条件不同

1. 可以取保候审的情形

（1）可能判处管制、拘役或者独立适用附加刑的。

（2）可能判处有期徒刑以上刑罚，采取取保候审不致发生社会危险性的。

（3）患有严重疾病、生活不能自理，怀孕或者正在哺乳自己婴儿的妇女，采取取保候审不致发生社会危险性的。

（4）羁押期限届满，案件尚未办结，需要采取取保候审的。

2. 可以监视居住的情形

（1）患有严重疾病、生活不能自理的。

（2）怀孕或者正在哺乳自己婴儿的妇女。

（3）系生活不能自理的人的唯一扶养人。

（4）因为案件的特殊情况或者办理案件的需要，采取监视居住措施更为适宜的。

（5）羁押期限届满，案件尚未办结，需要采取监视居住措施的。

（6）对符合取保候审条件，但犯罪嫌疑人、被告人不能提出保证人，也不交纳保证金的，可以监视居住。

二、执行地点不同

取保候审通常在犯罪嫌疑人、被告人居住的市、县执行。而监视居住除了会在犯罪嫌疑人、被告人的住处执行外，无固定住处的，可在指定居所执行。对于可能存在危害国家安全犯罪、恐怖活动犯罪等的犯罪嫌疑人、被告人，在住处执行可能有碍侦查的，经上一级公安机关批准，也可以在指定居所执行。

指定居所监视居住的，除无法通知的以外，应当在执行监视居住后二十四小时以内，通知被监视居住人的家属。

三、期限不同

监视居住，每个阶段最长期限不得超过 6 个月。取保候审，每个阶段最长期限不得超过 12 个月。

四、违反规定的后果不同

监视居住违反规定的后果：情节严重的，可以予以逮捕；需要予以逮捕的，可以对犯罪嫌疑人、被告人先行拘留。

取保候审违反规定的后果：已交纳保证金的，没收部分或者全部保证金，并且区别情形，责令犯罪嫌疑人、被告人具结悔过、重新交纳保证金、提出保证人，或者监视居住、予以逮捕。

五、是否可以折抵刑期的规定不同

监视居住，可以折抵刑期。指定居所监视居住的期限应当折抵刑期。被判处管制的，监视居住一日折抵刑期一日；被判处拘役、有期徒刑的，监视居住二日折抵刑期一日。而取保候审则不能折抵刑期。

六、遵守的规定不同

1. 取保候审应当遵守的规定

（1）未经执行机关批准不得离开所居住的市、县。

（2）住址、工作单位和联系方式发生变动的，在二十四小时以内向执行机关报告。

（3）在传讯的时候及时到案。

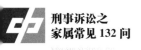

（4）不得以任何形式干扰证人作证。

（5）不得毁灭、伪造证据或者串供。

（6）人民法院、人民检察院和公安机关可以根据案件情况，责令被取保候审的犯罪嫌疑人、被告人遵守以下一项或者多项规定：不得进入特定的场所；不得与特定的人员会见或者通信；不得从事特定的活动；将护照等出入境证件、驾驶证件交执行机关保存。

2. 监视居住应当遵守的规定

（1）未经执行机关批准不得离开执行监视居住的处所。

（2）未经执行机关批准不得会见他人或者通信。

（3）在传讯的时候及时到案。

（4）不得以任何形式干扰证人作证。

（5）不得毁灭、伪造证据或者串供。

（6）将护照等出入境证件、身份证件、驾驶证件交执行机关保存。

七、是否需要保证金或保证人不同

监视居住，不需要保证人或保证金。取保候审，需要提出保证人或交纳保证金。

相关法条：

参见《中华人民共和国刑事诉讼法》第六十六条至第六十八条、第七十一条至第七十五条。

《最高人民法院关于适用〈中华人民共和国刑事诉讼法〉的解释》

第一百六十条　对具有《刑事诉讼法》第七十四条第一款、第二款规定情形的被告人，人民法院可以决定监视居住。人民法院决定对被告人监视居住的，应当核实其住处；没有固定住处的，应当为其指定居所。

第 52 问：为什么会出现先抓捕后出具逮捕通知书的情形？

答：法律意义的逮捕与一般人理解的逮捕不一样。

一、法律意义上的逮捕

逮捕是检察院批准或决定，法院决定，公安机关执行的，在一定时间内对有证据证明有犯罪事实，可能判处徒刑以上刑罚的犯罪嫌疑人、被告人完全剥夺人身自由的强制措施。

二、一般人理解的逮捕

一般人认为，人被抓了就是被逮捕了，但事实上公安机关报检察院逮捕之前，还有最长可达 30 日的刑事拘留期。

第 53 问：批准逮捕前的拘留期限是多久？

答：拘留后逮捕前办案期限不超过 37 日。

公安机关拘留后提请批捕，一般情况，3 日内提请批捕；特殊情况可延长 1～4 日；流窜、结伙、多次作案的，延长至 30 日。

检察机关对于已拘留的，7 日内作出批准、不批准逮捕的决定。

因此，拘留后逮捕前的办案期限不超过 37 日。

相关法条：

参见《中华人民共和国刑事诉讼法》第九十一条。

第 54 问：没有批准逮捕，是不是就意味着没事了？

答：没有批准逮捕，并不意味着就没事了。

根据《刑事诉讼法》的规定，不批准逮捕可分为多种情形：

其一，犯罪嫌疑人没有犯罪事实，不构成犯罪的不批捕。

其二，符合《刑事诉讼法》第十六条规定的法定不予追究刑事责任情形的不批捕。

其三，案件事实不清、证据不足，需要补充侦查的不批捕。

其四，虽有证据证明有犯罪事实，可能判处徒刑以上刑罚，但犯罪嫌疑人、被告人无社会危险性可以采取监视居住、取保候审等措施的不批捕。

如果是因为第一、第二种情形，不批准逮捕的，则说明其本身行为不构成犯罪，或符合法定不追究刑事责任的情形，那么不批捕就意味着没事了。

如果是因为第三种情形，因案件事实不清、证据不足，需要补充侦查而不批捕的，需要根据后续侦查的结果来判断是否真的没事了。如果补充侦查后仍然事实不清、证据不足，意味着案件尚未达到移送审查起诉的条件，则办案单位可能撤案。但如果补充侦查后，案件事实查清了，且证据确实充分，则案件会依法被移送审查起诉，后续还会被起诉到法院。

如果是因为第四种情形不批捕的，毋庸置疑，案件会继续进行下去，进入审查起诉阶段以及审判阶段。

相关法条：

参见《中华人民共和国刑事诉讼法》第八十一条。

《人民检察院刑事诉讼规则》

第一百二十八条　人民检察院对有证据证明有犯罪事实，可能判处徒刑以上刑罚的犯罪嫌疑人，采取取保候审尚不足以防止发生下列社会危险性的，应当批准或者决定逮捕：

（一）可能实施新的犯罪的；

（二）有危害国家安全、公共安全或者社会秩序的现实危险的；

（三）可能毁灭、伪造证据，干扰证人作证或者串供的；

（四）可能对被害人、举报人、控告人实施打击报复的；

（五）企图自杀或者逃跑的。

有证据证明有犯罪事实是指同时具备下列情形：

（一）有证据证明发生了犯罪事实；

（二）有证据证明该犯罪事实是犯罪嫌疑人实施的；

（三）证明犯罪嫌疑人实施犯罪行为的证据已经查证属实。

犯罪事实既可以是单一犯罪行为的事实，也可以是数个犯罪行为中任何一个犯罪行为的事实。

第一百二十九条　犯罪嫌疑人具有下列情形之一的，可以认定为"可能实施新的犯罪"：

（一）案发前或者案发后正在策划、组织或者预备实施新的犯罪的；

（二）扬言实施新的犯罪的；

（三）多次作案、连续作案、流窜作案的；

（四）一年内曾因故意实施同类违法行为受到行政处罚的；

（五）以犯罪所得为主要生活来源的；

（六）有吸毒、赌博等恶习的；

（七）其他可能实施新的犯罪的情形。

第一百三十条　犯罪嫌疑人具有下列情形之一的，可以认定为"有危害国家安全、公共安全或者社会秩序的现实危险"：

（一）案发前或者案发后正在积极策划、组织或者预备实施危害国家安全、公共安全或者社会秩序的重大违法犯罪行为的；

（二）曾因危害国家安全、公共安全或者社会秩序受到刑事处罚或者行政处罚的；

（三）在危害国家安全、黑恶势力、恐怖活动、毒品犯罪中起组织、策划、指挥作用或者积极参加的；

（四）其他有危害国家安全、公共安全或者社会秩序的现实危险的情形。

第一百三十一条　犯罪嫌疑人具有下列情形之一的，可以认定为"可能毁灭、伪造证据，干扰证人作证或者串供"：

（一）曾经或者企图毁灭、伪造、隐匿、转移证据的；

（二）曾经或者企图威逼、恐吓、利诱、收买证人，干扰证人作证的；

（三）有同案犯罪嫌疑人或者与其在事实上存在密切关联犯罪的犯罪嫌疑人在逃，重要证据尚未收集到位的；

（四）其他可能毁灭、伪造证据，干扰证人作证或者串供的情形。

第一百三十二条　犯罪嫌疑人具有下列情形之一的，可以认定为"可能对被害人、举报人、控告人实施打击报复"：

（一）扬言或者准备、策划对被害人、举报人、控告人实施打击报复的；

（二）曾经对被害人、举报人、控告人实施打击、要挟、迫害等行为的；

（三）采取其他方式滋扰被害人、举报人、控告人的正常生活、工作的；

（四）其他可能对被害人、举报人、控告人实施打击报复的情形。

第一百三十三条　犯罪嫌疑人具有下列情形之一的，可以认定为"企图自杀或者逃跑"：

（一）着手准备自杀、自残或者逃跑的；

（二）曾经自杀、自残或者逃跑的；

（三）有自杀、自残或者逃跑的意思表示的；

（四）曾经以暴力、威胁手段抗拒抓捕的；

（五）其他企图自杀或者逃跑的情形。

第一百三十四条　人民检察院办理审查逮捕案件，应当全面把握逮捕条件，对有证据证明有犯罪事实、可能判处徒刑以上刑罚的犯罪嫌疑人，除具有刑事诉讼法第八十一条第三款、第四款规定的情形外，应当严格审查是否具备社会危险性条件。

第一百三十五条　人民检察院审查认定犯罪嫌疑人是否具有社会危险性，应当以公安机关移送的社会危险性相关证据为依据，并结合案件具体情况综合认定。必要时，可以通过讯问犯罪嫌疑人、询问证人等诉讼参与人、听取辩护律师意见等方式，核实相关证据。

依据在案证据不能认定犯罪嫌疑人符合逮捕社会危险性条件的，人民检察院可以要求公安机关补充相关证据，公安机关没有补充移送的，应当作出不批准逮捕的决定。

第一百三十六条　对有证据证明有犯罪事实，可能判处十年有期徒刑以上刑罚的犯罪嫌疑人，应当批准或者决定逮捕。

对有证据证明有犯罪事实，可能判处徒刑以上刑罚，犯罪嫌疑人曾经故意犯罪或者不讲真实姓名、住址，身份不明的，应当批准或者决定逮捕。

第一百三十七条　人民检察院经审查认为被取保候审、监视居住的犯罪嫌疑人违反取保候审、监视居住规定，依照本规则第一百零一条、第一百一十一条的规定办理。

对于被取保候审、监视居住的可能判处徒刑以下刑罚的犯罪嫌疑人，违反取保候审、监视居住规定，严重影响诉讼活动正常进行的，可以予以逮捕。

第一百三十八条　对实施多个犯罪行为或者共同犯罪案件的犯罪嫌疑人，符合本规则第一百二十八条的规定，具有下列情形之一的，应当批准或者决定逮捕：

（一）有证据证明犯有数罪中的一罪的；

（二）有证据证明实施多次犯罪中的一次犯罪的；

（三）共同犯罪中，已有证据证明有犯罪事实的犯罪嫌疑人。

第一百三十九条　对具有下列情形之一的犯罪嫌疑人，人民检察院应当作出不批准逮捕或者不予逮捕的决定：

（一）不符合本规则规定的逮捕条件的；

（二）具有刑事诉讼法第十六条规定的情形之一的。

第一百四十条　犯罪嫌疑人涉嫌的罪行较轻，且没有其他重大犯罪嫌疑，具有下列情形之一的，可以作出不批准逮捕或者不予逮捕的决定：

（一）属于预备犯、中止犯，或者防卫过当、避险过当的；

（二）主观恶性较小的初犯，共同犯罪中的从犯、胁从犯，犯罪后自首、有立功表现或者积极退赃、赔偿损失、确有悔罪表现的；

（三）过失犯罪的犯罪嫌疑人，犯罪后有悔罪表现，有效控制损失或者积极赔偿损失的；

（四）犯罪嫌疑人与被害人双方根据刑事诉讼法的有关规定达成和解协议，经审查，认为和解系自愿、合法且已经履行或者提供担保的；

（五）犯罪嫌疑人认罪认罚的；

（六）犯罪嫌疑人系已满十四周岁未满十八周岁的未成年人或者在校学生，本人有悔罪表现，其家庭、学校或者所在社区、居民委员会、村民委员会具备监护、帮教条件的；

（七）犯罪嫌疑人系已满七十五周岁的人。

第一百四十一条　对符合刑事诉讼法第七十四条第一款规定的犯罪嫌疑人，人民检察院经审查认为不需要逮捕的，可以在作出不批准逮捕决定的同时，向公安机关提出采取监视居住措施的建议。

第 55 问：批准逮捕后，是不是一定会被判刑？

答：逮捕后不一定会判刑，但是判刑的概率会相对较高。

逮捕只是一种较为严厉的刑事强制措施，对于符合逮捕条件的，可以由检察机关或者法院作出予以逮捕的决定。但是否会被判刑，是经人民法院审理后才能决定的，未经法院审判任何人都不能被确定有罪。

人民法院对案件进行审理后，判决的情形包括：

其一，案件事实清楚，证据确实、充分，依据法律认定被告人有罪的，应当作出有罪判决。

其二，依据法律认定被告人无罪的，应当作出无罪判决。

其三，证据不足，不能认定被告人有罪的，应当作出证据不足、指控的犯罪不能成立的无罪判决。

相关法条：

参见《中华人民共和国刑事诉讼法》第二百条。

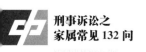

第56问：批准逮捕后，还可不可以申请取保候审？

答：批准逮捕后，也可以申请取保候审。

根据《刑事诉讼法》的规定，侦查阶段、审查起诉阶段以及审判阶段都可以申请取保候审。即使已经被批准逮捕，但是只要后续存在可以取保候审的条件，仍然可以申请取保候审。

如在批准逮捕后，犯罪嫌疑人出现患有严重疾病、生活不能自理；羁押期限届满，案件尚未办结等情况的，依然可以申请取保候审。

相关法条：
《中华人民共和国刑事诉讼法》第六十六条、第六十七条。

第57问：犯罪嫌疑人认为被刑讯逼供了该怎么办？

答：根据相关法律规定，这样的情况是不允许的。当嫌疑人认为自己被刑讯逼供了，可以保留相关证据并寻求帮助。

一、尽可能保留自己被刑讯逼供的证据

《刑事诉讼法》明确规定，采用刑讯逼供等非法方法收集的犯罪嫌疑人、被告人供述，应当予以排除。因此，如果犯罪嫌疑人因遭受了非人的刑讯逼供而做出了不利于己的供述，相关供述将被作为非法证据予以排除。但前提是，要有证据能够证明犯罪嫌疑人遭受了刑讯逼供，所以嫌疑人要尽可能保留自己被刑讯逼供的证据。

具体包括：记住讯问民警的名字，如果无从知晓名字，可以记住办案人员的警号和长相。记住被刑讯的时间、地点，以及被刑讯的方式、受伤的部位等。总之将整个过程记得越清楚越好，有越多的细节信息就越容易还原当时刑讯的情况。

二、还押时要求看守所对自己进行人身检查

现实中，有些看守所在犯罪嫌疑人被提讯之后还押的时候，会对犯罪嫌疑人进行人身检查。这时，犯罪嫌疑人可以提出来自己哪里受伤了，要求进行检查，这样就会有相应的检查记录。

还押时，如果看守所不主动为嫌疑人检查身体，那犯罪嫌疑人也应当尽可能地主动提出来，要求进行身体检查并治疗，这样才有可能保留当时受伤的证据。

三、将被刑讯的情况告知自己的律师寻求帮助

被刑讯逼供后，犯罪嫌疑人要举证证明被刑讯是非常困难的，因为被关押期间，其无法与外界联系，而且关押时间较久，伤情也会自行好转。

因此，遭受刑讯逼供后，应当及时寻求律师的帮助。当律师来会见自己的时候，要将自己被刑讯的情况如实地告知自己的辩护律师。这个过程要说得尽可能详细，并尽可能多地提供证据和线索。这样辩护律师才能按照相关线索及时地固定证据，同时在与办案单位沟通的时候才能有理有据，争取非法证据排除，以及追究相关人员责任等。

四、向驻所检察官进行反映和举报

人民检察院发现侦查人员以非法方法收集证据的，应当及时进行调查核实。当事人及其辩护人或者值班律师、诉讼代理人报案、控告、举报侦查人员采用刑讯逼供等非法方法收集证据，并提供涉嫌非法取证的人员、时间、地点、方式和内容等材料或者线索的，人民检察院应当受理并进行审查。根据现有材料无法证明证据收集合法性的，应当及时进行调查核实。

相关法条：

参见《中华人民共和国刑事诉讼法》第五十六条。

《最高人民法院关于适用〈中华人民共和国刑事诉讼法〉的解释》

第七十四条　依法应当对讯问过程录音录像的案件，相关录音录像未随案移送的，必要时，人民法院可以通知人民检察院在指定时间内移送。人民检察院未移送，导致不能排除属于刑事诉讼法第五十六条规定的以非法方法收集证据情形的，对有关证据应当依法排除；导致有关证据的真实性无法确认的，不得作为定案的根据。

第一百三十七条　法庭对证据收集的合法性进行调查后，确认或者不能排除存在刑事诉讼法第五十六条规定的以非法方法收集证据情形的，对有关证据应当排除。

《人民检察院刑事诉讼规则》

第七十二条　人民检察院发现侦查人员以非法方法收集证据的，应当及时进行调查核实。

当事人及其辩护人或者值班律师、诉讼代理人报案、控告、举报侦查人员采用刑讯逼供等非法方法收集证据，并提供涉嫌非法取证的人员、时间、地点、方式和内容等材料或者线索的，人民检察院应当受理并进行审查。根据现有材料无法证明证据收集合法性的，应当及时进行调查核实。

上一级人民检察院接到对侦查人员采用刑讯逼供等非法方法收集证据的报案、控告、举报，可以直接进行调查核实，也可以交由下级人民检察院调查核实。交由下级人民检察院调查核实的，下级人民检察院应当及时将调查结果报告上一级人民检察院。

人民检察院决定调查核实的，应当及时通知公安机关。

第七十三条　人民检察院经审查认定存在非法取证行为的，对该证据应当予以排除，其他证据不能证明犯罪嫌疑人实施犯罪行为的，应当不批准或者决定逮捕。已经移送起诉的，可以依法将案件退回监察机关补充调查或者退回公安机关补充侦查，或者作出不起诉决定。被排除的非法证据应当随案移送，并写明为依法排除的非法证据。

对于侦查人员的非法取证行为，尚未构成犯罪的，应当依法向其所在机关提出纠正意见。对于需要补正或者作出合理解释的，应当提出明确要求。

对于非法取证行为涉嫌犯罪需要追究刑事责任的，应当依法立案侦查。

第 58 问：犯罪嫌疑人有没有沉默权？

答：《刑事诉讼法》赋予了犯罪嫌疑人有限的沉默权。

《刑事诉讼法》第五十二条赋予犯罪嫌疑人有限的沉默权，即在侦查阶段不得强迫其自证其罪的权利。但同时《刑事诉讼法》第一百二十条又规定了，犯罪嫌疑人对侦查人员的提问，应当如实回答。

两者看似是矛盾的，但又不是矛盾的。"不得强迫任何人证实自己有罪"是对司法人员行使权力的要求，要求其不得进行刑讯逼供；而犯罪嫌疑人面对侦查人员的讯问，具有选择回答与保持沉默的自由。"应当如实回答"是从犯罪嫌疑人的角度而言，即如果选择回答，就要如实陈述，表示犯罪嫌疑人可以保持沉默，但是不能说谎。

以上表明《刑事诉讼法》赋予犯罪嫌疑人的是有限的沉默权，并不是绝对的沉默权。

相关法条：

《中华人民共和国刑事诉讼法》第五十二条、第一百二十条。

第 59 问：犯罪嫌疑人应如何检查讯问笔录？

答：讯问笔录十分重要，要对自己负责，应仔细检查，如有漏记、误记，可以补充、更正。不同意补充、更正的，可以拒绝签字。

犯罪嫌疑人在没有认真核对讯问笔录的情况下，就草率地在笔录上签字，这种情况十分常见。最终就会出现，庭审时自己的当庭供述和笔录记载不一致的情况，甚至是相互矛盾的情况。而这些笔录，最终可能会成为案件非常关键的定案依据，影响案件的定性和走向。

因此，讯问笔录一定要逐字逐句地认真核对。这样如果出现漏记、误记的情况，才能够及时地补正。一旦发现记录人员漏记、多记、错记，应当场要求更正，在笔录中进行补充记录，待确认无误后再签字捺印。

如果记录人员不予更正或不同意补充的，可以拒签或在签字处注明"本笔录与我的供述不一致"。

相关法条：

参见《中华人民共和国刑事诉讼法》第一百二十二条。

第 60 问：如质疑鉴定意见结果，如何处理？

答：可以申请补充鉴定或重新鉴定。

在刑事诉讼中，刑事鉴定是指司法机关为了解决刑事办案中某些专门性问题，指派或聘请具有专门知识的人运用科学技术手段对这些问题进行鉴别、判断，并且作出鉴定结论的活动。鉴定结论属于法定证据的一种，只要经过查证属实，就可以作为定案的依据，因此十分重要。当犯罪嫌疑人质疑鉴定结论时，可以依法申请补充鉴定或重新鉴定。

相关法条：

参见《中华人民共和国刑事诉讼法》第一百四十八条。

第 61 问：如果被证人污陷怎么办？

答：可以向办案单位进行反映、控告，追究其责任。

《中华人民共和国宪法》（下称《宪法》）第三十八条规定："中华人民共和国公民的人格尊严不受侵犯。禁止用任何方法对公民进行侮辱、诽谤和诬告陷害。"检举揭发违法犯罪行为是每个公民的权利，但实践中有些人往往滥用检举揭发权，无中生有，诬告陷害他人，严重影响社会和谐发展，破坏社会风气，应当予以惩处。由于行为人企图假手司法机关实现其诬陷无辜者的目的，这不仅侵犯了公民的人身权利，使无辜者的名誉受到损害，而且可能导致冤假错案，造成错捕、错判甚至错杀的严重后果，干扰司法机关的正常诉讼活动，破坏司法机关的威信，因此必须依法予以严惩。

因此，《刑法》第二百四十三条，规定了诬告陷害罪。

诬告陷害罪，是指捏造事实，作虚假告发，意图陷害他人，使他人受刑事追究，情节严重的行为。这里所说的"他人"，既包括一般的干部、群众，也包括正在服刑的罪犯和其他在押的被告人和犯罪嫌疑人。本罪侵犯的客体是复杂客体，既侵犯了他人的人身权利，也干扰了司法机关的正常诉讼活动。

构成本罪必须具备以下条件：

其一，诬告陷害他人，必须以使他人受刑事追究为目的。行为人诬陷他人可能出于不同的动机，有的是发泄私愤，有的是嫉贤妒能，有的是排除异己，但必须以使他人受刑事追究为目的，才能构成诬告陷害罪。如果不以使他人受刑事追究为目的而捏造事实诬告的，如以败坏他人名誉、阻止他人得到某种奖励或者提拔等为目的而诬告他人有违法或不道德行为的，则不构成本罪。

其二，捏造的事实必须是他人的犯罪事实，如果捏造的事实不足使他人受到刑事追究的，则不构成本罪。捏造事实，既包括无中生有，捏造犯罪事实陷害他人;也包括栽赃陷害,在确实发生了具体犯罪事实的情况下,捏造证据栽赃、嫁祸他人;还包括借题发挥,将不构成犯罪的事实夸大为犯罪事实,进而陷害他人等。

其三,不仅捏造了他人的犯罪事实,而且将捏造的犯罪事实向有关机关进行了告发。行为人虽有捏造他人犯罪事实的行为,但如果没有进行告发,其诬陷的目的就无法实现,因而也不构成诬陷罪。告发的形式可以是书面告发,也可以是口头告发,可以是实名告发,也可以是匿名告发。

其四,诬告陷害的行为必须有明确的对象,如果行为人只是捏造了某种犯罪事实,向有关机关告发,并没有具体的告发对象,这种行为虽然也干扰了司法机关的正常诉讼活动,但并未直接侵犯他人的人身权利,也不构成本罪。有明确的对象并非要求行为人必须指名道姓告发,如果通过告发的事实可以明显地判断出告发对象,即使没有提出具体姓名,也属于有明确的对象。

其五,诬告陷害情节严重的,这里所规定的"情节严重",主要是指捏造的犯罪事实情节严重,诬陷手段恶劣,严重影响了司法机关的正常工作,社会影响恶劣等。只要诬告陷害的行为符合以上条件,本罪就成立。本款所规定的"造成严重后果",主要是指被害人被错误地追究了刑事责任,或者使被诬陷人的人身权利、民主权利、财产权利等受到重大损害,或者使司法机关的正常工作遭受特别重大的损害。

相关法条:

参见《中华人民共和国宪法》第三十八条。

参见《中华人民共和国刑法》第二百四十三条。

第62问:家属能去找证人出庭作证吗?

答:家属尽量不要自己去找,可以提供线索,申请人民法院通知证人出庭作证。

刑事案件中,家属尽量不要自己和证人接触。如果家属知道有利于被告人的相关线索,可与律师沟通,由律师收集证据。有必要的时候,可由辩护律师申请人民法院通知证人出庭作证。

相关法条:

参见《中华人民共和国刑事诉讼法》第四十三条、第六十二条。

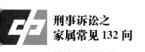

第 63 问：家属能去调查取证吗？

答：不能。

家属是没有调查取证权的，如果发现相关线索，家属可以向办案单位反映，由办案人员依照法定程序向他们调查取证。委托了律师的，也可由律师调查取证。

第 64 问：取保到期后，公安机关不撤销案件怎么办？

答：可申请解除取保候审。

相关法条：

参见《中华人民共和国刑事诉讼法》第七十九条。

第 65 问：案件被撤销后可不可以申请国家赔偿？

答：分两种情况。一是公民被采取逮捕措施的案件被撤销，受害人有权申请国家赔偿，但有例外情形。二是公民未被采取逮捕措施的案件被撤销，受害人则无权申请国家赔偿。

相关法条：

参见《中华人民共和国国家赔偿法》第十七条、第十九条。

《最高人民法院 最高人民检察院关于办理刑事赔偿案件适用法律若干问题的解释》

第一条 赔偿请求人因行使侦查、检察、审判职权的机关以及看守所、监狱管理机关及其工作人员行使职权的行为侵犯其人身权、财产权而申请国家赔偿，具备国家赔偿法第十七条、第十八条规定情形的，属于本解释规定的刑事赔偿范围。

第二条　解除、撤销拘留或者逮捕措施后虽尚未撤销案件、作出不起诉决定或者判决宣告无罪，但是符合下列情形之一的，属于国家赔偿法①第十七条第一项、第二项规定的终止追究刑事责任：（一）办案机关决定对犯罪嫌疑人终止侦查的；（二）解除、撤销取保候审、监视居住、拘留、逮捕措施后，办案机关超过一年未移送起诉、作出不起诉决定或者撤销案件的；（三）取保候审、监视居住法定期限届满后，办案机关超过一年未移送起诉、作出不起诉决定或者撤销案件的；（四）人民检察院撤回起诉超过三十日未作出不起诉决定的；（五）人民法院决定按撤诉处理后超过三十日，人民检察院未作出不起诉决定的；（六）人民法院准许刑事自诉案件自诉人撤诉的，或者人民法院决定对刑事自诉案件按撤诉处理的。赔偿义务机关有证据证明尚未终止追究刑事责任，且经人民法院赔偿委员会审查属实的，应当决定驳回赔偿请求人的赔偿申请。

第五条　对公民采取刑事拘留措施后终止追究刑事责任，具有下列情形之一的，属于国家赔偿法第十七条第一项规定的违法刑事拘留：（一）违反刑事诉讼法规定的条件采取拘留措施的；（二）违反刑事诉讼法规定的程序采取拘留措施的；（三）依照刑事诉讼法规定的条件和程序对公民采取拘留措施，但是拘留时间超过刑事诉讼法规定的时限。违法刑事拘留的人身自由赔偿金自拘留之日起计算。

第七条　根据国家赔偿法第十九条第二项、第三项的规定，依照刑法第十七条、第十八条规定不负刑事责任的人和依照刑事诉讼法第十五条、第一百七十三条第二款规定不追究刑事责任的人被羁押，国家不承担赔偿责任。但是，对起诉后经人民法院错判拘役、有期徒刑、无期徒刑并已执行的，人民法院应当对该判决确定后继续监禁期间侵犯公民人身自由权的情形予以赔偿。

第八条　赔偿义务机关主张依据国家赔偿法第十九条第一项、第五项规定的情形免除赔偿责任的，应当就该免责事由的成立承担举证责任。

---

① 即《中华人民共和国国家赔偿法》，下同。

第三部分
审查起诉篇

第 66 问：公安机关办理的取保候审快到期了，检察院会将人收监吗？

答：只要符合取保候审的条件，审查起诉阶段会重新办理取保候审，不会将人收监。

公安机关决定对犯罪嫌疑人取保候审，案件移送人民检察院审查起诉后，对于需要继续取保候审的，人民检察院应当依法重新作出取保候审决定，并对犯罪嫌疑人办理取保候审手续。取保候审的期限应当重新计算并告知犯罪嫌疑人。该阶段取保的时间最长依旧不能超过 12 个月。

相关法条：

《人民检察院刑事诉讼规则》

第一百零二条　人民检察院决定对犯罪嫌疑人取保候审，最长不得超过十二个月。

第一百零三条　公安机关决定对犯罪嫌疑人取保候审，案件移送人民检察院审查起诉后，对于需要继续取保候审的，人民检察院应当依法重新作出取保候审决定，并对犯罪嫌疑人办理取保候审手续。取保候审的期限应当重新计算并告知犯罪嫌疑人。对继续采取保证金方式取保候审的，被取保候审人没有违反刑事诉讼法第七十一条规定的，不变更保证金数额，不再重新收取保证金。

第 67 问：案件移送到检察院后要多长时间才会起诉到法院？

答：审查起诉期限最短 10 日，最长可到 6 个月 15 日。

检察机关对于公安机关移送起诉的案件，符合速裁程序适用条件的案件，审查起诉的期限是 10 至 15 日；一般案件，审查起诉期限是 1 个月；重大、复杂的案件，可以延长 15 日；改变管辖的，从改变后的检察院收到案件之日起，重新计算。

审查起诉阶段，检察机关经审查认为需要补充侦查的，可退回公安机关补充侦查，以 2 次为限，每次不超过 1 个月。

每次补充侦查完毕移送人民检察院后，人民检察院重新计算审查起诉期限。故审查起诉期限最长可到 6 个月 15 日。

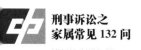

相关法条：

参见《中华人民共和国刑事诉讼法》第一百七十二条、第一百七十五条。

第 68 问：案件不起诉要具备哪些条件？

答：需要具备法律规定的法定、酌定、存疑不诉的条件。

对于犯罪情节轻微，法律规定不需要判处刑罚或者免除刑罚的案件，应当出具侦查终结报告，并且制作不起诉意见书。

检察院不起诉的案件大体分为以下三种情况。

一、法定不诉

法定不诉，指符合《刑事诉讼法》第十六条规定的情形。这包括：情节显著轻微、危害不大，不认为是犯罪的；犯罪已过追诉时效期限的；经特赦令免除刑罚的；依照《刑法》告诉才处理的犯罪，没有告诉或者撤回告诉的；犯罪嫌疑人、被告人死亡的；其他法律规定免予追究刑事责任的。

二、酌定不诉

酌定不诉，指符合《刑事诉讼法》第一百七十七条规定的情形：对于犯罪情节轻微，依照《刑法》规定不需要判处刑罚或者免除刑罚的，人民检察院可以作出不起诉决定。

三、存疑不诉

存疑不诉，指符合《刑事诉讼法》第一百七十五条规定的情形：对于二次补充侦查的案件，人民检察院仍然认为证据不足，不符合起诉条件的，应当作出不起诉的决定。

相关法条：

参见《中华人民共和国刑事诉讼法》第十六条、第一百七十五条。

第 69 问：案件不起诉，犯罪嫌疑人是不是就平安无事了？

答：案件不起诉，并不代表嫌疑人就一定没事了。

一、案件有可能被重新起诉

犯罪嫌疑人认罪认罚，人民检察院依照《刑事诉讼法》第一百七十七条第二款，即对于犯罪情节轻微，依照《刑法》规定不需要判处刑罚或者免除刑罚的，人民检察院作出不起诉决定后，犯罪嫌疑人反悔的，在排除认罪认罚因素后，符合起诉条件的，应当根据案件具体情况撤销原不起诉决定，依法提起公诉。

二、即使不起诉也可能面临行政处罚

有的案件对犯罪嫌疑人不予起诉，只是不予追究刑事责任。其行为如同时触犯《中华人民共和国治安管理处罚法》，相应的行政处罚依旧需要承担，如罚款、吊销某种资格等。

例如，犯罪嫌疑人涉嫌危险驾驶罪，因酒精含量较低，犯罪情节较轻，检察机关决定对其不予起诉。此时，可免予承担刑事责任。但是"吊销驾驶证"等行政处罚依旧不能免除。

人民检察院决定不起诉的案件，应当同时对侦查中查封、扣押、冻结的财物解除查封、扣押、冻结。对被不起诉人需要给予行政处罚、处分或者需要没收其违法所得的，人民检察院应当提出检察意见，移送有关主管机关处理。

相关法条：

参见《中华人民共和国刑事诉讼法》第一百七十七条。

《人民检察院刑事诉讼规则》

第二百七十八条　犯罪嫌疑人认罪认罚，人民检察院依照刑事诉讼法第一百七十七条第二款作出不起诉决定后，犯罪嫌疑人反悔的，人民检察院应当进行审查，并区分下列情形依法作出处理：

（一）发现犯罪嫌疑人没有犯罪事实，或者符合刑事诉讼法第十六条规定的情形之一的，应当撤销原不起诉决定，依照刑事诉讼法第一百七十七条第一款的规定重新作出不起诉决定；

（二）犯罪嫌疑人犯罪情节轻微，依照刑法不需要判处刑罚或者免除刑罚的，可以维持原不起诉决定；

（三）排除认罪认罚因素后，符合起诉条件的，应当根据案件具体情况撤销原不起诉决定，依法提起公诉。

第 70 问：案件不起诉后可不可以申请国家赔偿？

答：原则上可以，也有例外。

根据《国家赔偿法》的规定，对公民采取逮捕措施后，决定撤销案件、不起诉或者判决宣告无罪终止追究刑事责任的，受害人有权要求赔偿。

但有以下例外情形：

其一，因公民自己故意作虚伪供述，或者伪造其他有罪证据被羁押的。

其二，因尚未达到刑事责任年龄而不负刑事责任的。

其三，因是丧失辨认能力或控制能力的精神病人而不负刑事责任的。

其四，情节显著轻微、危害不大，不认为是犯罪的；犯罪已过追诉时效期限的；经特赦令免除刑罚的；依照《刑法》告诉才处理的犯罪，没有告诉或者撤回告诉的；犯罪嫌疑人、被告人死亡的；其他法律规定免予追究刑事责任的。

其五，因公民自伤、自残等故意行为致使损害发生的。

其六，法律规定的其他情形。

相关法条：

参见《中华人民共和国国家赔偿法》第十七条、第十九条。

《最高人民法院 最高人民检察院关于办理刑事赔偿案件适用法律若干问题的解释》

第一条 赔偿请求人因行使侦查、检察、审判职权的机关以及看守所、监狱管理机关及其工作人员行使职权的行为侵犯其人身权、财产权而申请国家赔偿，具备国家赔偿法第十七条、第十八条规定情形的，属于本解释规定的刑事赔偿范围。

第二条 解除、撤销拘留或者逮捕措施后虽尚未撤销案件、作出不起诉决定或者判决宣告无罪，但是符合下列情形之一的，属于国家赔偿法第十七条第一项、第二项规定的终止追究刑事责任：（一）办案机关决定对犯罪嫌疑人终止侦查的；（二）解除、撤销取保候审、监视居住、拘留、逮捕措施后，办案机关超过一年未移送起诉、作出不起诉决定或者撤销案件的；（三）取保候审、监视居住法定期限届满后，办案机关超过一年未移送起诉、作出不起诉决定或者撤销案件的；（四）人民检察院撤回起诉超过三十日未作出不起诉决定的；（五）人民法院决定按撤诉处理后超过三十日，人民检察院未作出不起诉决定的；

（六）人民法院准许刑事自诉案件自诉人撤诉的，或者人民法院决定对刑事自诉案件按撤诉处理的。赔偿义务机关有证据证明尚未终止追究刑事责任，且经人民法院赔偿委员会审查属实的，应当决定驳回赔偿请求人的赔偿申请。

第五条　对公民采取刑事拘留措施后终止追究刑事责任，具有下列情形之一的，属于国家赔偿法第十七条第一项规定的违法刑事拘留：（一）违反刑事诉讼法规定的条件采取拘留措施的；（二）违反刑事诉讼法规定的程序采取拘留措施的；（三）依照刑事诉讼法规定的条件和程序对公民采取拘留措施，但是拘留时间超过刑事诉讼法规定的时限。违法刑事拘留的人身自由赔偿金自拘留之日起计算。

第七条　根据国家赔偿法第十九条第二项、第三项的规定，依照刑法第十七条、第十八条规定不负刑事责任的人和依照 刑事诉讼法第十五条、第一百七十三条第二款规定不追究刑事责任的人被羁押，国家不承担赔偿责任。但是，对起诉后经人民法院错判拘役、有期徒刑、无期徒刑并已执行的，人民法院应当对该判决确定后继续监禁期间侵犯公民人身自由权的情形予以赔偿。

第八条　赔偿义务机关主张依据国家赔偿法第十九条第一项、第五项规定的情形免除赔偿责任的，应当就该免责事由的成立承担举证责任。

第71问：检察官会去会见案件的当事人吗？

答：会。

《刑事诉讼法》明确规定，人民检察院审查案件，应当讯问犯罪嫌疑人，这是强制性的，并不是选择性的。

讯问犯罪嫌疑人，检察人员或者检察人员和书记员不得少于两人。

相关法条：

参见《中华人民共和国刑事诉讼法》第一百七十三条。

《人民检察院刑事诉讼规则》

第二百六十条　讯问犯罪嫌疑人，询问被害人、证人、鉴定人，听取辩护人、被害人及其诉讼代理人的意见，应当由检察人员负责进行。检察人员或者检察人员和书记员不得少于二人。

讯问犯罪嫌疑人，询问证人、鉴定人、被害人，应当个别进行。

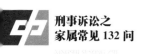
第 72 问：面对检察官的讯问，要注意些什么？

答：如实供述并可对侦查机关的违法行为进行检举。

一、如实供述

面对检察官的讯问，要如实供述。如知晓他人犯罪的情况可以进行揭发，为自己争取立功。讯问的过程要求检察员进行记录，并形成讯问笔录。须对笔录认真进行核对，保证与自己所供述的内容一致。如有不一致的地方，可进行更改或补正。不同意更改或补正的，可拒绝签字。

二、检举侦查机关的违法行为

若对检察官的供述与侦查阶段的供述有不一致的地方，应当说明真实原因。如果侦查机关存在刑讯逼供、诱供、骗供等行为的，最好向检察官提供线索或证据，要求对非法证据进行排除。

相关法条：

《人民检察院刑事诉讼规则》

第二百五十八条　人民检察院讯问犯罪嫌疑人时，应当首先查明犯罪嫌疑人的基本情况，依法告知犯罪嫌疑人诉讼权利和义务，以及认罪认罚的法律规定，听取其供述和辩解。犯罪嫌疑人翻供的，应当讯问其原因。犯罪嫌疑人申请排除非法证据的，应当告知其提供相关线索或者材料。犯罪嫌疑人检举揭发他人犯罪的，应当予以记录，并依照有关规定移送有关机关、部门处理。

讯问犯罪嫌疑人应当制作讯问笔录，并交犯罪嫌疑人核对或者向其宣读。经核对无误后逐页签名或者盖章，并捺指印后附卷。犯罪嫌疑人请求自行书写供述的，应当准许，但不得以自行书写的供述代替讯问笔录。

犯罪嫌疑人被羁押的，讯问应当在看守所讯问室进行。

第 73 问：人民检察院会不会调查取证？

答：有必要的时候，会。

一、对人民检察院自侦案件进行调查取证

人民检察院办理直接受理侦查的案件，应当全面、客观地收集、调取犯罪嫌疑人有罪或者无罪、罪轻或者罪重的证据材料，并依法进行审查、核实。

具体包括：讯问犯罪嫌疑人；询问了解案件情况的证人、被害人；对于与犯罪有关的场所、物品、人身、尸体应当进行勘验或者检查，必要时，可以指派检察技术人员或者聘请其他具有专门知识的人，在检察人员的主持下进行勘验、检查；检察人员可以凭人民检察院的证明文件，向有关单位和个人调取能够证明犯罪嫌疑人有罪或者无罪以及犯罪情节轻重的证据材料，并且可以根据需要拍照、录像、复印和复制；对在侦查活动中发现的可以证明犯罪嫌疑人有罪、无罪或者犯罪情节轻重的各种财物和文件，进行查封或者扣押。

二、必要时对监察机关、公安机关侦办案件也会调查取证

人民检察院发现侦查人员以非法方法收集证据的，应当及时进行调查核实。

人民检察院在审查起诉中发现有应当排除的非法证据，应当依法排除，同时可以要求监察机关或者公安机关另行指派调查人员或者侦查人员重新取证。必要时，人民检察院也可以自行调查取证。

人民检察院对于监察机关移送起诉的案件，认为需要补充调查的，应当退回监察机关补充调查。必要时，可以自行补充侦查。

人民检察院负责捕诉的部门对本院负责侦查的部门移送起诉的案件进行审查后，认为犯罪事实不清、证据不足或者存在遗漏罪行、遗漏同案犯罪嫌疑人等情形需要补充侦查的，应当制作补充侦查提纲，连同案卷材料一并退回负责侦查的部门补充侦查。必要时，也可以自行侦查。

相关法条：

《人民检察院刑事诉讼规则》

第七十二条　人民检察院发现侦查人员以非法方法收集证据的，应当及时进行调查核实。

当事人及其辩护人或者值班律师、诉讼代理人报案、控告、举报侦查人员采用刑讯逼供等非法方法收集证据，并提供涉嫌非法取证的人员、时间、地点、方式和内容等材料或者线索的，人民检察院应当受理并进行审查。根据现有材料无法证明证据收集合法性的，应当及时进行调查核实。

上一级人民检察院接到对侦查人员采用刑讯逼供等非法方法收集证据的报

案、控告、举报，可以直接进行调查核实，也可以交由下级人民检察院调查核实。交由下级人民检察院调查核实的，下级人民检察院应当及时将调查结果报告上一级人民检察院。

人民检察院决定调查核实的，应当及时通知公安机关。

第一百七十六条 人民检察院办理直接受理侦查的案件，应当全面、客观地收集、调取犯罪嫌疑人有罪或者无罪、罪轻或者罪重的证据材料，并依法进行审查、核实。办案过程中必须重证据，重调查研究，不轻信口供。严禁刑讯逼供和以威胁、引诱、欺骗以及其他非法方法收集证据，不得强迫任何人证实自己有罪。

第一百八十二条 讯问犯罪嫌疑人，由检察人员负责进行。讯问时，检察人员或者检察人员和书记员不得少于二人。

讯问同案的犯罪嫌疑人，应当个别进行。

第一百九十一条 人民检察院在侦查过程中，应当及时询问证人，并且告知证人履行作证的权利和义务。

人民检察院应当保证一切与案件有关或者了解案情的公民有客观充分地提供证据的条件，并为他们保守秘密。除特殊情况外，人民检察院可以吸收他们协助调查。

第一百九十六条 检察人员对于与犯罪有关的场所、物品、人身、尸体应当进行勘验或者检查。必要时，可以指派检察技术人员或者聘请其他具有专门知识的人，在检察人员的主持下进行勘验、检查。

第二百零二条 人民检察院有权要求有关单位和个人，交出能够证明犯罪嫌疑人有罪或者无罪以及犯罪情节轻重的证据。

第二百零八条 检察人员可以凭人民检察院的证明文件，向有关单位和个人调取能够证明犯罪嫌疑人有罪或者无罪以及犯罪情节轻重的证据材料，并且可以根据需要拍照、录像、复印和复制。

第二百零九条 调取物证应当调取原物。原物不便搬运、保存，或者依法应当返还被害人，或者因保密工作需要不能调取原物的，可以将原物封存，并拍照、录像。对原物拍照或者录像应当足以反映原物的外形、内容。

调取书证、视听资料应当调取原件。取得原件确有困难或者因保密需要不能调取原件的，可以调取副本或者复制件。

调取书证、视听资料的副本、复制件和物证的照片、录像的，应当书面记明不能调取原件、原物的原因，制作过程和原件、原物存放地点，并由制作人员和原书证、视听资料、物证持有人签名或者盖章。

第二百一十条　在侦查活动中发现的可以证明犯罪嫌疑人有罪、无罪或者犯罪情节轻重的各种财物和文件，应当查封或者扣押；与案件无关的，不得查封或者扣押。查封或者扣押应当经检察长批准。

不能立即查明是否与案件有关的可疑的财物和文件，也可以查封或者扣押，但应当及时审查。经查明确实与案件无关的，应当在三日以内解除查封或者予以退还。

持有人拒绝交出应当查封、扣押的财物和文件的，可以强制查封、扣押。

对于犯罪嫌疑人、被告人到案时随身携带的物品需要扣押的，可以依照前款规定办理。对于与案件无关的个人用品，应当逐件登记，并随案移交或者退还其家属。

第三百四十一条　人民检察院在审查起诉中发现有应当排除的非法证据，应当依法排除，同时可以要求监察机关或者公安机关另行指派调查人员或者侦查人员重新取证。必要时，人民检察院也可以自行调查取证。

第三百四十三条　人民检察院对于监察机关移送起诉的案件，认为需要补充调查的，应当退回监察机关补充调查。必要时，可以自行补充侦查。

需要退回补充调查的案件，人民检察院应当出具补充调查决定书、补充调查提纲，写明补充调查的事项、理由、调查方向、需补充收集的证据及其证明作用等，连同案卷材料一并送交监察机关。

人民检察院决定退回补充调查的案件，犯罪嫌疑人已被采取强制措施的，应当将退回补充调查情况书面通知强制措施执行机关。监察机关需要讯问的，人民检察院应当予以配合。

第三百四十四条　对于监察机关移送起诉的案件，具有下列情形之一的，人民检察院可以自行补充侦查：

（一）证人证言、犯罪嫌疑人供述和辩解、被害人陈述的内容主要情节一致，个别情节不一致的；

（二）物证、书证等证据材料需要补充鉴定的；

（三）其他由人民检察院查证更为便利、更有效率、更有利于查清案件事实的情形。

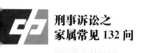

自行补充侦查完毕后，应当将相关证据材料入卷，同时抄送监察机关。人民检察院自行补充侦查的，可以商请监察机关提供协助。

第三百四十五条　人民检察院负责捕诉的部门对本院负责侦查的部门移送起诉的案件进行审查后，认为犯罪事实不清、证据不足或者存在遗漏罪行、遗漏同案犯罪嫌疑人等情形需要补充侦查的，应当制作补充侦查提纲，连同案卷材料一并退回负责侦查的部门补充侦查。必要时，也可以自行侦查，可以要求负责侦查的部门予以协助。

第 74 问：律师可以调查取证吗？

答：可以。

在我国，法律赋予了律师调查取证的权利。刑事案件中，辩护律师不仅可以自行调查取证，还可以申请人民检察院、人民法院收集、调取证据。

辩护律师自行收集与案件相关的材料时，应当取得相关证人或其他相关单位或个人的同意。辩护律师向被害人或者其近亲属、被害人收集证据时，不仅需要得到他们本人的同意，还须获得人民检察院或者人民法院许可。

相关法条：

参见《中华人民共和国刑事诉讼法》第四十三条。

第 75 问：律师有没有必要与检察官沟通案情 或提交书面辩护意见？

答：有必要。

检察官兼顾"捕诉"职能。"捕诉合一"制度下，批捕的检察官和起诉的检察官是同一个人。也就是从批捕阶段起，检察官就已经介入和接触案件。

对于辩护律师来说，无论是在批捕阶段还是审查起诉阶段，都应当与检察官进行沟通，交换意见。

一、批捕阶段的沟通

批捕阶段，律师沟通的重点放在犯罪嫌疑人是否符合批捕的条件上面，尽可能地为当事人争取不批捕。在这个阶段，因为案件尚处于侦查期，辩护律师还无法阅卷。案情相关内容律师只能通过会见犯罪嫌疑人，与其交流进行了解。了解之后，律师可以初步判断嫌疑人是否存在自首、立功，以及在整个事件中其发挥的作用是否属于从属地位等情节，有的案件可能还存在当事人"不明知"的情况，也就是很有可能当事人并不具有主观的犯罪故意，这极有可能不构成犯罪。

同时，律师还可以多与家属沟通，了解嫌疑人的身体状况，是否患有疾病，是否尚处于哺乳期，也可了解一些家庭状况等。

批捕阶段时间很短，最长只有 7 天。因此，辩护律师应把握好这个时间，在全面了解上述情况的与检察官进行沟通和交互意见。如有些检察官不愿意见面沟通，律师也可以提交书面的意见，全力以赴，为当事人争取不批捕。

二、审查起诉阶段的沟通

审查起诉阶段，辩护律师就可以依法到检察院查阅案件材料了。阅卷后，律师可以去会见犯罪嫌疑人，向其核实证据，听取当事人的意见，这样不仅可以更加全面地了解案件事实，还可以有针对性地找出证据中的一些问题。

对证据完成全面梳理，并确定好辩护思路之后，就可以和检察官初步沟通意见。如果当事人对案件事实没有异议，也愿意认罪认罚的，可以着重和检察官交换认罪认罚的意见。如果当事人对案件事实有异议，可以着重就有异议的部分进行沟通，并结合在案证据和法律规定提出自己的意见。如果当事人遭遇过刑讯逼供，在案证据中存在非法证据，辩护律师一定要与检察官沟通，并申请非法证据排除等。

审查起诉阶段，律师和检察官的沟通非常重要，这个阶段检察机关将作出对该案件是否起诉，以及以何罪名起诉的决定。嫌疑人有哪些从轻或减轻处罚的情节，也都会在起诉的时候提出来。《刑事诉讼法》也明确规定了，人民检察院审查案件应当听取辩护人的意见。

检察机关代表国家行使公诉权，以打击犯罪为己任。而辩护律师，则是以维护当事人的合法权益为己任。双方的立场虽是对立的，但终极目标都是维护法律的权威。辩护律师在这个阶段从不同的角度和方向，提出自己的见解和意见，只要中肯、合理、合法，检察官一般都会认可。

如果案件能够在这个阶段不被起诉，当然皆大欢喜。即使被起诉了，律师在这个阶段的工作也不会白费，就当为审判阶段做铺垫了。

相关法条：

参见《中华人民共和国刑事诉讼法》第一百七十三条。

第 76 问：对己方有利的情况要不要提前告诉公诉人？

答：应当提前告知。

一、检查机关审查案件是全面审查

检察机关代表国家行使公诉权，不仅要审查证据中对犯罪嫌疑人不利的内容，也会审查证据中有利于犯罪嫌疑人的内容。

法律规定，人民检察院审查案件的时候，必须查明以下事项：

（1）犯罪嫌疑人身份状况是否清楚，包括姓名、性别、国籍、出生年月日、职业和单位等；单位犯罪的，单位的相关情况是否清楚。

（2）犯罪事实、情节是否清楚；实施犯罪的时间、地点、手段、危害后果是否明确。

（3）认定犯罪性质和罪名的意见是否正确；有无法定的从重、从轻、减轻或者免除处罚情节及酌定从重、从轻情节；共同犯罪案件的犯罪嫌疑人在犯罪活动中的责任认定是否恰当。

（4）犯罪嫌疑人是否认罪认罚。

（5）证明犯罪事实的证据材料是否随案移送；证明相关财产系违法所得的证据材料是否随案移送；不宜移送的证据的清单、复制件、照片或者其他证明文件是否随案移送。

（6）证据是否确实、充分，是否依法收集，有无应当排除非法证据的情形。

（7）采取侦查措施包括技术侦查措施的法律手续和诉讼文书是否完备。

（8）有无遗漏罪行和其他应当追究刑事责任的人。

（9）是否属于不应当追究刑事责任的。

（10）有无附带民事诉讼；对于国家财产、集体财产遭受损失的，是否需要由人民检察院提起附带民事诉讼；对于破坏生态环境和资源保护，食品药品安全领域侵害众多消费者合法权益，侵害英雄烈士的姓名、肖像、名誉、荣誉等损害社会公共利益的行为，是否需要由人民检察院提起附带民事公益诉讼。

（11）采取的强制措施是否适当，对于已经逮捕的犯罪嫌疑人，有无继续羁押的必要。

（12）侦查活动是否合法。

（13）涉案财物是否查封、扣押、冻结并妥善保管，清单是否齐备；对被害人合法财产的返还和对违禁品或者不宜长期保存的物品的处理是否妥当，移送的证明文件是否完备。

由此可知，检查机关审查案件是全面审查，不仅审查证据中对犯罪嫌疑人不利的内容，也会审查证据中有利于犯罪嫌疑人的内容。

如有己方当事人不在场的证据，可以帮助当事人出罪，律师提前和检察官进行沟通，确实能够证明案发时当事人不在场，那该案件很有可能在审查起诉阶段就会选择不起诉，而不用再进入到审判阶段。

二、辩方证据突袭意义不大

实务中，辩方证据突袭也没有多大的意义，只是争得一时的风头，庭后办案机关依旧可以补正。

相关法条：

参见《中华人民共和国刑事诉讼法》第一百七十一条。

《人民检察院刑事诉讼规则》

第三百三十条　人民检察院审查移送起诉的案件，应当查明：

（一）犯罪嫌疑人身份状况是否清楚，包括姓名、性别、国籍、出生年月日、职业和单位等；单位犯罪的，单位的相关情况是否清楚；

（二）犯罪事实、情节是否清楚；实施犯罪的时间、地点、手段、危害后果是否明确；

（三）认定犯罪性质和罪名的意见是否正确；有无法定的从重、从轻、减轻或者免除处罚情节及酌定从重、从轻情节；共同犯罪案件的犯罪嫌疑人在犯罪活动中的责任认定是否恰当；

（四）犯罪嫌疑人是否认罪认罚；

（五）证明犯罪事实的证据材料是否随案移送；证明相关财产系违法所得的证据材料是否随案移送；不宜移送的证据的清单、复制件、照片或者其他证明文件是否随案移送；

（六）证据是否确实、充分，是否依法收集，有无应当排除非法证据的情形；

（七）采取侦查措施包括技术侦查措施的法律手续和诉讼文书是否完备；

（八）有无遗漏罪行和其他应当追究刑事责任的人；

（九）是否属于不应当追究刑事责任的；

（十）有无附带民事诉讼；对于国家财产、集体财产遭受损失的，是否需要由人民检察院提起附带民事诉讼；对于破坏生态环境和资源保护，食品药品安全领域侵害众多消费者合法权益，侵害英雄烈士的姓名、肖像、名誉、荣誉等损害社会公共利益的行为，是否需要由人民检察院提起附带民事公益诉讼；

（十一）采取的强制措施是否适当，对于已经逮捕的犯罪嫌疑人，有无继续羁押的必要；

（十二）侦查活动是否合法；

（十三）涉案财物是否查封、扣押、冻结并妥善保管，清单是否齐备；对被害人合法财产的返还和对违禁品或者不宜长期保存的物品的处理是否妥当，移送的证明文件是否完备。

第 77 问：什么是认罪认罚具结书？

答：认罪认罚具结书签署后表明被告人自愿认罪认罚，认可起诉书指控的犯罪事实、罪名以及检察机关的量刑建议。

犯罪嫌疑人在签署认罪认罚具结书之前，办案机关都会先提供一份认罪认罚从宽制度告知书，让当事人了解认罪认罚从宽制度的内容，明白签署认罪认罚具结书的含义。

一、认罪认罚从宽制度

符合《刑事诉讼法》第十五条规定的，可以适用认罪认罚从宽制度。

二、犯罪嫌疑人、被告人和律师都须签字确认

适用认罪认罚从宽制度，犯罪嫌疑人、被告人应当在认罪认罚从宽制度告知书上签名，对指控犯罪事实无异议，同意量刑建议的应当签署认罪认罚具结书。

该认罪认罚具结书经辩护人或者值班律师签字确认，方为有效。

三、认罪认罚具结书内容

认罪认罚具结书载明：犯罪嫌疑人基本信息，认罪认罚情况，被指控的罪名及适用的法律条款，检察机关对犯罪嫌疑人拟提出的从轻、减轻或者免除处罚等从宽处罚的建议，认罪认罚后案件审理适用的程序及其他需要听取意见的情形。

四、认罪认罚后的量刑建议

检察机关根据犯罪嫌疑人、被告人的犯罪情节、认罪情节提出量刑建议。犯罪嫌疑人、被告人或其辩护人/值班律师可以就从宽处罚的具体幅度向检察机关提出意见。

五、法院对量刑建议的采纳

犯罪嫌疑人、被告人签署认罪认罚具结书后，人民法院审理认为被告人自愿认罪认罚，起诉书指控的犯罪事实成立，定罪准确的，一般应予采纳检察机关的量刑建议，影响公正审判的除外。

六、认罪认罚具结书的撤回及后果

认罪认罚具结书签署后，犯罪嫌疑人、被告人可以要求撤回，应当书面向办案机关提出申请，并说明理由，人民检察院将重新提出量刑建议。

犯罪嫌疑人、被告人未提出书面撤回申请，但对起诉书指控的主要犯罪事实、罪名和认罪表述提出异议的，视为撤回认罪认罚具结书。

犯罪嫌疑人、被告人撤回认罪认罚具结书后，犯罪嫌疑人、被告人已签署过的认罪认罚具结书不能作为本人认罪认罚的依据，但仍可能作为其曾作有罪供述的证据，由人民法院结合其他证据对本案事实进行认定。

犯罪嫌疑人、被告人撤回认罪认罚具结书后，反悔并申请重新签署认罪认罚具结书的，经人民检察院同意，重新签署认罪认罚具结书，人民检察院应基于新签署的认罪认罚具结书重新提出量刑建议。

七、可否拒绝签署

经协商，犯罪嫌疑人、被告人如不同意检察机关的量刑建议，有权不签署认罪认罚具结书，不适用本制度。

相关法条：

参见《中华人民共和国刑事诉讼法》第十五条。

《最高人民法院关于适用〈中华人民共和国刑事诉讼法〉的解释》

第三百四十七条　刑事诉讼法第十五条规定的"认罪"，是指犯罪嫌疑人、被告人自愿如实供述自己的罪行，对指控的犯罪事实没有异议。刑事诉讼法第十五条规定的"认罚"，是指犯罪嫌疑人、被告人真诚悔罪，愿意接受处罚。被告人认罪认罚的，可以依照刑事诉讼法第十五条的规定，在程序上从简、实体上从宽处理。

第三百五十六条　被告人在人民检察院提起公诉前未认罪认罚，在审判阶段认罪认罚的，人民法院可以不再通知人民检察院提出或者调整量刑建议。对前款规定的案件，人民法院应当就定罪量刑听取控辩双方意见，根据刑事诉讼法第十五条和本解释第三百五十五条的规定作出判决。

《人民检察院刑事诉讼规则》

第二百七十二条　犯罪嫌疑人自愿认罪认罚，同意量刑建议和程序适用的，应当在辩护人或者值班律师在场的情况下签署认罪认罚具结书。具结书应当包括犯罪嫌疑人如实供述罪行、同意量刑建议和程序适用等内容，由犯罪嫌疑人及其辩护人、值班律师签名。

犯罪嫌疑人具有下列情形之一的，不需要签署认罪认罚具结书：

（一）犯罪嫌疑人是盲、聋、哑人，或者是尚未完全丧失辨认或者控制自己行为能力的精神病人的；

（二）未成年犯罪嫌疑人的法定代理人、辩护人对未成年人认罪认罚有异议的；

（三）其他不需要签署认罪认罚具结书的情形。

有前款情形，犯罪嫌疑人未签署认罪认罚具结书的，不影响认罪认罚从宽制度的适用。

《最高人民法院 最高人民检察院 公安部 国家安全部 司法部关于适用认罪认罚从宽制度的指导意见》

1. 签署具结书。犯罪嫌疑人自愿认罪，同意量刑建议和程序适用的，应当在辩护人或者值班律师在场的情况下签署认罪认罚具结书。犯罪嫌疑人被羁押的，看守所应当为签署具结书提供场所。具结书应当包括犯罪嫌疑人如实供述罪行、同意量刑建议、程序适用等内容，由犯罪嫌疑人、辩护人或者值班律师签名。

犯罪嫌疑人认罪认罚，有下列情形之一的，不需要签署认罪认罚具结书：

（一）犯罪嫌疑人是盲、聋、哑人，或者是尚未完全丧失辨认或者控制自己行为能力的精神病人的；

（二）未成年犯罪嫌疑人的法定代理人、辩护人对未成年人认罪认罚有异议的；

（三）其他不需要签署认罪认罚具结书的情形。

上述情形犯罪嫌疑人未签署认罪认罚具结书的，不影响认罪认罚从宽制度的适用。

第78问：针对认罪认罚具结书，签与不签的差异在哪里？

答：符合法定条件，签认罪认罚具结书可以从宽处理。不签认罪认罚具结书的话，也没有什么特别的影响。

相关法条：

《最高人民法院 最高人民检察院 公安部 国家安全部 司法部关于适用认罪认罚从宽制度的指导意见》

三、认罪认罚后"从宽"的把握

8."从宽"的理解。从宽处理既包括实体上从宽处罚，也包括程序上从简处理。"可以从宽"，是指一般应当体现法律规定和政策精神，予以从宽处理。但可以从宽不是一律从宽，对犯罪性质和危害后果特别严重、犯罪手段特别残忍、社会影响特别恶劣的犯罪嫌疑人、被告人，认罪认罚不足以从轻处罚的，依法不予从宽处罚。

办理认罪认罚案件，应当依照刑法、刑事诉讼法的基本原则，根据犯罪的事实、性质、情节和对社会的危害程度，结合法定、酌定的量刑情节，综合考虑认罪认罚的具体情况，依法决定是否从宽、如何从宽。对于减轻、免除处罚，应当于法有据；不具备减轻处罚情节的，应当在法定幅度以内提出从轻处罚的量刑建议和量刑；对其中犯罪情节轻微不需要判处刑罚的，可以依法作出不起诉决定或者判决免予刑事处罚。

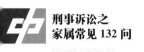
9.从宽幅度的把握。办理认罪认罚案件，应当区别认罪认罚的不同诉讼阶段、对查明案件事实的价值和意义、是否确有悔罪表现，以及罪行严重程度等，综合考量确定从宽的限度和幅度。在刑罚评价上，主动认罪优于被动认罪，早认罪优于晚认罪，彻底认罪优于不彻底认罪，稳定认罪优于不稳定认罪。

认罪认罚的从宽幅度一般应当大于仅有坦白，或者虽认罪但不认罚的从宽幅度。对犯罪嫌疑人、被告人具有自首、坦白情节，同时认罪认罚的，应当在法定刑幅度内给予相对更大的从宽幅度。认罪认罚与自首、坦白不作重复评价。

对罪行较轻、人身危险性较小的，特别是初犯、偶犯，从宽幅度可以大一些；罪行较重、人身危险性较大的，以及累犯、再犯，从宽幅度应当从严把握。

第 79 问：签了认罪认罚具结书后，能不能反悔？

答：可以反悔。

一、"因认罪认罚不起诉"反悔的处理

因犯罪嫌疑人认罪认罚，人民检察院依照《刑事诉讼法》第一百七十七条第二款作出不起诉决定后，犯罪嫌疑人否认指控的犯罪事实或者不积极履行赔礼道歉、退赃退赔、赔偿损失等义务的，人民检察院应当进行审查，区分下列情形依法作出处理：

其一，发现犯罪嫌疑人没有犯罪事实，或者符合刑事诉讼法第十六条规定的情形之一的，应当撤销原不起诉决定，依法重新作出不起诉决定。

其二，认为犯罪嫌疑人仍属于犯罪情节轻微，依照《刑法》规定不需要判处刑罚或者免除刑罚的，可以维持原不起诉决定。

其三，排除认罪认罚因素后，符合起诉条件的，应当根据案件具体情况撤销原不起诉决定，依法提起公诉。

二、起诉前反悔的处理

犯罪嫌疑人认罪认罚，签署认罪认罚具结书，在人民检察院提起公诉前反悔的，具结书失效，人民检察院应当在全面审查事实证据的基础上，依法提起公诉。

三、审判阶段反悔的处理

案件审理过程中，被告人反悔不再认罪认罚的，人民法院应当根据审理查明

的事实，依法作出裁判。需要转换程序的，依照相关规定处理。

相关法条：

《最高人民法院 最高人民检察院 公安部 国家安全部 司法部关于适用认罪认罚从宽制度的指导意见》

十一、认罪认罚的反悔和撤回

51. 不起诉后反悔的处理。因犯罪嫌疑人认罪认罚，人民检察院依照刑事诉讼法第一百七十七条第二款作出不起诉决定后，犯罪嫌疑人否认指控的犯罪事实或者不积极履行赔礼道歉、退赃退赔、赔偿损失等义务的，人民检察院应当进行审查，区分下列情形依法作出处理：

（一）发现犯罪嫌疑人没有犯罪事实，或者符合刑事诉讼法第十六条规定的情形之一的，应当撤销原不起诉决定，依法重新作出不起诉决定；

（二）认为犯罪嫌疑人仍属于犯罪情节轻微，依照刑法规定不需要判处刑罚或者免除刑罚的，可以维持原不起诉决定；

（三）排除认罪认罚因素后，符合起诉条件的，应当根据案件具体情况撤销原不起诉决定，依法提起公诉。

52. 起诉前反悔的处理。犯罪嫌疑人认罪认罚，签署认罪认罚具结书，在人民检察院提起公诉前反悔的，具结书失效，人民检察院应当在全面审查事实证据的基础上，依法提起公诉。

53. 审判阶段反悔的处理。案件审理过程中，被告人反悔不再认罪认罚的，人民法院应当根据审理查明的事实，依法作出裁判。需要转换程序的，依照本意见的相关规定处理。

《最高人民检察院关于印发〈人民检察院办理认罪认罚案件开展量刑建议工作的指导意见〉的通知》

第三十二条　人民法院经审理，认为量刑建议明显不当或者认为被告人、辩护人对量刑建议的异议合理，建议人民检察院调整量刑建议的，人民检察院应当认真审查，认为人民法院建议合理的，应当调整量刑建议，认为人民法院建议不当的，应当说明理由和依据。

人民检察院调整量刑建议，可以制作量刑建议调整书移送人民法院。

第三十三条　开庭审理前或者休庭期间调整量刑建议的，应当重新听取被告人及其辩护人或者值班律师的意见。

庭审中调整量刑建议，被告人及其辩护人没有异议的，人民检察院可以当庭调整量刑建议并记录在案。当庭无法达成一致或者调整量刑建议需要履行相应报告、决定程序的，可以建议法庭休庭，按照本意见第二十四条、第二十五条的规定组织听取意见，履行相应程序后决定是否调整。

适用速裁程序审理认罪认罚案件，需要调整量刑建议的，应当在庭前或者当庭作出调整。

第三十四条　被告人签署认罪认罚具结书后，庭审中反悔不再认罪认罚的，人民检察院应当了解反悔的原因，被告人明确不再认罪认罚的，人民检察院应当建议人民法院不再适用认罪认罚从宽制度，撤回从宽量刑建议，并建议法院在量刑时考虑相应情况。依法需要转为普通程序或者简易程序审理的，人民检察院应当向人民法院提出建议。

第 80 问：犯罪嫌疑人想认罪，律师想无罪辩护，如何处理？

答：犯罪嫌疑人应当与辩护律师充分沟通，了解利弊后，再行决定。

一、辩护律师应当与犯罪嫌疑人充分沟通告知利弊

遇到这种情况，律师应当与犯罪嫌疑人充分沟通，并了解其想认罪认罚的真实想法。给犯罪嫌疑人讲清楚认罪认罚的具体含义，确认犯罪嫌疑人是否真正地理解认罪认罚的意思。

实务中，我们常常会遇到一些犯罪嫌疑人自称想要认罪认罚的情况。但当律师问到起诉书中指控他的许多事实的时候，他又称这不是真的，称自己没做过这些事情，也就是他并不认可起诉书指控他的犯罪事实，也不懂法律的相关规定。在这样的情况下，犯罪嫌疑人就稀里糊涂地要认罪认罚。

此时，辩护律师要做的是详细告知犯罪嫌疑人认罪认罚的内涵和外延。认罪认罚就意味着要认可公诉机关指控的事实、罪名以及量刑建议，而不是只认可其中的一项，其他的不认。

接着，要从事实和法律层面给犯罪嫌疑人分析，认罪认罚可能的后果，以及不认罪认罚可能面临的后果。让犯罪嫌疑人有一个预期，同时自己内心也会有相应的判断：是否违心地认罪认罚，以及不认罪认罚可能面临的后果自己是否能够承受。

如果律师认为犯罪嫌疑人是无罪的，想要做无罪辩护，也应当把辩护的思路以及可能的后果告知犯罪嫌疑人，让犯罪嫌疑人自己来判断和选择。毕竟承担后果的是犯罪嫌疑人自己，律师只能尽可能地提供一些专业意见供其参考。

二、尊重犯罪嫌疑人意愿，特定情形可独立辩护

如果犯罪嫌疑人经过慎重考虑之后，认可指控事实，并愿意认罪认罚，辩护律师应尊重其意愿。但当出现嫌疑人认可案件事实，但是单从法律上评价，该行为不构成犯罪的，笔者认为辩护律师可以行使独立辩护权，做无罪辩护。

相关法条：

《最高人民检察院关于印发〈人民检察院办理认罪认罚案件开展量刑建议工作的指导意见〉的通知》

第三十四条　被告人签署认罪认罚具结书后，庭审中反悔不再认罪认罚的，人民检察院应当了解反悔的原因，被告人明确不再认罪认罚的，人民检察院应当建议人民法院不再适用认罪认罚从宽制度，撤回从宽量刑建议，并建议法院在量刑时考虑相应情况。依法需要转为普通程序或者简易程序审理的，人民检察院应当向人民法院提出建议。

第三十五条　被告人认罪认罚而庭审中辩护人作无罪辩护的，人民检察院应当核实被告人认罪认罚的真实性、自愿性。被告人仍然认罪认罚的，可以继续适用认罪认罚从宽制度，被告人反悔不再认罪认罚的，按照本意见第三十四条的规定处理。

第 81 问：检察官建议的量刑刑期，法院一定会采纳吗？

答：一般会采纳，但也有许多不采纳的情况。

一、采纳的情形

对于人民检察院提出的量刑建议，人民法院应当依法进行审查。对于事实清楚，证据确实、充分，指控的罪名准确，量刑建议适当的，人民法院应当采纳。

二、不采纳的情形

其一，被告人的行为不构成犯罪或者不应当追究刑事责任的。

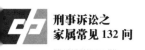

其二，被告人违背意愿认罪认罚的。

其三，被告人否认指控的犯罪事实的。

其四，起诉指控的罪名与审理认定的罪名不一致的。

其五，其他可能影响公正审判的情形。

相关法条：

《最高人民法院 最高人民检察院 公安部 国家安全部 司法部关于适用认罪认罚从宽制度的指导意见》

40. 量刑建议的采纳。对于人民检察院提出的量刑建议，人民法院应当依法进行审查。对于事实清楚，证据确实、充分，指控的罪名准确，量刑建议适当的，人民法院应当采纳。具有下列情形之一的，不予采纳：

（一）被告人的行为不构成犯罪或者不应当追究刑事责任的；

（二）被告人违背意愿认罪认罚的；

（三）被告人否认指控的犯罪事实的；

（四）起诉指控的罪名与审理认定的罪名不一致的；

（五）其他可能影响公正审判的情形。

对于人民检察院起诉指控的事实清楚，量刑建议适当，但指控的罪名与审理认定的罪名不一致的，人民法院可以听取人民检察院、被告人及其辩护人对审理认定罪名的意见，依法作出裁判。

人民法院不采纳人民检察院量刑建议的，应当说明理由和依据。

第82问：对受害人进行赔偿，在检察院审查阶段进行还是在法院审判阶段进行？

答：建议认罪认罚的可在检察院审查阶段退赔，不认罪认罚的可在法院审判阶段退赔。

一、认罪认罚的可在检察院审查阶段退赔

如犯罪嫌疑人对案件事实均无异议，且自愿认罪认罚，检察机关会提出相应的量刑建议。而退赔属于法定的从宽处罚的情节，在检察院审查阶段退赔便于检察机关提出量刑建议的时候充分考虑退赔的从宽情节。这样提出的量刑刑期也才

会更有利于当事人。

《最高人民法院 最高人民检察院 公安部 国家安全部 司法部关于适用认罪认罚从宽制度的指导意见》中也明确了，犯罪嫌疑人、被告人认罪认罚，但没有退赃退赔、赔偿损失，未能与被害方达成调解或者和解协议的，从宽时应当予以酌减。这也说明，检察机关在提出量刑建议的时候会充分考虑当事人退赔的情形。

二、不认罪认罚的可在法院审判阶段退赔

对于那些不愿意认罪认罚的案件，犯罪嫌疑人、被告人不认可公诉机关指控的犯罪事实、罪名、刑期等。对于被害人的退赔，建议可以等到法院审判阶段。这种情形，对于是否构成犯罪、构成何罪以及判以何种刑罚，须经法庭调查、辩论等依法查明后作出判决，检察机关对刑期的决定权就相对较小。

但是，即便在法院审判阶段退赔，也建议辩护律师在开庭之前和法官进行充分的沟通和积极的争取，而不是一定要等到开庭的时候才退赔。

退赔被害人的时间，并不是绝对的。实务中应根据不同的情况区别应对。

相关法条：

《最高人民法院 最高人民检察院 公安部 国家安全部 司法部关于适用认罪认罚从宽制度的指导意见》

17. 促进和解谅解。对符合当事人和解程序适用条件的公诉案件，犯罪嫌疑人、被告人认罪认罚的，人民法院、人民检察院、公安机关应当积极促进当事人自愿达成和解。对其他认罪认罚案件，人民法院、人民检察院、公安机关可以促进犯罪嫌疑人、被告人通过向被害方赔偿损失、赔礼道歉等方式获得谅解，被害方出具的谅解意见应当随案移送。

人民法院、人民检察院、公安机关在促进当事人和解谅解过程中，应当向被害方释明认罪认罚从宽、公诉案件当事人和解适用程序等具体法律规定，充分听取被害方意见，符合司法救助条件的，应当积极协调办理。

18. 被害方异议的处理。被害人及其诉讼代理人不同意对认罪认罚的犯罪嫌疑人、被告人从宽处理的，不影响认罪认罚从宽制度的适用。犯罪嫌疑人、被告人认罪认罚，但没有退赃退赔、赔偿损失，未能与被害方达成调解或者和解协议的，从宽时应当予以酌减。犯罪嫌疑人、被告人自愿认罪并且愿意积极赔偿损失，但由于被害方赔偿请求明显不合理，未能达成调解或者和解协议的，一般不影响对犯罪嫌疑人、被告人从宽处理。

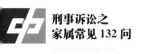
第 83 问：可不可以在审查起诉阶段申请重新鉴定？

答：可以。

《刑事诉讼法》规定，犯罪嫌疑人、被告人可以对鉴定意见申请补充鉴定或重新鉴定。不仅可以在侦查阶段、审查起诉阶段提出申请，甚至到了审判阶段还可以提出重新鉴定的申请。

相关法条：

参见《中华人民共和国刑事诉讼法》第一百四十八条、第一百九十七条。

《人民检察院刑事诉讼规则》

第三百三十四条　人民检察院对鉴定意见有疑问的，可以询问鉴定人或者有专门知识的人并制作笔录附卷，也可以指派有鉴定资格的检察技术人员或者聘请其他有鉴定资格的人进行补充鉴定或者重新鉴定。

人民检察院对鉴定意见等技术性证据材料需要进行专门审查的，按照有关规定交检察技术人员或者其他有专门知识的人进行审查并出具审查意见。

第 84 问：家属赔偿被害人达成和解，对嫌疑人有帮助吗？

答：有帮助。

首先，并非所有案件都可以进行刑事和解，按照法律规定，只有因民间纠纷引起，涉嫌刑法分则第四章、第五章规定的犯罪案件（侵犯公民人身权利、民主权利罪和侵犯财产罪），可能判处三年有期徒刑以下刑罚的，以及除渎职犯罪以外的可能判处七年有期徒刑以下刑罚的过失犯罪案件，这两大类公诉案件，才属于法定的可以进行刑事和解的案件。

其次，对于达成和解协议的案件，公安机关可以向人民检察院提出从宽处理的建议。人民检察院可以向人民法院提出从宽处罚的建议；对于犯罪情节轻微，不需要判处刑罚的，可以作出不起诉的决定。人民法院可以依法对被告人从宽处罚。

最后，对于当事人根据《刑事诉讼法》第二百八十八条达成刑事和解协议的，综合考虑犯罪性质、赔偿数额、赔礼道歉以及真诚悔罪等情况，可以减少基准刑的 50%以下；犯罪较轻的，可以减少基准刑的 50%以上或者依法免除处罚。

综上，符合刑事和解范围的公诉案件，家属赔偿被害人大成和解，对嫌疑人或被告人来说总体上是有帮助的，能够在法定的幅度内获得从宽处罚，对于犯罪较轻的还可以免除处罚。

相关法条：

《中华人民共和国刑事诉讼法》

第二百八十八条　下列公诉案件，犯罪嫌疑人、被告人真诚悔罪，通过向被害人赔偿损失、赔礼道歉等方式获得被害人谅解，被害人自愿和解的，双方当事人可以和解：

（一）因民间纠纷引起，涉嫌刑法分则第四章、第五章规定的犯罪案件，可能判处三年有期徒刑以下刑罚的；

（二）除渎职犯罪以外的可能判处七年有期徒刑以下刑罚的过失犯罪案件。

犯罪嫌疑人、被告人在五年以内曾经故意犯罪的，不适用本章规定的程序。

第二百八十九条　双方当事人和解的，公安机关、人民检察院、人民法院应当听取当事人和其他有关人员的意见，对和解的自愿性、合法性进行审查，并主持制作和解协议书。

第二百九十条　对于达成和解协议的案件，公安机关可以向人民检察院提出从宽处理的建议。人民检察院可以向人民法院提出从宽处罚的建议；对于犯罪情节轻微，不需要判处刑罚的，可以作出不起诉的决定。人民法院可以依法对被告人从宽处罚。

《最高人民法院关于适用〈中华人民共和国刑事诉讼法〉的解释》

第五百八十七条　对符合刑事诉讼法第二百八十八条规定的公诉案件，事实清楚、证据充分的，人民法院应当告知当事人可以自行和解；当事人提出申请的，人民法院可以主持双方当事人协商以达成和解。根据案件情况，人民法院可以邀请人民调解员、辩护人、诉讼代理人、当事人亲友等参与促成双方当事人和解。

第五百八十八条　符合刑事诉讼法第二百八十八条规定的公诉案件，被害人死亡的，其近亲属可以与被告人和解。近亲属有多人的，达成和解协议，应当经处于最先继承顺序的所有近亲属同意。被害人系无行为能力或者限制行为能力人的，其法定代理人、近亲属可以代为和解。

《最高人民法院关于常见犯罪的量刑指导意见》

三、常见量刑情节的适用

量刑时要充分考虑各种法定和酌定量刑情节，根据案件的全部犯罪事实以及量刑情节的不同情形，依法确定量刑情节的适用及其调节比例。对严重暴力犯罪、毒品犯罪等严重危害社会治安犯罪，在确定从宽的幅度时，应当从严掌握；对犯罪情节较轻的犯罪，应当充分体现从宽。具体确定各个量刑情节的调节比例时，应当综合平衡调节幅度与实际增减刑罚量的关系，确保罪责刑相适应。

8. 对于退赃、退赔的，综合考虑犯罪性质，退赃、退赔行为对损害结果所能弥补的程度，退赃、退赔的数额及主动程度等情况，可以减少基准刑的30%以下；其中抢劫等严重危害社会治安犯罪的应从严掌握。

9. 对于积极赔偿被害人经济损失并取得谅解的，综合考虑犯罪性质、赔偿数额、赔偿能力以及认罪、悔罪程度等情况，可以减少基准刑的40%以下；积极赔偿但没有取得谅解的，可以减少基准刑的30%以下；尽管没有赔偿，但取得谅解的，可以减少基准刑的20%以下；其中抢劫、强奸等严重危害社会治安犯罪的应从严掌握。

10. 对于当事人根据刑事诉讼法第二百七十七条达成刑事和解协议的，综合考虑犯罪性质、赔偿数额、赔礼道歉以及真诚悔罪等情况，可以减少基准刑的50%以下；犯罪较轻的，可以减少基准刑的50%以上或者依法免除处罚。

第四部分
审判篇

第 85 问：家属可以旁听庭前会议吗？

答：一般来说，庭前会议家属不可以旁听。因为庭前会议一般是不公开进行的。

庭前会议是在开庭以前，审判人员可以召集公诉人、当事人和辩护人、诉讼代理人，对回避、出庭证人名单、非法证据排除等与审判相关的问题，了解情况，听取意见的一种会议。

首先，庭前会议不是法庭审理前的必经程序，是人民法院在法庭审理前根据公诉案件的复杂程度或者是否需要召集相关人员了解事实与证据情况，是否需要听取控辩双方的意见，整理争点，为庭审安排进行的准备活动。其次，根据法律的规定，庭前会议一般不公开进行，所以家属一般也不可以旁听庭前会议。

（1）庭前会议的召开：庭前会议可以由法院决定召开，也可以由控辩双方申请，法院认为有必要的应当召开。

（2）庭前会议的主持：庭前会议由审判长主持，合议庭其他审判员也可以主持庭前会议。

（3）参加庭前会议的人员：审判人员、公诉人、当事人、辩护人、诉讼代理人；其中公诉人和辩护人应当到场；被告人根据情况可以到场。

（4）什么情况下可以、应当召开庭前会议：

根据法律规定，以下情况人民法院可以决定召开庭前会议：①证据材料较多、案情重大复杂的；②控辩双方对事实、证据存在较大争议的；③社会影响重大的；④需要召开庭前会议的其他情形。

（5）庭前会议涉及的事项：管辖权异议；申请回避；申请不公开申请；申请排除非法证据；提供新的证据材料；申请重新鉴定或者勘验；申请收集、调取证明被告人无罪或者罪轻的证据材料；申请证人、鉴定人、有专门知识的人、调查人员、侦查人员或者其他人员出庭，对出庭人员名单有异议；对涉案财物的权属情况和人民检察院的处理建议有异议；与审判相关的其他问题。

需要注意的是，庭前会议只涉及程序性问题，不涉及实质的质证或审理，但是庭前会议中，人民法院可以开展附带民事调解。

相关法条：

参见《中华人民共和国刑事诉讼法》第一百八十七条。

《最高人民法院关于适用〈中华人民共和国刑事诉讼法〉的解释》

第二百二十六条 案件具有下列情形之一的，人民法院可以决定召开庭前会议：

（一）证据材料较多、案情重大复杂的；

（二）控辩双方对事实、证据存在较大争议的；

（三）社会影响重大的；

（四）需要召开庭前会议的其他情形。

第二百二十七条 控辩双方可以申请人民法院召开庭前会议，提出申请应当说明理由。人民法院经审查认为有必要的，应当召开庭前会议；决定不召开的，应当告知申请人。

第二百二十八条 庭前会议可以就下列事项向控辩双方了解情况，听取意见：

（一）是否对案件管辖有异议；

（二）是否申请有关人员回避；

（三）是否申请不公开审理；

（四）是否申请排除非法证据；

（五）是否提供新的证据材料；

（六）是否申请重新鉴定或者勘验；

（七）是否申请收集、调取证明被告人无罪或者罪轻的证据材料；

（八）是否申请证人、鉴定人、有专门知识的人、调查人员、侦查人员或者其他人员出庭，是否对出庭人员名单有异议；

（九）是否对涉案财物的权属情况和人民检察院的处理建议有异议；

（十）与审判相关的其他问题。

庭前会议中，人民法院可以开展附带民事调解。

对第一款规定中可能导致庭审中断的程序性事项，人民法院可以在庭前会议后依法作出处理，并在庭审中说明处理决定和理由。控辩双方没有新的理由，在庭审中再次提出有关申请或者异议的，法庭可以在说明庭前会议情况和处理决定理由后，依法予以驳回。

庭前会议情况应当制作笔录，由参会人员核对后签名。

第二百二十九条　庭前会议中，审判人员可以询问控辩双方对证据材料有无异议，对有异议的证据，应当在庭审时重点调查；无异议的，庭审时举证、质证可以简化。

第二百三十条　庭前会议由审判长主持，合议庭其他审判员也可以主持庭前会议。

召开庭前会议应当通知公诉人、辩护人到场。

庭前会议准备就非法证据排除了解情况、听取意见，或者准备询问控辩双方对证据材料的意见的，应当通知被告人到场。有多名被告人的案件，可以根据情况确定参加庭前会议的被告人。

第二百三十一条　庭前会议一般不公开进行。

根据案件情况，庭前会议可以采用视频等方式进行。

第二百三十二条　人民法院在庭前会议中听取控辩双方对案件事实、证据材料的意见后，对明显事实不清、证据不足的案件，可以建议人民检察院补充材料或者撤回起诉。建议撤回起诉的案件，人民检察院不同意的，开庭审理后，没有新的事实和理由，一般不准许撤回起诉。

第二百三十三条　对召开庭前会议的案件，可以在开庭时告知庭前会议情况。对庭前会议中达成一致意见的事项，法庭在向控辩双方核实后，可以当庭予以确认；未达成一致意见的事项，法庭可以归纳控辩双方争议焦点，听取控辩双方意见，依法作出处理。

控辩双方在庭前会议中就有关事项达成一致意见，在庭审中反悔的，除有正当理由外，法庭一般不再进行处理。

第 86 问：开庭的时间地点，会通知家属吗？

答：关于开庭的时间地点、人民法院不会特别通知家属，因为家属并不是诉讼参与人。但是在未成年人犯罪案件中，法院会通知法定代理人到场。

刑事案件确定开庭的时间、地点后，人民法院会将开庭的时间、地点通知人民检察院，传唤当事人，通知辩护人、诉讼代理人、证人、鉴定人和翻译人员，传票和通知书至迟在开庭三日以前送达。公开审判的案件，应当在开庭三日以前先期公布案由、被告人姓名、开庭时间和地点。

家属如果想了解案件开庭的具体信息，首先，可以通过辩护人或者诉讼代理人知晓。其次，在没有辩护人的情况下，如果不是公开开庭的案件，家属可能无法了解到案件开庭的情况；若是公开开庭的案件，家属可以到法院的网站上搜索开庭信息，也可以到相应的法院询问。

公开开庭的案件都应当在开庭前进行公布，但是公布的方式目前还没有明确的规定，有的法院在网站上进行公告，有的法院在法院现场的电子屏等上进行公示。

相关法条：

参见《中华人民共和国刑事诉讼法》第一百八十七条。

《最高人民法院关于适用〈中华人民共和国刑事诉讼法〉的解释》第二百二十一条　开庭审理前，人民法院应当进行下列工作：

（一）确定审判长及合议庭组成人员；

（二）开庭十日以前将起诉书副本送达被告人、辩护人；

（三）通知当事人、法定代理人、辩护人、诉讼代理人在开庭五日以前提供证人、鉴定人名单，以及拟当庭出示的证据；申请证人、鉴定人、有专门知识的人出庭的，应当列明有关人员的姓名、性别、年龄、职业、住址、联系方式；

（四）开庭三日以前将开庭的时间、地点通知人民检察院；

（五）开庭三日以前将传唤当事人的传票和通知辩护人、诉讼代理人、法定代理人、证人、鉴定人等出庭的通知书送达；通知有关人员出庭，也可以采取电话、短信、传真、电子邮件、即时通讯等能够确认对方收悉的方式；对被害人人数众多的涉众型犯罪案件，可以通过互联网公布相关文书，通知有关人员出庭；

（六）公开审理的案件，在开庭三日以前公布案由、被告人姓名、开庭时间和地点。

上述工作情况应当记录在案。

第87问：家属能旁听法院的开庭审理吗？

答：公开审理的案件除了证人以外的公民都是可以旁听的，所以公开开庭审理的案件家属可以旁听庭审，但如果家属在案件中担任证人，则不能旁听庭审。其次，如果家属是精神病人、醉酒的人或者未经人民法院批准的未成年人，也不能旁听。

不公开审理的案件，任何人不得旁听，家属也不能。其中，未成年人（被告人审判时不满18周岁）案件，经未成年被告人及其法定代理人同意，未成年被告人所在学校和未成年人保护组织可以派代表到场。

刑事一审案件，原则上都要公开审理。只有几类法律规定的特殊案件不公开审理：涉及国家秘密、个人隐私、未成年人犯罪的案件都不公开审理；涉及商业秘密的案件，经当事人申请，法院可以决定不公开审理。

刑事二审案件，只有法律规定的几类特殊案子应当开庭审理，其余案件可开庭可不开庭，由法院决定。应当开庭审理的有：①被告人、自诉人及其法定代理人对第一审认定的事实、证据提出异议，可能影响定罪量刑的上诉案件；②被告人被判处死刑的上诉案件；③人民检察院抗诉的案件；④其他应当开庭审理的案件。

但是，对上诉、抗诉案件，第二审人民法院经审查，认为原判事实不清、证据不足，或者具有违反法定诉讼程序情形的，比如，"违反有关公开审判的规定的；违反回避制度的；剥夺或者限制了当事人的法定诉讼权利，可能影响公正审判的；审判组织的组成不合法的；其他违反法律规定的诉讼程序，可能影响公正审判的"，需要发回重新审判的，可以不开庭审理。

相关法条：

参见《中华人民共和国刑事诉讼法》第一百八十八条、第二百三十四条、第二百三十八条、第二百八十五条。

《最高人民法院关于严格执行公开审判制度的若干规定》

二、人民法院对于第一审案件，除下列案件外，应当依法一律公开审理：

（一）涉及国家秘密的案件；

（二）涉及个人隐私的案件；

（三）十四岁以上不满十六岁未成年人犯罪的案件；经人民法院决定不公开审理的十六岁以上不满十八岁未成年人犯罪的案件；

（四）经当事人申请，人民法院决定不公开审理的涉及商业秘密的案件；

（五）经当事人申请，人民法院决定不公开审理的离婚案件；

（六）法律另有规定的其他不公开审理的案件。

对于不公开审理的案件，应当当庭宣布不公开审理的理由。

十、依法公开审理案件，公民可以旁听，但精神病人、醉酒的人和未经人民法院批准的未成年人除外。

根据法庭场所和参加旁听人数等情况，旁听人需要持旁听证进入法庭的，旁听证由人民法院制发。

外国人和无国籍人持有效证件要求旁听的，参照中国公民旁听的规定办理。

旁听人员必须遵守《中华人民共和国人民法院法庭规则》的规定，并应当接受安全检查。

《最高人民法院关于适用〈中华人民共和国刑事诉讼法〉的解释》

第二百二十二条　审判案件应当公开进行。

案件涉及国家秘密或者个人隐私的，不公开审理；涉及商业秘密，当事人提出申请的，法庭可以决定不公开审理。

不公开审理的案件，任何人不得旁听，但具有刑事诉讼法第二百八十五条规定情形的除外。

第二百二十三条　精神病人、醉酒的人、未经人民法院批准的未成年人以及其他不宜旁听的人不得旁听案件审理。

第三百九十三条　下列案件，根据刑事诉讼法第二百三十四条的规定，应当开庭审理：

（一）被告人、自诉人及其法定代理人对第一审认定的事实、证据提出异议，可能影响定罪量刑的上诉案件；

（二）被告人被判处死刑的上诉案件；

（三）人民检察院抗诉的案件；

（四）应当开庭审理的其他案件。

被判处死刑的被告人没有上诉，同案的其他被告人上诉的案件，第二审人民法院应当开庭审理。

第三百九十四条　对上诉、抗诉案件，第二审人民法院经审查，认为原判事实不清、证据不足，或者具有刑事诉讼法第二百三十八条规定的违反法定诉讼程序情形，需要发回重新审判的，可以不开庭审理。

《中华人民共和国人民法院法庭规则》

第九条 公开的庭审活动，公民可以旁听。

旁听席位不能满足需要时，人民法院可以根据申请的先后顺序或者通过抽签、摇号等方式发放旁听证，但应当优先安排当事人的近亲属或其他与案件有利害关系的人旁听。

下列人员不得旁听：

（一）证人、鉴定人以及准备出庭提出意见的有专门知识的人；

（二）未获得人民法院批准的未成年人；

（三）拒绝接受安全检查的人；

（四）醉酒的人、精神病人或其他精神状态异常的人；

（五）其他有可能危害法庭安全或妨害法庭秩序的人。

依法有可能封存犯罪记录的公开庭审活动，任何单位或个人不得组织人员旁听。

依法不公开的庭审活动，除法律另有规定外，任何人不得旁听。

第88问：家属可以不出庭作证吗？

答：有的家属可以不出庭作证，有的家属不可以。

我国现行法律制度中，证人制度实行的是强制作证主义，即凡是知道案件情况的人，都有作证的义务。

家属作为知道案件情况的人，有两种特殊情况可以不出庭作证；其一，该家属如果是生理上、精神上有缺陷或者是年幼，不能辨别是非、不能正确表达的人，则不能作证人；其二，被告人的近亲属，即被告人的配偶、父母、子女可以不出庭作证，法院也不得强制该类人员出庭作证。

除了以上两种情况，只要是知道案件情况的家属，都有作证的义务。证人没有正当理由拒绝出庭或出庭后拒绝作证的，依法可予以训诫，情节严重的，还可处以十日以下拘留。

相关法条：

参见《中华人民共和国刑事诉讼法》第六十二条、第一百九十三条。

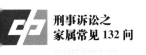
第 89 问：家属参加旁听有哪些注意事项？

答：家属参加旁听应当注意：

（1）旁听的案件应当是公开审理的案件。

（2）按法律规定家属如果属于以下几类人群，不得进入法庭旁听：不满 18 岁的未成年人（经法院准许除外）；精神病人；醉酒的人；其他法庭认为不宜旁听的人。

（3）携带有效身份证件并向法庭出示。法院根据法庭具体情况，会发放旁听证；家属持有旁听证才能进入法庭旁听。

（4）家属旁听庭审时，应当文明着装。

（5）家属旁听庭审时，不得携带以下物品进入法庭：枪支、弹药、管制刀具以及其他具有杀伤力的器具；易燃易爆物、疑似爆炸物；放射性、毒害性、腐蚀性、强气味性物质以及传染病病原体；液体及胶状、粉末状物品；标语、条幅、传单；其他可能危害法庭安全或妨害法庭秩序的物品。

（6）家属旁听庭审时应遵守法庭规则，在庭审期间不得鼓掌、喧哗、随意走动；不得吸烟、进食；不得拨打、接听电话，或者使用即时通讯工具；不得对庭审活动进行录音、录像、拍照或者使用即时通讯工具等传播庭审活动；不得发言、提问；不得实施其他妨害审判活动的行为；要爱护法庭设施，保持法庭卫生。

相关法条：

《最高人民法院关于适用〈中华人民共和国刑事诉讼法〉的解释》

第三百零六条　庭审期间，全体人员应当服从法庭指挥，遵守法庭纪律，尊重司法礼仪，不得实施下列行为：

（一）鼓掌、喧哗、随意走动；

（二）吸烟、进食；

（三）拨打、接听电话，或者使用即时通讯工具；

（四）对庭审活动进行录音、录像、拍照或者使用即时通讯工具等传播庭审活动；

（五）其他危害法庭安全或者扰乱法庭秩序的行为。

旁听人员不得进入审判活动区，不得随意站立、走动，不得发言和提问。

记者经许可实施第一款第四项规定的行为，应当在指定的时间及区域进行，不得干扰庭审活动。

《中华人民共和国人民法院法庭规则》

第六条　第一款 进入法庭的人员应当出示有效身份证件，并接受人身及携带物品的安全检查。

第七条　除经人民法院许可，需要在法庭上出示的证据外，下列物品不得携带进入法庭：

（一）枪支、弹药、管制刀具以及其他具有杀伤力的器具；

（二）易燃易爆物、疑似爆炸物；

（三）放射性、毒害性、腐蚀性、强气味性物质以及传染病病原体；

（四）液体及胶状、粉末状物品；

（五）标语、条幅、传单；

（六）其他可能危害法庭安全或妨害法庭秩序的物品。

第十二条　出庭履行职务的人员，按照职业着装规定着装。但是，具有下列情形之一的，着正装：

（一）没有职业着装规定；

（二）侦查人员出庭作证；

（三）所在单位系案件当事人。

非履行职务的出庭人员及旁听人员，应当文明着装。

第十七条　全体人员在庭审活动中应当服从审判长或独任审判员的指挥，尊重司法礼仪，遵守法庭纪律，不得实施下列行为：

（一）鼓掌、喧哗；

（二）吸烟、进食；

（三）拨打或接听电话；

（四）对庭审活动进行录音、录像、拍照或使用移动通信工具等传播庭审活动；

（五）其他危害法庭安全或妨害法庭秩序的行为。

检察人员、诉讼参与人发言或提问，应当经审判长或独任审判员许可。

旁听人员不得进入审判活动区，不得随意站立、走动，不得发言和提问。

媒体记者经许可实施第一款第四项规定的行为，应当在指定的时间及区域进行，不得影响或干扰庭审活动。

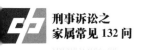
第 90 问：旁听人员没有遵守法庭规则和纪律有哪些后果？

答：不遵守法庭规则和纪律，会受到法庭的警告、训诫；训诫无效，会被法庭责令退庭；拒不退庭，会被法警强行带出法庭。行为更严重的，有可能危及法庭安全或扰乱法庭秩序的，会被处以罚款甚至拘留；若行为已构成犯罪，会被依法追究刑事责任。

若擅自对庭审活动进行录音录像的，人民法院可以暂扣其使用的设备及存储介质，删除相关内容。

相关法条：

《最高人民法院关于适用〈中华人民共和国刑事诉讼法〉的解释》

第三百零七条　有关人员危害法庭安全或者扰乱法庭秩序的，审判长应当按照下列情形分别处理：

（一）情节较轻的，应当警告制止；根据具体情况，也可以进行训诫；

（二）训诫无效的，责令退出法庭；拒不退出的，指令法警强行带出法庭；

（三）情节严重的，报经院长批准后，可以对行为人处一千元以下的罚款或者十五日以下的拘留。

未经许可对庭审活动进行录音、录像、拍照或者使用即时通讯工具等传播庭审活动的，可以暂扣相关设备及存储介质，删除相关内容。

有关人员对罚款、拘留的决定不服的，可以直接向上一级人民法院申请复议，也可以通过决定罚款、拘留的人民法院向上一级人民法院申请复议。通过决定罚款、拘留的人民法院申请复议的，该人民法院应当自收到复议申请之日起三日以内，将复议申请、罚款或者拘留决定书和有关事实、证据材料一并报上一级人民法院复议。复议期间，不停止决定的执行。

第三百零九条　实施下列行为之一，危害法庭安全或者扰乱法庭秩序，构成犯罪的，依法追究刑事责任：

（一）非法携带枪支、弹药、管制刀具或者爆炸性、易燃性、毒害性、放射性以及传染病病原体等危险物质进入法庭；

（二）哄闹、冲击法庭；

（三）侮辱、诽谤、威胁、殴打司法工作人员或者诉讼参与人；

（四）毁坏法庭设施，抢夺、损毁诉讼文书、证据；

（五）其他危害法庭安全或者扰乱法庭秩序的行为。

《中华人民共和国人民法院法庭规则》

第十九条　审判长或独任审判员对违反法庭纪律的人员应当予以警告；对不听警告的，予以训诫；对训诫无效的，责令其退出法庭；对拒不退出法庭的，指令司法警察将其强行带出法庭。

行为人违反本规则第十七条第一款第四项规定的，人民法院可以暂扣其使用的设备及存储介质，删除相关内容。

第二十条　行为人实施下列行为之一，危及法庭安全或扰乱法庭秩序的，根据相关法律规定，予以罚款、拘留；构成犯罪的，依法追究其刑事责任：

（一）非法携带枪支、弹药、管制刀具或者爆炸性、易燃性、放射性、毒害性、腐蚀性物品以及传染病病原体进入法庭；

（二）哄闹、冲击法庭；

（三）侮辱、诽谤、威胁、殴打司法工作人员或诉讼参与人；

（四）毁坏法庭设施，抢夺、损毁诉讼文书、证据；

（五）其他危害法庭安全或扰乱法庭秩序的行为。

第 91 问：开庭时，家属可以与被告人在法院见面交流吗？

答：开庭时，家属若到庭旁听庭审是可以远远见到受审被告人的，但是一般不得与被告人交流。除非，家属作为被告人的辩护人出庭，那么就可以与被告人见面交流。

关于开庭时家人是否可以与被告人见面交流，对此，我国目前没有明确法律的规定。在司法实践中，开庭时，被告人一般都是被单独羁押候审的，在休庭期间或庭审结束后，家人想要与被告人见面交流，需要取得合议庭的同意，并且不得影响庭审秩序和案件的顺利进行。但是，大多数情况下为了案件审判能够顺利进行，法官一般不会允许家属与被告人见面交流。

相关法条：
参见《中华人民共和国刑事诉讼法》第三十九条。

第 92 问：在审判阶段，家属可以与承办法官沟通吗？

答：可以，但禁止私下沟通。

审判阶段，家属也可以和承办法官进行沟通，但需要注意的是：

首先，法律明确禁止承办法官与案件当事人、律师私下会见、沟通，这样很有可能导致案子审判不公。

其次，对于家属想要与法官正常地就案件进行沟通，目前没有明确的相关规定。实践中，一般而言，家属如果有什么需要向法官沟通的，可以通过写书面材料的方式交给法官，或者拨打法官的办公室座机电话沟通。面见法官则需要联系到法官本人，征得法官的同意，在办公时间、办公场所，就案件的问题进行面见。但是，一般法官为了案件顺利进行，没有什么特殊的缘由，都会拒绝面见家属。

相关法条：

参见《中华人民共和国刑事诉讼法》第三十条。

参见《中华人民共和国法官法》第四条、第四十六条。

第 93 问：简易程序审判好还是普通程序审判好？

答：简易程序和普通程序不能简单地用"好"还是"不好"来判断。简易程序和普通程序都是属于审理案件的方式，要根据案件的具体情况来选择相应的程序，从而实现诉讼效率和保障当事人权益。

简易程序相较于普通程序，可以独任审理，整个法庭审理的流程，发问、质证、辩论过程都可以相应地简化。简易程序当庭宣判的可能性较大，审限短，一般在 20 天以内审结。可能判处有期徒刑超过三年的案件，审限可以延长至一个半月。适用简易程序的好处是可以缩短庭审时间、提高诉讼效率，尽快尽早结案。

具体而言，在简易程序中：公诉人可以摘要宣读起诉书；公诉人、辩护人、审判人员对被告人的讯问、发问可以简化或者省略；对控辩双方无异议的证据，可以仅就证据的名称及所证明的事项作出说明；对控辩双方有异议或者法庭认为有必要调查核实的证据，应当出示，并进行质证；控辩双方对与定罪量刑有关的事实、证据没有异议的，法庭审理可以直接围绕罪名确定和量刑问题进行。

因为简易程序相较普通程序，简化了流程，所以有些案件可以适用，而有些案件是不能适用简易程序的。

1. 可以适用简易程序审理的案件

（1）案件属于基层法院管辖。

（2）案件事实清楚、证据充分的。

（3）被告人承认自己所犯罪行，对指控的犯罪事实没有异议的。

（4）被告人对适用简易程序没有异议的，即被告人要同意适用简易程序。

2. 不可以适用简易程序审理的案件

（1）被告人是盲、聋、哑人的。

（2）被告人是尚未完全丧失辨认或者控制自己行为能力的精神病人的。

（3）案件有重大社会影响的。

（4）共同犯罪案件中部分被告人不认罪或者对适用简易程序有异议的。

（5）辩护人作无罪辩护的。

（6）被告人认罪但经审查认为可能不构成犯罪的。

（7）不宜适用简易程序审理的其他情形。

综上，简易程序主要是为了让一些案情简单、事实清楚、证据充分、被告人没有异议且同意适用简易程序的案件，能够快速审理、快速结案，提高诉讼效率，节省司法资源。同时也为了让没有异议的当事人以及家属能够尽早得到案件的结果，减少诉讼负累。

因此，案件是适用简易程序还是适用普通程序，要结合案件的具体情况和当事人的心理诉求来选择，并不存在好坏之分。

相关法条：

参见《中华人民共和国刑事诉讼法》第二百一十四条至第二百二十一条。

《最高人民法院关于适用〈中华人民共和国刑事诉讼法〉的解释》

第三百五十九条　基层人民法院受理公诉案件后，经审查认为案件事实清楚、证据充分的，在将起诉书副本送达被告人时，应当询问被告人对指控的犯罪事实的意见，告知其适用简易程序的法律规定。被告人对指控的犯罪事实没有异议并同意适用简易程序的，可以决定适用简易程序，并在开庭前通知人民检察院和辩护人。

对人民检察院建议或者被告人及其辩护人申请适用简易程序审理的案件，依照前款规定处理；不符合简易程序适用条件的，应当通知人民检察院或者被告人及其辩护人。

第三百六十条　具有下列情形之一的，不适用简易程序：

（一）被告人是盲、聋、哑人的；

（二）被告人是尚未完全丧失辨认或者控制自己行为能力的精神病人的；

（三）案件有重大社会影响的；

（四）共同犯罪案件中部分被告人不认罪或者对适用简易程序有异议的；

（五）辩护人作无罪辩护的；

（六）被告人认罪但经审查认为可能不构成犯罪的；

（七）不宜适用简易程序审理的其他情形。

第三百六十一条　适用简易程序审理的案件，符合刑事诉讼法第三十五条第一款规定的，人民法院应当告知被告人及其近亲属可以申请法律援助。

第三百六十二条　适用简易程序审理案件，人民法院应当在开庭前将开庭的时间、地点通知人民检察院、自诉人、被告人、辩护人，也可以通知其他诉讼参与人。

通知可以采用简便方式，但应当记录在案。

第三百六十三条　适用简易程序审理案件，被告人有辩护人的，应当通知其出庭。

第三百六十四条　适用简易程序审理案件，审判长或者独任审判员应当当庭询问被告人对指控的犯罪事实的意见，告知被告人适用简易程序审理的法律规定，确认被告人是否同意适用简易程序。

第三百六十五条　适用简易程序审理案件，可以对庭审作如下简化：

（一）公诉人可以摘要宣读起诉书；

（二）公诉人、辩护人、审判人员对被告人的讯问、发问可以简化或者省略；

（三）对控辩双方无异议的证据，可以仅就证据的名称及所证明的事项作出说明；对控辩双方有异议或者法庭认为有必要调查核实的证据，应当出示，并进行质证；

（四）控辩双方对与定罪量刑有关的事实、证据没有异议的，法庭审理可以直接围绕罪名确定和量刑问题进行。

适用简易程序审理案件，判决宣告前应当听取被告人的最后陈述。

第三百六十六条　适用简易程序独任审判过程中，发现对被告人可能判处的有期徒刑超过三年的，应当转由合议庭审理。

第三百六十七条 适用简易程序审理案件,裁判文书可以简化。

适用简易程序审理案件,一般应当当庭宣判。

第三百六十八条 适用简易程序审理案件,在法庭审理过程中,具有下列情形之一的,应当转为普通程序审理:

(一)被告人的行为可能不构成犯罪的;

(二)被告人可能不负刑事责任的;

(三)被告人当庭对起诉指控的犯罪事实予以否认的;

(四)案件事实不清、证据不足的;

(五)不应当或者不宜适用简易程序的其他情形。

决定转为普通程序审理的案件,审理期限应当从作出决定之日起计算。

《人民检察院刑事诉讼规则》

第四百三十条 人民检察院对于基层人民法院管辖的案件,符合下列条件的,可以建议人民法院适用简易程序审理:

(一)案件事实清楚、证据充分的;

(二)被告人承认自己所犯罪行,对指控的犯罪事实没有异议的;

(三)被告人对适用简易程序没有异议的。

第四百三十一条 具有下列情形之一的,人民检察院不得建议人民法院适用简易程序:

(一)被告人是盲、聋、哑人,或者是尚未完全丧失辨认或者控制自己行为能力的精神病人的;

(二)有重大社会影响的;

(三)共同犯罪案件中部分被告人不认罪或者对适用简易程序有异议的;

(四)比较复杂的共同犯罪案件;

(五)辩护人作无罪辩护或者对主要犯罪事实有异议的;

(六)其他不宜适用简易程序的。

人民法院决定适用简易程序审理的案件,人民检察院认为具有《刑事诉讼法》第二百一十五条规定情形之一的,应当向人民法院提出纠正意见;具有其他不宜适用简易程序情形的,人民检察院可以建议人民法院不适用简易程序。

第四百三十二条 基层人民检察院审查案件,认为案件事实清楚、证据充分的,应当在讯问犯罪嫌疑人时,了解其是否承认自己所犯罪行,对指控的犯罪事实有无异议,告知其适用简易程序的法律规定,确认其是否同意适用简易程序。

第四百三十三条　适用简易程序审理的公诉案件，人民检察院应当派员出席法庭。

第四百三十四条　公诉人出席简易程序法庭时，应当主要围绕量刑以及其他有争议的问题进行法庭调查和法庭辩论。在确认被告人庭前收到起诉书并对起诉书指控的犯罪事实没有异议后，可以简化宣读起诉书，根据案件情况决定是否讯问被告人，询问证人、鉴定人和出示证据。

根据案件情况，公诉人可以建议法庭简化法庭调查和法庭辩论程序。

第四百三十五条　适用简易程序审理的公诉案件，公诉人发现不宜适用简易程序审理的，应当建议法庭按照第一审普通程序重新审理。

第四百三十六条　转为普通程序审理的案件，公诉人需要为出席法庭进行准备的，可以建议人民法院延期审理。

第 94 问：被告人可以不出庭，缺席审判吗？

答：刑事案件一般不可以缺席审判，但有例外情形。

一、可以适用缺席审判的几类审件

（1）贪污贿赂犯罪案件。

（2）需要及时进行审判，经最高人民检察院核准的严重危害国家安全犯罪、恐怖活动犯罪案件。

（3）监察机关、公安机关移送起诉，人民检察院认为犯罪事实已经查清，证据确实、充分，依法应当追究刑事责任。

（4）人民法院进行审查后，对于起诉书中有明确的指控犯罪事实，符合缺席审判程序适用条件的，应当决定开庭审判。

但是，如果在审理过程中，被告人到案的，法院应当重新进行审理；如果被告人是在判决、裁定发生法律效力后到案的，人民法院应当将罪犯交付执行刑罚，若罪犯对判决、裁定有异议的，法院应当重新审理。

二、可以适用缺席审判的几类被告人

（1）被告人患有重病，经申请或同意：被告人患有严重疾病无法出庭，中止审理超过六个月，被告人仍无法出庭，被告人及其法定代理人、近亲属申请或者

同意恢复审理的，人民法院可以在被告人不出庭的情况下缺席审理，依法作出判决。

（2）被告人死亡、但无罪：被告人死亡的，人民法院应当裁定终止审理，但有证据证明被告人无罪，人民法院经缺席审理确认无罪的，应当依法作出判决。

（3）被告人死亡的再审案件：人民法院按照审判监督程序重新审判的案件，被告人死亡的，人民法院可以缺席审理，依法作出判决。

（4）被告人在境外。

同时，适用缺席审判程序审理案件，可以对违法所得及其他涉案财产一并作出处理。

相关法条：

参见《中华人民共和国刑事诉讼法》第二百九十一条至第二百九十七条。

《最高人民法院关于适用〈中华人民共和国刑事诉讼法〉的解释》

第五百九十八条 对人民检察院依照刑事诉讼法第二百九十一条第一款的规定提起公诉的案件，人民法院应当重点审查以下内容：

（一）是否属于可以适用缺席审判程序的案件范围；

（二）是否属于本院管辖；

（三）是否写明被告人的基本情况，包括明确的境外居住地、联系方式等；

（四）是否写明被告人涉嫌有关犯罪的主要事实，并附证据材料；

（五）是否写明被告人有无近亲属以及近亲属的姓名、身份、住址、联系方式等情况；

（六）是否列明违法所得及其他涉案财产的种类、数量、价值、所在地等，并附证据材料；

（七）是否附有查封、扣押、冻结违法所得及其他涉案财产的清单和相关法律手续。

前款规定的材料需要翻译件的，人民法院应当要求人民检察院一并移送。

第五百九十九条 对人民检察院依照刑事诉讼法第二百九十一条第一款的规定提起公诉的案件，人民法院审查后，应当按照下列情形分别处理：

（一）符合缺席审判程序适用条件，属于本院管辖，且材料齐全的，应当受理；

（二）不属于可以适用缺席审判程序的案件范围、不属于本院管辖或者不符合缺席审判程序的其他适用条件的，应当退回人民检察院；

（三）材料不全的，应当通知人民检察院在三十日以内补送；三十日以内不能补送的，应当退回人民检察院。

第六百条　对人民检察院依照刑事诉讼法第二百九十一条第一款的规定提起公诉的案件，人民法院立案后，应当将传票和起诉书副本送达被告人，传票应当载明被告人到案期限以及不按要求到案的法律后果等事项；应当将起诉书副本送达被告人近亲属，告知其有权代为委托辩护人，并通知其敦促被告人归案。

第六百零一条　人民法院审理人民检察院依照刑事诉讼法第二百九十一条第一款的规定提起公诉的案件，被告人有权委托或者由近亲属代为委托一至二名辩护人。委托律师担任辩护人的，应当委托具有中华人民共和国律师资格并依法取得执业证书的律师；在境外委托的，应当依照本解释第四百八十六条的规定对授权委托进行公证、认证。

被告人及其近亲属没有委托辩护人的，人民法院应当通知法律援助机构指派律师为被告人提供辩护。

被告人及其近亲属拒绝法律援助机构指派的律师辩护的，依照本解释第五十条第二款的规定处理。

第六百零二条　人民法院审理人民检察院依照刑事诉讼法第二百九十一条第一款的规定提起公诉的案件，被告人的近亲属申请参加诉讼的，应当在收到起诉书副本后、第一审开庭前提出，并提供与被告人关系的证明材料。有多名近亲属的，应当推选一至二人参加诉讼。

对被告人的近亲属提出申请的，人民法院应当及时审查决定。

第六百零三条　人民法院审理人民检察院依照刑事诉讼法第二百九十一条第一款的规定提起公诉的案件，参照适用公诉案件第一审普通程序的有关规定。被告人的近亲属参加诉讼的，可以发表意见，出示证据，申请法庭通知证人、鉴定人等出庭，进行辩论。

第六百零四条　对人民检察院依照刑事诉讼法第二百九十一条第一款的规定提起公诉的案件，人民法院审理后应当参照本解释第二百九十五条的规定作出判决、裁定。

作出有罪判决的，应当达到证据确实、充分的证明标准。

经审理认定的罪名不属于刑事诉讼法第二百九十一条第一款规定的罪名的，应当终止审理。

适用缺席审判程序审理案件，可以对违法所得及其他涉案财产一并作出处理。

第六百零五条　因被告人患有严重疾病导致缺乏受审能力，无法出庭受审，中止审理超过六个月，被告人仍无法出庭，被告人及其法定代理人、近亲属申请或者同意恢复审理的，人民法院可以根据刑事诉讼法第二百九十六条的规定缺席审判。

符合前款规定的情形，被告人无法表达意愿的，其法定代理人、近亲属可以代为申请或者同意恢复审理。

第六百零六条　人民法院受理案件后被告人死亡的，应当裁定终止审理；但有证据证明被告人无罪，经缺席审理确认无罪的，应当判决宣告被告人无罪。

前款所称"有证据证明被告人无罪，经缺席审理确认无罪"，包括案件事实清楚，证据确实、充分，依据法律认定被告人无罪的情形，以及证据不足，不能认定被告人有罪的情形。

第六百零七条　人民法院按照审判监督程序重新审判的案件，被告人死亡的，可以缺席审理。有证据证明被告人无罪，经缺席审理确认被告人无罪的，应当判决宣告被告人无罪；虽然构成犯罪，但原判量刑畸重的，应当依法作出判决。

第六百零八条　人民法院缺席审理案件，本章没有规定的，参照适用本解释的有关规定。

《人民检察院刑事诉讼规则》

第五百零五条　对于监察机关移送起诉的贪污贿赂犯罪案件，犯罪嫌疑人、被告人在境外，人民检察院认为犯罪事实已经查清，证据确实、充分，依法应当追究刑事责任的，可以向人民法院提起公诉。

对于公安机关移送起诉的需要及时进行审判的严重危害国家安全犯罪、恐怖活动犯罪案件，犯罪嫌疑人、被告人在境外，人民检察院认为犯罪事实已经查清，证据确实、充分，依法应当追究刑事责任的，经最高人民检察院核准，可以向人民法院提起公诉。

前两款规定的案件，由有管辖权的中级人民法院的同级人民检察院提起公诉。

人民检察院提起公诉的，应当向人民法院提交被告人已出境的证据。

第五百零六条　人民检察院对公安机关移送起诉的需要报请最高人民检察院核准的案件，经检察委员会讨论提出提起公诉意见的，应当层报最高人民检察院核准。报送材料包括起诉意见书、案件审查报告、报请核准的报告及案件

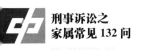
证据材料。

第五百零七条 最高人民检察院收到下级人民检察院报请核准提起公诉的案卷材料后，应当及时指派检察官对案卷材料进行审查，提出核准或者不予核准的意见，报检察长决定。

第五百零八条 报请核准的人民检察院收到最高人民检察院核准决定书后，应当提起公诉，起诉书中应当载明经最高人民检察院核准的内容。

第五百零九条 审查起诉期间，犯罪嫌疑人自动投案或者被抓获的，人民检察院应当重新审查。

对严重危害国家安全犯罪、恐怖活动犯罪案件报请核准期间，犯罪嫌疑人自动投案或者被抓获的，报请核准的人民检察院应当及时撤回报请，重新审查案件。

第五百一十条 提起公诉后被告人到案，人民法院拟重新审理的，人民检察院应当商人民法院将案件撤回并重新审查。

第五百一十一条 因被告人患有严重疾病无法出庭，中止审理超过六个月，被告人仍无法出庭，被告人及其法定代理人、近亲属申请或者同意恢复审理的，人民检察院可以建议人民法院适用缺席审判程序审理。

第 95 问：开完庭后，法院多长时间才能出判决？

答：开完庭后，法院出判决的时间不确定。

法院审理期限是指案件移送到法院，法院立案到法院宣判的期限，法院只要在审理期限内审结判决即可。

一、一审案件

1. 案件适用速裁程序的审理期限：10 到 15 天

2. 案件适用简易程序的审理期限：20 天到 1 个半月

3. 普通程序审理自诉案件：被告人被羁押的，2—3 个月；被告人未被羁押的，6 个月

4. 普通程序审理公诉案件

（1）一般情况 2 个月。

（2）至迟 3 个月。

（3）重大案件经上一级法院批准，可以延长 3 个月：

①可能判处死刑的；

②附带民事诉讼的；

③交通十分不便的边远地区的重大复杂案件；

④重大的犯罪集团案件；

⑤流窜作案的重大复杂案件；

⑥犯罪涉及面广，取证困难的重大复杂案件。

（4）因特殊情况还需要延长的，报请最高人民法院批准，无限制。

（5）改变管辖的案件，自改变后的法院收到案件之日起重新计算审限。

（6）人民检察院补充侦查的案件，补充侦查完毕移送人民法院后，人民法院重新计算审理期限。

二、二审案件

（1）一般情况 2 个月。

（2）重大案件，延长 2 个月：

①可能判处死刑的；

②附带民事诉讼的；

③交通十分不便的边远地区的重大复杂案件；

④重大的犯罪集团案件；

⑤流窜作案的重大复杂案件；

⑥犯罪涉及面广，取证困难的重大复杂案件。

（3）特殊情况需延长，报最高人民法院批准，期限无限制。

（4）最高人民法院受理的上诉、抗诉案件的审理期限由最高人民法院决定。

（5）若二审开庭审理的案件，检察院有 1 个月的阅卷时间，阅卷时间不计入审限。

相关法条：

参见《中华人民共和国刑事诉讼法》第二百零四条、第二百零五条、第二百零八条、第二百四十三条。

《人民检察院刑事诉讼规则》

第四百二十一条　法庭宣布延期审理后，人民检察院应当在补充侦查期限内提请人民法院恢复法庭审理或者撤回起诉。

公诉人在法庭审理过程中建议延期审理的次数不得超过两次，每次不得超过一个月。

第 96 问：对受害人进行赔偿可以减刑吗？

答：不一定。

在刑事案件中赔偿被害人经济损失并取得谅解的，是一种酌定从轻、减轻情节，即根据案件的具体情况，可以从轻或者减轻处罚。即向受害人进行赔偿，有可能从轻、减轻，也有可能不从轻、减轻。

赔偿被害人经济损失的，在量刑的从宽幅度上，法官会综合考虑犯罪性质、赔偿数额、赔偿能力等情况。

被告人或家属在有赔偿能力的情况下，建议尽量对被害人进行赔偿，来争取更低的刑期。根据最高人民法院、最高人民检察院印发《关于常见犯罪的量刑指导意见（试行）》的通知规定，对于积极赔偿被害人经济损失并取得谅解的，综合考虑犯罪性质、赔偿数额、赔偿能力以及认罪悔罪表现等情况，可以减少基准刑的 40% 以下；积极赔偿但没有取得谅解的，可以减少基准刑的 30% 以下。

相关法条：

参见《中华人民共和国刑法》第六十一条。

参见《中华人民共和国刑事诉讼法》第二百八十八条至第二百九十条。

《最高人民法院关于适用〈中华人民共和国刑事诉讼法〉的解释》

第五百八十七条 对符合刑事诉讼法第二百八十八条规定的公诉案件，事实清楚、证据充分的，人民法院应当告知当事人可以自行和解；当事人提出申请的，人民法院可以主持双方当事人协商以达成和解。

根据案件情况，人民法院可以邀请人民调解员、辩护人、诉讼代理人、当事人亲友等参与促成双方当事人和解。

第五百八十八条 符刑事诉讼法第二百八十八条规定的公诉案件，被害人死亡的，其近亲属可以与被告人和解。近亲属有多人的，达成和解协议，应当经处于最先继承顺序的所有近亲属同意。

被害人系无行为能力或者限制行为能力人的，其法定代理人、近亲属可以代为和解。

第五百八十九条 被告人的近亲属经被告人同意，可以代为和解。

被告人系限制行为能力人的，其法定代理人可以代为和解。

被告人的法定代理人、近亲属依照前两款规定代为和解的，和解协议约定的赔礼道歉等事项，应当由被告人本人履行。

第五百九十条 对公安机关、人民检察院主持制作的和解协议书，当事人提出异议的，人民法院应当审查。经审查，和解自愿、合法的，予以确认，无需重新制作和解协议书；和解违反自愿、合法原则的，应当认定无效。和解协议被认定无效后，双方当事人重新达成和解的，人民法院应当主持制作新的和解协议书。

第五百九十一条 审判期间，双方当事人和解的，人民法院应当听取当事人及其法定代理人等有关人员的意见。双方当事人在庭外达成和解的，人民法院应当通知人民检察院，并听取其意见。经审查，和解自愿、合法的，应当主持制作和解协议书。

第五百九十二条 和解协议书应当包括以下内容：

（一）被告人承认自己所犯罪行，对犯罪事实没有异议，并真诚悔罪；

（二）被告人通过向被害人赔礼道歉、赔偿损失等方式获得被害人谅解；涉及赔偿损失的，应当写明赔偿的数额、方式等；提起附带民事诉讼的，由附带民事诉讼原告人撤回起诉；

（三）被害人自愿和解，请求或者同意对被告人依法从宽处罚。

和解协议书应当由双方当事人和审判人员签名，但不加盖人民法院印章。

和解协议书一式三份，双方当事人各持一份，另一份交人民法院附卷备查。

对和解协议中的赔偿损失内容，双方当事人要求保密的，人民法院应当准许，并采取相应的保密措施。

第五百九十三条 和解协议约定的赔偿损失内容，被告人应当在协议签署后即时履行。

和解协议已经全部履行，当事人反悔的，人民法院不予支持，但有证据证明和解违反自愿、合法原则的除外。

第五百九十四条 双方当事人在侦查、审查起诉期间已经达成和解协议并全部履行，被害人或者其法定代理人、近亲属又提起附带民事诉讼的，人民法院不予受理，但有证据证明和解违反自愿、合法原则的除外。

第五百九十五条 被害人或者其法定代理人、近亲属提起附带民事诉讼后，双方愿意和解，但被告人不能即时履行全部赔偿义务的，人民法院应当制作附带民事调解书。

第五百九十六条 对达成和解协议的案件，人民法院应当对被告人从轻处罚；符合非监禁刑适用条件的，应当适用非监禁刑；判处法定最低刑仍然过重的，可以减轻处罚；综合全案认为犯罪情节轻微不需要判处刑罚的，可以免予刑事处罚。

共同犯罪案件，部分被告人与被害人达成和解协议的，可以依法对该部分被告人从宽处罚，但应当注意全案的量刑平衡。

第五百九十七条　达成和解协议的，裁判文书应当叙明，并援引刑事诉讼法的相关条文。

《最高人民法院、最高人民检察院印发〈关于常见犯罪的量刑指导意见（试行）〉的通知》

（十一）对于积极赔偿被害人经济损失并取得谅解的，综合考虑犯罪性质、赔偿数额、赔偿能力以及认罪悔罪表现等情况，可以减少基准刑的40%以下；积极赔偿但没有取得谅解的，可以减少基准刑的30%以下；尽管没有赔偿，但取得谅解的，可以减少基准刑的20%以下。对抢劫、强奸等严重危害社会治安犯罪的，应当从严掌握。

第 97 问：犯罪嫌疑人可不可以只认罚不认罪？

答：如果想要适用认罪认罚从宽制度并得到从宽处理，是不可以只认罚不认罪的。

认罪认罚从宽制度中的"认罪"，是指犯罪嫌疑人、被告人自愿如实供述自己的罪行，对指控的犯罪事实没有异议。认罪认罚从宽制度中的"认罚"，是指犯罪嫌疑人、被告人真诚悔罪，愿意接受处罚。

也就是说，想要认罪认罚从宽，必须同时认可指控的主要犯罪事实、罪名和相应的刑事处罚，一人犯数罪的还必须如实供述，认可全部的犯罪事实和罪名，仅如实供述其中一罪或部分罪名事实的，全案不作"认罪"的认定，不适用认罪认罚从宽制度。简单而言，认罪认罚就是要求行为人认事实、认罪名、认刑期。

相关法条：
参见《中华人民共和国刑事诉讼法》第十五条。

《最高人民法院关于适用〈中华人民共和国刑事诉讼法〉的解释》

第三百四十七条　刑事诉讼法第十五条规定的"认罪"，是指犯罪嫌疑人、被告人自愿如实供述自己的罪行，对指控的犯罪事实没有异议。

刑事诉讼法第十五条规定的"认罚"，是指犯罪嫌疑人、被告人真诚悔罪，愿意接受处罚。

被告人认罪认罚的，可以依照刑事诉讼法第十五条的规定，在程序上从简、实体上从宽处理。

第三百四十八条　对认罪认罚案件，应当根据案件情况，依法适用速裁程序、简易程序或者普通程序审理。

第三百四十九条　对人民检察院提起公诉的认罪认罚案件，人民法院应当重点审查以下内容：

（一）人民检察院讯问犯罪嫌疑人时，是否告知其诉讼权利和认罪认罚的法律规定；

（二）是否随案移送听取犯罪嫌疑人、辩护人或者值班律师、被害人及其诉讼代理人意见的笔录；

（三）被告人与被害人达成调解、和解协议或者取得被害人谅解的，是否随案移送调解、和解协议、被害人谅解书等相关材料；

（四）需要签署认罪认罚具结书的，是否随案移送具结书。

未随案移送前款规定的材料的，应当要求人民检察院补充。

第三百五十条　人民法院应当将被告人认罪认罚作为其是否具有社会危险性的重要考虑因素。被告人罪行较轻，采用非羁押性强制措施足以防止发生社会危险性的，应当依法适用非羁押性强制措施。

第三百五十一条　对认罪认罚案件，法庭审理时应当告知被告人享有的诉讼权利和认罪认罚的法律规定，审查认罪认罚的自愿性和认罪认罚具结书内容的真实性、合法性。

第三百五十二条　对认罪认罚案件，人民检察院起诉指控的事实清楚，但指控的罪名与审理认定的罪名不一致的，人民法院应当听取人民检察院、被告人及其辩护人对审理认定罪名的意见，依法作出判决。

第三百五十三条　对认罪认罚案件，人民法院经审理认为量刑建议明显不当，或者被告人、辩护人对量刑建议提出异议的，人民检察院可以调整量刑建议。人民检察院不调整或者调整后仍然明显不当的，人民法院应当依法作出判决。

适用速裁程序审理认罪认罚案件，需要调整量刑建议的，应当在庭前或者当庭作出调整；调整量刑建议后，仍然符合速裁程序适用条件的，继续适用速裁程序审理。

第三百五十四条　对量刑建议是否明显不当，应当根据审理认定的犯罪事实、认罪认罚的具体情况，结合相关犯罪的法定刑、类似案件的刑罚适用等作出审查判断。

第三百五十五条　对认罪认罚案件，人民法院一般应当对被告人从轻处罚；符合非监禁刑适用条件的，应当适用非监禁刑；具有法定减轻处罚情节的，可以减轻处罚。

对认罪认罚案件，应当根据被告人认罪认罚的阶段早晚以及认罪认罚的主动性、稳定性、彻底性等，在从宽幅度上体现差异。

共同犯罪案件，部分被告人认罪认罚的，可以依法对该部分被告人从宽处罚，但应当注意全案的量刑平衡。

第三百五十六条　被告人在人民检察院提起公诉前未认罪认罚，在审判阶段认罪认罚的，人民法院可以不再通知人民检察院提出或者调整量刑建议。

对前款规定的案件，人民法院应当就定罪量刑听取控辩双方意见，根据刑事诉讼法第十五条和本解释第三百五十五条的规定作出判决。

第三百五十七条　对被告人在第一审程序中未认罪认罚，在第二审程序中认罪认罚的案件，应当根据其认罪认罚的具体情况决定是否从宽，并依法作出裁判。确定从宽幅度时应当与第一审程序认罪认罚有所区别。

第三百五十八条　案件审理过程中，被告人不再认罪认罚的，人民法院应当根据审理查明的事实，依法作出裁判。需要转换程序的，依照本解释的相关规定处理。

第 98 问：判决书会不会送达家属？

答：刑事案件的判决书一般不会送达家属。

根据法律规定，判决书应当送达当事人、提起公诉的检察院、辩护人、法定代理人、诉讼代理人。而针对被告人的近亲属，是可以送达，也就意味着也可以不送达。

一般而言，判决结果不会专门通知家属。对于开庭宣判的案件，家属可旁听获知案件判决结果；对于不开庭宣判直接送达判决书或裁定书的案件，家属可向律师了解结果。

被告人系成年人的情况下，判决结果都是直接送达当事人及其辩护人，有被害人的会送达其诉讼代理人。

还有一种情况系被害人死亡的，由其家属申请领取判决书的，法院应当及时提供。

相关法条：

参见《中华人民共和国刑事诉讼法》第二百零二条、第二百零三条。

《最高人民法院关于适用〈中华人民共和国刑事诉讼法〉的解释》

第三百零二条 当庭宣告判决的，应当在五日以内送达判决书。定期宣告判决的，应当在宣判前，先期公告宣判的时间和地点，传唤当事人并通知公诉人、法定代理人、辩护人和诉讼代理人；判决宣告后，应当立即送达判决书。

第三百零三条 判决书应当送达人民检察院、当事人、法定代理人、辩护人、诉讼代理人，并可以送达被告人的近亲属。被害人死亡，其近亲属申请领取判决书的，人民法院应当及时提供。

判决生效后，还应当送达被告人的所在单位或者户籍地的公安派出所，或者被告单位的注册登记机关。被告人系外国人，且在境内有居住地的，应当送达居住地的公安派出所。

第三百零四条 宣告判决，一律公开进行。宣告判决结果时，法庭内全体人员应当起立。

公诉人、辩护人、诉讼代理人、被害人、自诉人或者附带民事诉讼原告人未到庭的，不影响宣判的进行。

第五百七十八条 对未成年人刑事案件，宣告判决应当公开进行。

对依法应当封存犯罪记录的案件，宣判时，不得组织人员旁听；有旁听人员的，应当告知其不得传播案件信息。

第五百七十九条 定期宣告判决的未成年人刑事案件，未成年被告人的法定代理人无法通知、不能到场或者是共犯的，法庭可以通知合适成年人到庭，并在宣判后向未成年被告人的成年亲属送达判决书。

第 99 问：罚金金额一般是多少？

答：罚金的判罚不定，要根据具体案件、涉案行为人涉嫌的罪名和犯罪情节来决定罚金数额。

罚金是《刑法》规定的一种附加刑，在性质上属于财产刑，是强制罪犯依照人民法院的判决向国家缴纳一定数量的金钱，以对其犯罪行为在经济上施以制裁。

法律没有对罚金的具体数额进行规定，在《刑法》分则中对罚金数额的规定

主要有以下五种情形：

1. 无限额罚金制

即指《刑法》分则仅规定选处、单处或者并处罚金，不规定罚金的具体数额限度，而是由人民法院依据《刑法》总则确定的原则——根据犯罪情节，自由裁量罚金的具体数额。在无限额罚金的情况下，根据《最高人民法院关于适用财产刑若干问题的规定》第二条的规定，罚金的最低数额不能少于一千元；未成年人犯罪应当从轻或者减轻判处罚金的，罚金的最低数额不能少于五百元。

2. 限额罚金制

即指《刑法》分则规定了罚金数额的下限和上限，人民法院只需要在规定的数额幅度内裁量罚金。例如，《刑法》第一百七十一条规定，出售、购买伪造的货币或者明知是伪造的货币而运输，数额较大的，处三年以下有期徒刑或者拘役，并处二万元以上二十万元以下罚金；数额巨大的，处三年以上十年以下有期徒刑，并处五万元以上五十万元以下罚金；数额特别巨大的，处十年以上有期徒刑或者无期徒刑，并处五万元以上五十万元以下罚金或者没收财产。

3. 比例罚金制

即以犯罪金额的百分比决定罚金的数额。例如，根据《刑法》第一百五十八条规定，对虚报注册资本罪，处三年以下有期徒刑或者拘役，并处或者单处虚报注册资本金额 1% 以上 5% 以下罚金。

4. 倍数罚金制

即以犯罪金额的倍数决定罚金的数额。例如，《刑法》第二百零二条规定，以暴力、威胁方法拒不缴纳税款的，处三年以下有期徒刑或者拘役，并处拒缴税款 1 倍以上 5 倍以下的罚金。根据这一规定，罚金数额取决于犯罪数额，犯罪数额越大，罚金数额也越高；反之，亦然。

5. 倍比罚金制

即同时以犯罪金额的比例和倍数决定罚金的数额。这类罚金数额的条文主要集中在《刑法》分则第三章第一节所规定的生产、销售伪劣商品罪中。例如，根据《刑法》第一百四十条规定，生产者、销售者在产品中掺杂、掺假、以假充真、以次充好或者以不合格产品冒充合格产品，销售金额五万元以上不满二十万元的，处二年以下有期徒刑或者拘役，并处或者单处销售金额百分之五十以上二倍以下罚金；销售金额二十万元以上不满五十万元的，处二年以上七年以下有期徒刑，并处销售金额百分之五十以上二倍以下罚金；销售金额五十万元以上不满二百万元的，处七年以上有期徒刑，并处销售金额百分之五十以上二倍以下罚金；销售金额二百万元以上的，处十五年有期徒刑或者无期徒刑，并处销售金额百分之五十以上二倍以下罚金或者没收财产。

相关法条：

参见《中华人民共和国刑法》第五十二条、第五十三条。

《最高人民法院关于适用财产刑若干问题的规定》

第一条　刑法规定"并处"没收财产或者罚金的犯罪，人民法院在对犯罪分子判处主刑的同时，必须依法判处相应的财产刑；刑法规定"可以并处"没收财产或者罚金的犯罪，人民法院应当根据案件具体情况及犯罪分子的财产状况，决定是否适用财产刑。

第二条　人民法院应当根据犯罪情节，如违法所得数额、造成损失的大小等，并综合考虑犯罪分子缴纳罚金的能力，依法判处罚金。刑法没有明确规定罚金数额标准的，罚金的最低数额不能少于一千元。

对未成年人犯罪应当从轻或者减轻判处罚金，但罚金的最低数额不能少于五百元。

第三条　依法对犯罪分子所犯数罪分别判处罚金的，应当实行并罚，将所判处的罚金数额相加，执行总和数额。

一人犯数罪依法同时并处罚金和没收财产的，应当合并执行；但并处没收全部财产的，只执行没收财产刑。

第四条　犯罪情节较轻，适用单处罚金不致再危害社会并具有下列情形之一的，可以依法单处罚金：

（一）偶犯或者初犯；

（二）自首或者有立功表现的；

（三）犯罪时不满十八周岁的；

（四）犯罪预备、中止或者未遂的；

（五）被胁迫参加犯罪的；

（六）全部退赃并有悔罪表现的；

（七）其他可以依法单处罚金的情形。

第五条　刑法第五十三条规定的"判决指定的期限"应当在判决书中予以确定；"判决指定的期限"应为从判决发生法律效力第二日起最长不超过三个月。

第六条 刑法第五十三条规定的"由于遭遇不能抗拒的灾祸缴纳确实有困难的",主要是指因遭受火灾、水灾、地震等灾祸而丧失财产；罪犯因重病、伤残等而丧失劳动能力，或者需要罪犯抚养的近亲属患有重病，需支付巨额医药费等，确实没有财产可供执行的情形。

具有刑法第五十三条规定"可以酌情减少或者免除"事由的，由罪犯本人、亲属或者犯罪单位向负责执行的人民法院提出书面申请，并提供相应的证明材料。人民法院审查以后，根据实际情况，裁定减少或者免除应当缴纳的罚金数额。

第七条 刑法第六十条规定的"没收财产以前犯罪分子所负的正当债务"，是指犯罪分子在判决生效前所负他人的合法债务。

第八条 罚金刑的数额应当以人民币为计算单位。

第九条 人民法院认为依法应当判处被告人财产刑的，可以在案件审理过程中，决定扣押或者冻结被告人的财产。

第十条 财产刑由第一审人民法院执行。

犯罪分子的财产在异地的，第一审人民法院可以委托财产所在地人民法院代为执行。

第十一条 自判决指定的期限届满第二日起，人民法院对于没有法定减免事由不缴纳罚金的，应当强制其缴纳。

对于隐藏、转移、变卖、损毁已被扣押、冻结财产情节严重的，依照刑法第三百一十四条的规定追究刑事责任。

第 100 问：对判决不满意，如何解决？

答：对判决不满意，视情况可以选择上诉，申请再审，申请检察院抗诉。

一、对一审判决不满意，可以上诉、或申请抗诉

（1）被告人，自诉人及其法定代理人、辩护人，被告人亲属经被告人同意，在收到判决书 10 日内可以向上一级人民法院提出上诉。

（2）附带民事诉讼的当事人及其法定代理人，可以对附带民事诉讼部分，在收到判决书 10 日内提出上诉。

（3）被害人及其法定代理人在收到判决书 5 日内，可以请求人民检察院抗诉。若检察院做出不提请抗诉或不抗诉决定，可以在判决生效后申请启动审判监督程序。

应当注意，判决书的上诉期限为 10 日，裁定书为 5 日。

二、对二审判决不满意，可以启动审判监督程序，提出申诉

因为二审判决、裁定为终审判决、裁定。如果对二审结果不满意，当事人及其法定代理人、近亲属，对已经发生法律效力的判决、裁定，可以向人民法院或者人民检察院提出申诉，但是不能停止判决、裁定的执行。即被告人、自诉人、被害人、附带民事诉讼的原告人和被告人及其法定代理人、近亲属、律师，不服二审生效判决、裁定的都可以向人民法院或者人民检察院提出申诉。

申诉首先要在法院系统内进行，向作出生效判决的原审法院申诉。若原审法院驳回申诉，申诉人不服的可以向上一级法院申诉，上一级人民法院经审查认为申诉不符合规定的，应当说服申诉人撤回申诉；对仍然坚持申诉的，应当驳回或者通知不予重新审判。即，两次法院申诉后，法院申诉程序终结。

在法院系统申诉程序终结之后，可以向人民检察院申诉。向人民检察院申诉的，由作出生效判决、裁定的人民法院的同级人民检察院依法办理。经人民检察院复查决定不予抗诉后，可以继续向上一级人民检察院提出申诉的，上一级人民法院应当受理。

若经两级人民检察院办理且省级人民检察院已经复查的，且没有新的事实和理由，人民检察院不再立案复查。即再次经过两级人民检察院办理、省级人民检察院已经复查的，检察院申诉程序终结。

相关法条：

参见《中华人民共和国刑事诉讼法》第一百零八条、第二百二十七条至第二百三十二条、第二百四十四条、第二百五十二条、第二百五十六条。

《最高人民法院关于适用〈中华人民共和国刑事诉讼法〉的解释》

第三百七十八条　地方各级人民法院在宣告第一审判决、裁定时，应当告知被告人、自诉人及其法定代理人不服判决和准许撤回起诉、终止审理等裁定的，有权在法定期限内以书面或者口头形式，通过本院或者直接向上一级人民

法院提出上诉；被告人的辩护人、近亲属经被告人同意，也可以提出上诉；附带民事诉讼当事人及其法定代理人，可以对判决、裁定中的附带民事部分提出上诉。

被告人、自诉人、附带民事诉讼当事人及其法定代理人是否提出上诉，以其在上诉期满前最后一次的意思表示为准。

第三百八十条　上诉、抗诉必须在法定期限内提出。不服判决的上诉、抗诉的期限为十日；不服裁定的上诉、抗诉的期限为五日。上诉、抗诉的期限，从接到判决书、裁定书的第二日起计算。

对附带民事判决、裁定的上诉、抗诉期限，应当按照刑事部分的上诉、抗诉期限确定。附带民事部分另行审判的，上诉期限也应当按照刑事诉讼法规定的期限确定。

第三百八十一条　上诉人通过第一审人民法院提出上诉的，第一审人民法院应当审查。上诉符合法律规定的，应当在上诉期满后三日以内将上诉状连同案卷、证据移送上一级人民法院，并将上诉状副本送交同级人民检察院和对方当事人。

第三百八十二条　上诉人直接向第二审人民法院提出上诉的，第二审人民法院应当在收到上诉状后三日以内将上诉状交第一审人民法院。第一审人民法院应当审查上诉是否符合法律规定。符合法律规定的，应当在接到上诉状后三日以内将上诉状连同案卷、证据移送上一级人民法院，并将上诉状副本送交同级人民检察院和对方当事人。

第四百一十三条　第二审人民法院可以委托第一审人民法院代为宣判，并向当事人送达第二审判决书、裁定书。第一审人民法院应当在代为宣判后五日以内将宣判笔录送交第二审人民法院，并在送达完毕后及时将送达回证送交第二审人民法院。

委托宣判的，第二审人民法院应当直接向同级人民检察院送达第二审判决书、裁定书。

第二审判决、裁定是终审的判决、裁定的，自宣告之日起发生法律效力。

第四百五十一条　当事人及其法定代理人、近亲属对已经发生法律效力的判决、裁定提出申诉的，人民法院应当审查处理。

案外人认为已经发生法律效力的判决、裁定侵害其合法权益，提出申诉的，人民法院应当审查处理。

申诉可以委托律师代为进行。

第四百五十三条　申诉由终审人民法院审查处理。但是，第二审人民法院裁定准许撤回上诉的案件，申诉人对第一审判决提出申诉的，可以由第一审人民法院审查处理。

上一级人民法院对未经终审人民法院审查处理的申诉，可以告知申诉人向终审人民法院提出申诉，或者直接交终审人民法院审查处理，并告知申诉人；案件疑难、复杂、重大的，也可以直接审查处理。

对未经终审人民法院及其上一级人民法院审查处理，直接向上级人民法院申诉的，上级人民法院应当告知申诉人向下级人民法院提出。

第四百五十四条　最高人民法院或者上级人民法院可以指定终审人民法院以外的人民法院对申诉进行审查。被指定的人民法院审查后，应当制作审查报告，提出处理意见，层报最高人民法院或者上级人民法院审查处理。

第四百五十九条　申诉人对驳回申诉不服的，可以向上一级人民法院申诉。上一级人民法院经审查认为申诉不符合刑事诉讼法第二百五十三条和本解释第四百五十七条第二款规定的，应当说服申诉人撤回申诉；对仍然坚持申诉的，应当驳回或者通知不予重新审判。

《人民检察院刑事诉讼规则》

第五百五十五条　当事人和辩护人、诉讼代理人、利害关系人对于办案机关及其工作人员有刑事诉讼法第一百一十七条规定的行为，向该机关申诉或者控告，对该机关作出的处理不服或者该机关未在规定时间内作出答复，而向人民检察院申诉的，办案机关的同级人民检察院应当受理。

人民检察院直接受理侦查的案件，当事人和辩护人、诉讼代理人、利害关系人对办理案件的人民检察院的处理不服的，可以向上一级人民检察院申诉，上一级人民检察院应当受理。

未向办案机关申诉或者控告，或者办案机关在规定时间内尚未作出处理决定，直接向人民检察院申诉的，人民检察院应当告知其向办案机关申诉或者控告。人民检察院在审查逮捕、审查起诉中发现有刑事诉讼法第一百一十七规定的违法情形的，可以直接监督纠正。

当事人和辩护人、诉讼代理人、利害关系人对刑事诉讼法第一百一十七条规定情形之外的违法行为提出申诉或者控告的，人民检察院应当受理，并及时审查，依法处理。

第五百五十六条　对人民检察院及其工作人员办理案件中违法行为的申诉、控告，由负责控告申诉检察的部门受理和审查办理。对其他司法机关处理决定不服向人民检察院提出的申诉，由负责控告申诉检察的部门受理后，移送相关办案部门审查办理。

审查办理的部门应当在受理之日起十五日以内提出审查意见。人民检察院对刑事诉讼法第一百一十七条的申诉，经审查认为需要其他司法机关说明理由的，应当要求有关机关说明理由，并在收到理由说明后十五日以内提出审查意见。

人民检察院及其工作人员办理案件中存在的违法情形属实的，应当予以纠正；不存在违法行为的，书面答复申诉人、控告人。

其他司法机关对申诉、控告的处理不正确的，人民检察院应当通知有关机关予以纠正；处理正确的，书面答复申诉人、控告人。

第五百八十八条　被害人及其法定代理人不服地方各级人民法院第一审的判决，在收到判决书后五日以内请求人民检察院提出抗诉的，人民检察院应当立即进行审查，在收到被害人及其法定代理人的请求后五日以内作出是否抗诉的决定，并且答复请求人。经审查认为应当抗诉的，适用本规则第五百八十四条至第五百八十七条的规定办理。

被害人及其法定代理人在收到判决书五日以后请求人民检察院提出抗诉的，由人民检察院决定是否受理。

第五百九十三条　当事人及其法定代理人、近亲属认为人民法院已经发生法律效力的判决、裁定确有错误，向人民检察院申诉的，由作出生效判决、裁定的人民法院的同级人民检察院依法办理。

当事人及其法定代理人、近亲属直接向上级人民检察院申诉的，上级人民检察院可以交由作出生效判决、裁定的人民法院的同级人民检察院受理；案情重大、疑难、复杂的，上级人民检察院可以直接受理。

当事人及其法定代理人、近亲属对人民法院已经发生法律效力的判决、裁定提出申诉，经人民检察院复查决定不予抗诉后继续提出申诉的，上一级人民检察院应当受理。

第五百九十四条　对不服人民法院已经发生法律效力的判决、裁定的申诉，经两级人民检察院办理且省级人民检察院已经复查的，如果没有新的证据，人民检察院不再复查，但原审被告人可能被宣告无罪或者判决、裁定有其他重大错误可能的除外。

第 101 问：家属对结果不服，可不可以单独提起上诉？

答：不可以。家属要经过被告人同意才能提起上诉，没有单独提起上诉的权利。不过家属可以在判决生效后，提起申诉，但是申诉的难度可能相对困难，且效果未必理想。

相关法条：

参见《中华人民共和国刑事诉讼法》第二百二十七条、第二百五十二条。

《最高人民法院关于适用《中华人民共和国刑事诉讼法》的解释》

第三百七十八条　地方各级人民法院在宣告第一审判决、裁定时，应当告知被告人、自诉人及其法定代理人不服判决和准许撤回起诉、终止审理等裁定的，有权在法定期限内以书面或者口头形式，通过本院或者直接向上一级人民法院提出上诉；被告人的辩护人、近亲属经被告人同意，也可以提出上诉；附带民事诉讼当事人及其法定代理人，可以对判决、裁定中的附带民事部分提出上诉。

被告人、自诉人、附带民事诉讼当事人及其法定代理人是否提出上诉，以其在上诉期满前最后一次的意思表示为准。

第 102 问：上诉后会不会加重被告人的刑期？

答：上诉不加刑是一项基本原则，所以上诉一般不会加重被告人的刑期。但是有两种特殊情况可能出现加重：一是公诉案件检察院提起抗诉，自诉案件自诉人上诉，认为一审法院量刑畸轻的，二审可能会加重刑期；二是案件上诉后，二审法院发回重审，发回重审一审如果发现新的事实、证据，就可能加重当事人的罪刑。

相关法条：

参见《中华人民共和国刑事诉讼法》第二百三十七条。

《最高人民法院关于适用《中华人民共和国刑事诉讼法》的解释》

第四百零一条　审理被告人或者其法定代理人、辩护人、近亲属提出上诉的案件，不得对被告人的刑罚作出实质不利的改判，并应当执行下列规定：

（一）同案审理的案件，只有部分被告人上诉的，既不得加重上诉人的刑罚，也不得加重其他同案被告人的刑罚；

（二）原判认定的罪名不当的，可以改变罪名，但不得加重刑罚或者对刑罚执行产生不利影响；

（三）原判认定的罪数不当的，可以改变罪数，并调整刑罚，但不得加重决定执行的刑罚或者对刑罚执行产生不利影响；

（四）原判对被告人宣告缓刑的，不得撤销缓刑或者延长缓刑考验期；

（五）原判没有宣告职业禁止、禁止令的，不得增加宣告；原判宣告职业禁止、禁止令的，不得增加内容、延长期限；

（六）原判对被告人判处死刑缓期执行没有限制减刑、决定终身监禁的，不得限制减刑、决定终身监禁；

（七）原判判处的刑罚不当、应当适用附加刑而没有适用的，不得直接加重刑罚、适用附加刑。原判判处的刑罚畸轻，必须依法改判的，应当在第二审判决、裁定生效后，依照审判监督程序重新审判。

人民检察院抗诉或者自诉人上诉的案件，不受前款规定的限制。

第四百零二条　人民检察院只对部分被告人的判决提出抗诉，或者自诉人只对部分被告人的判决提出上诉的，第二审人民法院不得对其他同案被告人加重刑罚。

第四百零三条　被告人或者其法定代理人、辩护人、近亲属提出上诉，人民检察院未提出抗诉的案件，第二审人民法院发回重新审判后，除有新的犯罪事实且人民检察院补充起诉的以外，原审人民法院不得加重被告人的刑罚。

对前款规定的案件，原审人民法院对上诉发回重新审判的案件依法作出判决后，人民检察院抗诉的，第二审人民法院不得改判为重于原审人民法院第一次判处的刑罚。

第四百零四条　第二审人民法院认为第一审判决事实不清、证据不足的，可以在查清事实后改判，也可以裁定撤销原判，发回原审人民法院重新审判。

有多名被告人的案件，部分被告人的犯罪事实不清、证据不足或者有新的犯罪事实需要追诉，且有关犯罪与其他同案被告人没有关联的，第二审人民法院根据案件情况，可以对该部分被告人分案处理，将该部分被告人发回原审人民法院重新审判。原审人民法院重新作出判决后，被告人上诉或者人民检察院抗诉，其他被告人的案件尚未作出第二审判决、裁定的，第二审人民法院可以并案审理。

第四百零五条　原判事实不清、证据不足，第二审人民法院发回重新审判的案件，原审人民法院重新作出判决后，被告人上诉或者人民检察院抗诉的，第二审人民法院应当依法作出判决、裁定，不得再发回重新审判。

第103问：上诉后，第二审人民法院一般是如何处理的？

答：上诉后，第二审人民法院会遵循全面审理、上诉不加刑的原则，根据案件具体情况作出处理。具体如下。

一、第二审人民法院全面审查

第二审人民法院会对一审判决认定的事实和适用法律进行全面审查，不受上诉或者抗诉范围的限制。共同犯罪的案件只有部分被告人上诉的，也会对全案进行审查，一并处理。

第二审人民法院会着重审查：

（1）第一审判决认定的事实是否清楚，证据是否确实、充分。

（2）第一审判决适用法律是否正确，量刑是否适当。

（3）在调查、侦查、审查起诉、第一审程序中，有无违反法定程序的情形。

（4）上诉、抗诉是否提出新的事实、证据。

（5）被告人的供述和辩解情况。

（6）辩护人的辩护意见及采纳情况。

（7）附带民事部分的判决、裁定是否合法、适当。

（8）对涉案财物的处理是否正确。

（9）第一审人民法院合议庭、审判委员会讨论的意见。

第二审人民法院审理对附带民事部分提出上诉，刑事部分已经发生法律效力的案件，应当对全案进行审查，并按照下列情形分别处理：

（1）第一审判决的刑事部分并无不当的，只需就附带民事部分作出处理。

（2）第一审判决的刑事部分确有错误的，依照审判监督程序对刑事部分进行再审，并将附带民事部分与刑事部分一并审理。

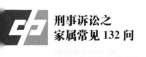
二、第二审人民法院会遵循上诉不加刑的原则

第二审人民法院审判被告人或者他的法定代理人、辩护人、近亲属上诉的案件，不得加重被告人的刑罚。人民检察院提出抗诉或者自诉人提出上诉的，不受前款规定的限制。

具体适用为：

（1）同案审理的案件，只有部分被告人上诉的，既不得加重上诉人的刑罚，也不得加重其他同案被告人的刑罚。

（2）原判认定的罪名不当的，可以改变罪名，但不得加重刑罚或者对刑罚执行产生不利影响。

（3）原判认定的罪数不当的，可以改变罪数，并调整刑罚，但不得加重决定执行的刑罚或者对刑罚执行产生不利影响。

（4）原判对被告人宣告缓刑的，不得撤销缓刑或者延长缓刑考验期。

（5）原判没有宣告职业禁止、禁止令的，不得增加宣告；原判宣告职业禁止、禁止令的，不得增加内容、延长期限。

（6）原判对被告人判处死刑缓期执行没有限制减刑、决定终身监禁的，不得限制减刑、决定终身监禁。

（7）原判判处的刑罚不当、应当适用附加刑而没有适用的，不得直接加重刑罚、适用附加刑。原判判处的刑罚畸轻，必须依法改判的，应当在第二审判决、裁定生效后，依照审判监督程序重新审判。

（8）人民检察院抗诉或者自诉人上诉的案件，不受限制。

（9）人民检察院只对部分被告人的判决提出抗诉，或者自诉人只对部分被告人的判决提出上诉的，第二审人民法院不得对其他同案被告人加重刑罚。

（10）检察院未提出抗诉的上诉案件，第二审人民法院发回重新审判后，除有新的犯罪事实且人民检察院补充起诉的以外，原审人民法院不得加重被告人的刑罚。

原审人民法院对上诉发回重新审判的案件依法作出判决后，人民检察院抗诉的，第二审人民法院不得改判为重于原审人民法院第一次判处的刑罚。

三、二审可以开庭审理也可以不开庭审理，但有几类特殊案件必须开庭审理

应当开庭审理的案件：

（1）被告人、自诉人及其法定代理人对第一审认定的事实、证据提出异议，

可能影响定罪量刑的上诉案件。

（2）被告人被判处死刑的上诉案件。

（3）人民检察院抗诉的案件。

（4）其他应当开庭审理的案件。

如果法院决定不开庭审理的话，应当讯问被告人，听取其他当事人、辩护人、诉讼代理人的意见。但如果第二审人民法院经审查，认为一审事实不清、证据不足，或者具有违反法定诉讼程序情形，需要发回重新审判的，可以不开庭审理。

开庭审理的案件，检察院有一个月的阅卷期限，不计入二审审限。

二审开庭审理上诉、抗诉案件，可以重点围绕对第一审判决、裁定有争议的问题或者有疑问的部分进行。程序上可以：

（1）宣读第一审判决书，可以只宣读案由、主要事实、证据名称和判决主文等。

（2）法庭调查应当重点围绕对第一审判决提出异议的事实、证据以及新的证据等进行；对没有异议的事实、证据和情节，可以直接确认。

（3）对同案审理案件中未上诉的被告人，未被申请出庭或者人民法院认为没有必要到庭的，可以不再传唤到庭。

（4）被告人犯有数罪的案件，对其中事实清楚且无异议的犯罪，可以不在庭审时审理。

（5）同案审理的案件，未提出上诉的，人民检察院也未对其判决提出抗诉的被告人要求出庭的，应当准许。出庭的被告人可以参加法庭调查和辩论。

（6）刑事附带民事诉讼案件，只有附带民事诉讼当事人及其法定代理人上诉的，第一审刑事部分的判决在上诉期满后即发生法律效力。应当送监执行的第一审刑事被告人是第二审附带民事诉讼被告人的，在第二审附带民事诉讼案件审结前，可以暂缓送监执行。

四、二审审理的结果

（一）维持原判

（1）第二审人民法院对上诉或抗诉案件进行审理后，认为原判决认定事实和适用法律正确，量刑适当，提出上诉或抗诉的理由不能成立的，应当裁定驳回上诉或者抗诉，维持原判。

（2）第二审人民法院认为一审量刑畸轻，但是受到上诉不加刑原则的限制而无法加刑的情况下，应当作出维持原判的裁定。

（二）改判

（1）原判决认定事实没有错误，但适用法律有错误，或者量刑不当的，应当改判。

（2）原判决事实不清楚或者证据不足的，可以在查清事实后改判。

（三）发回重审

（1）第一审人同法院违反以下诉讼程序规定的，应当裁定撤销原判，发回原审人民法院重新审判：违反《刑事诉讼法》有关公开审判的规定；违反回避制度的；剥夺或者限制了当事人的法定诉讼权利，可能影响公正审判的；审判组织的组成不合法的；其他违反法律规定的诉讼程序，可能影响公正审判的。

（2）判决事实不清楚或者证据不足的，也可以裁定撤销原判，发回原审人民法院重新审判。

发回重新审判的案件作出判决后，被告人提出上诉或者人民检察院提出抗诉的，第二审人民法院应当依法作出判决或者裁定，不得再发回原审人民法院重新审判。

相关法条：

参见《中华人民共和国刑事诉讼法》第二百三十三条至第二百四十四条。

《最高人民法院关于适用〈中华人民共和国刑事诉讼法〉的解释》

第三百八十八条　第二审人民法院审理上诉、抗诉案件，应当就第一审判决、裁定认定的事实和适用法律进行全面审查，不受上诉、抗诉范围的限制。

第三百八十九条　共同犯罪案件，只有部分被告人提出上诉，或者自诉人只对部分被告人的判决提出上诉，或者人民检察院只对部分被告人的判决提出抗诉的，第二审人民法院应当对全案进行审查，一并处理。

第三百九十条　共同犯罪案件，上诉的被告人死亡，其他被告人未上诉的，第二审人民法院应当对死亡的被告人终止审理；但有证据证明被告人无罪，经缺席审理确认无罪的，应当判决宣告被告人无罪。

具有前款规定的情形，第二审人民法院仍应对全案进行审查，对其他同案被告人作出判决、裁定。

第三百九十一条　对上诉、抗诉案件，应当着重审查下列内容：

（一）第一审判决认定的事实是否清楚，证据是否确实、充分；

（二）第一审判决适用法律是否正确，量刑是否适当；

（三）在调查、侦查、审查起诉、第一审程序中，有无违反法定程序的情形；

（四）上诉、抗诉是否提出新的事实、证据；

（五）被告人的供述和辩解情况；

（六）辩护人的辩护意见及采纳情况；

（七）附带民事部分的判决、裁定是否合法、适当；

（八）对涉案财物的处理是否正确；

（九）第一审人民法院合议庭、审判委员会讨论的意见。

第三百九十二条　第二审期间，被告人除自行辩护外，还可以继续委托第一审辩护人或者另行委托辩护人辩护。

共同犯罪案件，只有部分被告人提出上诉，或者自诉人只对部分被告人的判决提出上诉，或者人民检察院只对部分被告人的判决提出抗诉的，其他同案被告人也可以委托辩护人辩护。

第三百九十三条　下列案件，根据刑事诉讼法第二百三十四条的规定，应当开庭审理：

（一）被告人、自诉人及其法定代理人对第一审认定的事实、证据提出异议，可能影响定罪量刑的上诉案件；

（二）被告人被判处死刑的上诉案件；

（三）人民检察院抗诉的案件；

（四）应当开庭审理的其他案件。

被判处死刑的被告人没有上诉，同案的其他被告人上诉的案件，第二审人民法院应当开庭审理。

第三百九十四条　对上诉、抗诉案件，第二审人民法院经审查，认为原判事实不清、证据不足，或者具有刑事诉讼法第二百三十八条规定的违反法定诉讼程序情形，需要发回重新审判的，可以不开庭审理。

第三百九十五条　第二审期间，人民检察院或者被告人及其辩护人提交新证据的，人民法院应当及时通知对方查阅、摘抄或者复制。

第三百九十六条　开庭审理第二审公诉案件，应当在决定开庭审理后及时通知人民检察院查阅案卷。自通知后的第二日起，人民检察院查阅案卷的时间不计入审理期限。

第三百九十七条　开庭审理上诉、抗诉的公诉案件，应当通知同级人民检察院派员出庭。

抗诉案件，人民检察院接到开庭通知后不派员出庭，且未说明原因的，人民法院可以裁定按人民检察院撤回抗诉处理。

第三百九十八条　开庭审理上诉、抗诉案件，除参照适用第一审程序的有关规定外，应当按照下列规定进行：

（一）法庭调查阶段，审判人员宣读第一审判决书、裁定书后，上诉案件由上诉人或者辩护人先宣读上诉状或者陈述上诉理由，抗诉案件由检察员先宣读抗诉书；既有上诉又有抗诉的案件，先由检察员宣读抗诉书，再由上诉人或者辩护人宣读上诉状或者陈述上诉理由。

（二）法庭辩论阶段，上诉案件，先由上诉人、辩护人发言，后由检察员、诉讼代理人发言；抗诉案件，先由检察员、诉讼代理人发言，后由被告人、辩护人发言；既有上诉又有抗诉的案件，先由检察员、诉讼代理人发言，后由上诉人、辩护人发言。

第三百九十九条　开庭审理上诉、抗诉案件，可以重点围绕对第一审判决、裁定有争议的问题或者有疑问的部分进行。根据案件情况，可以按照下列方式审理：

（一）宣读第一审判决书，可以只宣读案由、主要事实、证据名称和判决主文等；

（二）法庭调查应当重点围绕对第一审判决提出异议的事实、证据以及新的证据等进行；对没有异议的事实、证据和情节，可以直接确认；

（三）对同案审理案件中未上诉的被告人，未被申请出庭或者人民法院认为没有必要到庭的，可以不再传唤到庭；

（四）被告人犯有数罪的案件，对其中事实清楚且无异议的犯罪，可以不在庭审时审理。

同案审理的案件，未提出上诉、人民检察院也未对其判决提出抗诉的被告人要求出庭的，应当准许。出庭的被告人可以参加法庭调查和辩论。

第四百条　第二审案件依法不开庭审理的，应当讯问被告人，听取其他当事人、辩护人、诉讼代理人的意见。合议庭全体成员应当阅卷，必要时应当提交书面阅卷意见。

第四百零一条　审理被告人或者其法定代理人、辩护人、近亲属提出上诉的案件，不得对被告人的刑罚作出实质不利的改判，并应当执行下列规定：

（一）同案审理的案件，只有部分被告人上诉的，既不得加重上诉人的刑罚，也不得加重其他同案被告人的刑罚；

（二）原判认定的罪名不当的，可以改变罪名，但不得加重刑罚或者对刑罚执行产生不利影响；

（三）原判认定的罪数不当的，可以改变罪数，并调整刑罚，但不得加重决定执行的刑罚或者对刑罚执行产生不利影响；

（四）原判对被告人宣告缓刑的，不得撤销缓刑或者延长缓刑考验期；

（五）原判没有宣告职业禁止、禁止令的，不得增加宣告；原判宣告职业禁止、禁止令的，不得增加内容、延长期限；

（六）原判对被告人判处死刑缓期执行没有限制减刑、决定终身监禁的，不得限制减刑、决定终身监禁；

（七）原判判处的刑罚不当、应当适用附加刑而没有适用的，不得直接加重刑罚、适用附加刑。原判判处的刑罚畸轻，必须依法改判的，应当在第二审判决、裁定生效后，依照审判监督程序重新审判。

人民检察院抗诉或者自诉人上诉的案件，不受前款规定的限制。

第四百零二条　人民检察院只对部分被告人的判决提出抗诉，或者自诉人只对部分被告人的判决提出上诉的，第二审人民法院不得对其他同案被告人加重刑罚。

第四百零三条　被告人或者其法定代理人、辩护人、近亲属提出上诉，人民检察院未提出抗诉的案件，第二审人民法院发回重新审判后，除有新的犯罪事实且人民检察院补充起诉的以外，原审人民法院不得加重被告人的刑罚。

对前款规定的案件，原审人民法院对上诉发回重新审判的案件依法作出判决后，人民检察院抗诉的，第二审人民法院不得改判为重于原审人民法院第一次判处的刑罚。

第四百零四条　第二审人民法院认为第一审判决事实不清、证据不足的，可以在查清事实后改判，也可以裁定撤销原判，发回原审人民法院重新审判。

有多名被告人的案件，部分被告人的犯罪事实不清、证据不足或者有新的犯罪事实需要追诉，且有关犯罪与其他同案被告人没有关联的，第二审人民法院根据案件情况，可以对该部分被告人分案处理，将该部分被告人发回原审人民法院重新审判。原审人民法院重新作出判决后，被告人上诉或者人民检察院抗诉，其他被告人的案件尚未作出第二审判决、裁定的，第二审人民法院可以并案审理。

第四百零五条　原判事实不清、证据不足，第二审人民法院发回重新审判的案件，原审人民法院重新作出判决后，被告人上诉或者人民检察院抗诉的，第二审人民法院应当依法作出判决、裁定，不得再发回重新审判。

第四百零六条　第二审人民法院发现原审人民法院在重新审判过程中，有刑事诉讼法第二百三十八条规定的情形之一，或者违反第二百三十九条规定的，应当裁定撤销原判，发回重新审判。

第四百零七条　第二审人民法院审理对刑事部分提出上诉、抗诉，附带民事部分已经发生法律效力的案件，发现第一审判决、裁定中的附带民事部分确有错误的，应当依照审判监督程序对附带民事部分予以纠正。

第四百零八条　刑事附带民事诉讼案件，只有附带民事诉讼当事人及其法定代理人上诉的，第一审刑事部分的判决在上诉期满后即发生法律效力。

应当送监执行的第一审刑事被告人是第二审附带民事诉讼被告人的，在第二审附带民事诉讼案件审结前，可以暂缓送监执行。

第四百零九条　第二审人民法院审理对附带民事部分提出上诉，刑事部分已经发生法律效力的案件，应当对全案进行审查，并按照下列情形分别处理：

（一）第一审判决的刑事部分并无不当的，只需就附带民事部分作出处理；

（二）第一审判决的刑事部分确有错误的，依照审判监督程序对刑事部分进行再审，并将附带民事部分与刑事部分一并审理。

第四百一十条　第二审期间，第一审附带民事诉讼原告人增加独立的诉讼请求或者第一审附带民事诉讼被告人提出反诉的，第二审人民法院可以根据自愿、合法的原则进行调解；调解不成的，告知当事人另行起诉。

第四百一十一条　对第二审自诉案件，必要时可以调解，当事人也可以自行和解。调解结案的，应当制作调解书，第一审判决、裁定视为自动撤销。当事人自行和解的，依照本解释第三百二十九条的规定处理；裁定准许撤回自诉的，应当撤销第一审判决、裁定。

第四百一十二条　第二审期间，自诉案件的当事人提出反诉的，应当告知其另行起诉。

第四百一十三条　第二审人民法院可以委托第一审人民法院代为宣判，并向当事人送达第二审判决书、裁定书。第一审人民法院应当在代为宣判后五日以内将宣判笔录送交第二审人民法院，并在送达完毕后及时将送达回证送交第二审人民法院。

委托宣判的，第二审人民法院应当直接向同级人民检察院送达第二审判决书、裁定书。

第二审判决、裁定是终审的判决、裁定的，自宣告之日起发生法律效力。

第 104 问：发回重审后，可以申请对犯罪嫌疑人取保候审吗？

答：可以，只要犯罪嫌疑人符合取保候审的条件，都可以向相应的办案机关申请取保候审，取保候审的适用没有程序的限制，由公安机关执行。公安机关、检察院、法院都可以决定取保候审。

一、可以申请取保候审的情形

（1）可能判处管制、拘役或者独立适用附加刑的。

（2）可能判处有期徒刑以上刑罚，采取取保候审不致发生社会危险性的。

（3）患有严重疾病、生活不能自理，怀孕或者正在哺乳自己婴儿的妇女，采取取保候审不致发生社会危险性的。

（4）羁押期限届满，案件尚未办结，需要采取取保候审的。

（5）公安阶段，对拘留的犯罪嫌疑人，证据不符合逮捕条件，以及提请逮捕后，人民检察院不批准逮捕，需要继续侦查，并且符合取保候审条件的，可以依法取保候审。

二、不得取保候审的情况

公安阶段：对累犯，犯罪集团的主犯，以自伤、自残办法逃避侦查的犯罪嫌疑人，严重暴力犯罪以及其他严重犯罪的犯罪嫌疑人不得取保候审，但患有严重疾病、生活不能自理，怀孕或者正在哺乳自己婴儿的妇女，采取取保候审不致发生社会危险性，或羁押期限届满，案件尚未办结的除外。

检察院阶段：人民检察院对于严重危害社会治安的犯罪嫌疑人，以及其他犯罪性质恶劣、情节严重的犯罪嫌疑人不得取保候审。

三、取保候审应当遵守的规定

（1）未经执行机关批准不得离开所居住的市、县。

（2）住址、工作单位和联系方式发生变动的，在二十四小时以内向执行机关报告。

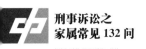

x（3）在传讯的时候及时到案。

（4）不得以任何形式干扰证人作证。

（5）不得毁灭、伪造证据或者串供。

四、人民法院、人民检察院和公安机关可以根据案件情况，责令被取保候审的犯罪嫌疑人、被告人遵守以下一项或者多项规定

（1）不得进入特定的场所。

（2）不得与特定的人员会见或者通信。

（3）不得从事特定的活动。

（4）将护照等出入境证件、驾驶证件交执行机关保存。

五、被取保候审的犯罪嫌疑人、被告人违反取保候审的规定的，决定机关可以视情况变更强制措施为监视居住或者予以逮捕

对违反取保候审规定，需要予以逮捕的，可以对犯罪嫌疑人、被告人先行拘留。

六、取保候审，需要提供保证人或者保证金，保证金起点数额为人民币一千元，取保候审最长不得超过十二个月

七、在公安阶段已经取保候审的犯罪嫌疑人，到了检察院阶段需要继续取保候审的，由检察院作出决定并重新办理取保候审的手续；公安、检察院阶段已经取保候审的人，案件到了法院阶段，需要继续取保候审的，由法院作出决定，重新办理取保候审手续

相关法条：

参见《中华人民共和国刑事诉讼法》第六十六条至第六十八条、第七十一条至第七十三条、第七十九条、第八十一条、第九十一条、第九十八条、第九十九条、第一百六十七条、第一百七十条。

《最高人民法院关于适用〈中华人民共和国刑事诉讼法〉的解释》

第一百四十七条　人民法院根据案件情况，可以决定对被告人拘传、取保候审、监视居住或者逮捕。

对被告人采取、撤销或者变更强制措施的，由院长决定；决定继续取保候审、监视居住的，可以由合议庭或者独任审判员决定。

第一百五十条　被告人具有刑事诉讼法第六十七条第一款规定情形之一的，人民法院可以决定取保候审。

160

对被告人决定取保候审的，应当责令其提出保证人或者交纳保证金，不得同时使用保证人保证与保证金保证。

第一百五十一条　对下列被告人决定取保候审的，可以责令其提出一至二名保证人：

（一）无力交纳保证金的；

（二）未成年或者已满七十五周岁的；

（三）不宜收取保证金的其他被告人。

第一百五十三条　对决定取保候审的被告人使用保证金保证的，应当依照刑事诉讼法第七十二条第一款的规定确定保证金的具体数额，并责令被告人或者为其提供保证金的单位、个人将保证金一次性存入公安机关指定银行的专门账户。

第一百五十四条　人民法院向被告人宣布取保候审决定后，应当将取保候审决定书等相关材料送交当地公安机关。

对被告人使用保证金保证的，应当在核实保证金已经存入公安机关指定银行的专门账户后，将银行出具的收款凭证一并送交公安机关。

第一百五十五条　被告人被取保候审期间，保证人不愿继续履行保证义务或者丧失履行保证义务能力的，人民法院应当在收到保证人的申请或者公安机关的书面通知后三日以内，责令被告人重新提出保证人或者交纳保证金，或者变更强制措施，并通知公安机关。

第一百五十七条　根据案件事实和法律规定，认为已经构成犯罪的被告人在取保候审期间逃匿的，如果系保证人协助被告人逃匿，或者保证人明知被告人藏匿地点但拒绝向司法机关提供，对保证人应当依法追究责任。

第一百五十八条　人民法院发现使用保证金保证的被取保候审人违反刑事诉讼法第七十一条第一款、第二款规定的，应当书面通知公安机关依法处理。

人民法院收到公安机关已经没收保证金的书面通知或者变更强制措施的建议后，应当区别情形，在五日以内责令被告人具结悔过，重新交纳保证金或者提出保证人，或者变更强制措施，并通知公安机关。

人民法院决定对被依法没收保证金的被告人继续取保候审的，取保候审的期限连续计算。

第一百五十九条　对被取保候审的被告人的判决、裁定生效后，如果保证金属于其个人财产，且需要用以退赔被害人、履行附带民事赔偿义务或者执行财产刑的，人民法院可以书面通知公安机关移交全部保证金，由人民法院作出处理，剩余部分退还被告人。

第一百六十二条 人民检察院、公安机关已经对犯罪嫌疑人取保候审、监视居住，案件起诉至人民法院后，需要继续取保候审、监视居住或者变更强制措施的，人民法院应当在七日以内作出决定，并通知人民检察院、公安机关。

决定继续取保候审、监视居住的，应当重新办理手续，期限重新计算；继续使用保证金保证的，不再收取保证金。

第一百六十四条 被取保候审的被告人具有下列情形之一的，人民法院应当决定逮捕：

（一）故意实施新的犯罪的；

（二）企图自杀或者逃跑的；

（三）毁灭、伪造证据，干扰证人作证或者串供的；

（四）打击报复、恐吓滋扰被害人、证人、鉴定人、举报人、控告人等的；

（五）经传唤，无正当理由不到案，影响审判活动正常进行的；

（六）擅自改变联系方式或者居住地，导致无法传唤，影响审判活动正常进行的；

（七）未经批准，擅自离开所居住的市、县，影响审判活动正常进行，或者两次未经批准，擅自离开所居住的市、县的；

（八）违反规定进入特定场所、与特定人员会见或者通信、从事特定活动，影响审判活动正常进行，或者两次违反有关规定的；

（九）依法应当决定逮捕的其他情形。

第一百六十六条 对可能判处徒刑以下刑罚的被告人，违反取保候审、监视居住规定，严重影响诉讼活动正常进行的，可以决定逮捕。

《人民检察院刑事诉讼规则》

第八十六条 人民检察院对于具有下列情形之一的犯罪嫌疑人，可以取保候审：

（一）可能判处管制、拘役或者独立适用附加刑的；

（二）可能判处有期徒刑以上刑罚，采取取保候审不致发生社会危险性的；

（三）患有严重疾病、生活不能自理，怀孕或者正在哺乳自己婴儿的妇女，采取取保候审不致发生社会危险性的；

（四）羁押期限届满，案件尚未办结，需要采取取保候审的。

第八十七条 人民检察院对于严重危害社会治安的犯罪嫌疑人，以及其他犯罪性质恶劣、情节严重的犯罪嫌疑人不得取保候审。

第八十八条　被羁押或者监视居住的犯罪嫌疑人及其法定代理人、近亲属或者辩护人向人民检察院申请取保候审，人民检察院应当在三日以内作出是否同意的答复。经审查符合本规则第八十六条规定情形之一的，可以对被羁押或者监视居住的犯罪嫌疑人依法办理取保候审手续。经审查不符合取保候审条件的，应当告知申请人，并说明不同意取保候审的理由。

第八十九条　人民检察院决定对犯罪嫌疑人取保候审，应当责令犯罪嫌疑人提出保证人或者交纳保证金。

对同一犯罪嫌疑人决定取保候审，不得同时使用保证人保证和保证金保证方式。

对符合取保候审条件，具有下列情形之一的犯罪嫌疑人，人民检察院决定取保候审时，可以责令其提供一至二名保证人：

（一）无力交纳保证金的；

（二）系未成年人或者已满七十五周岁的人；

（三）其他不宜收取保证金的。

第九十一条　人民检察院应当告知保证人履行以下义务：

（一）监督被保证人遵守刑事诉讼法第七十一条的规定；

（二）发现被保证人可能发生或者已经发生违反刑事诉讼法第七十一条规定的行为的，及时向执行机关报告。

保证人保证承担上述义务后，应当在取保候审保证书上签名或者盖章。

第九十三条　人民检察院决定对犯罪嫌疑人取保候审的，应当制作取保候审决定书，载明取保候审开始的时间、保证方式、被取保候审人应当履行的义务和应当遵守的规定。

人民检察院作出取保候审决定时，可以根据犯罪嫌疑人涉嫌犯罪的性质、危害后果、社会影响，犯罪嫌疑人、被害人的具体情况等，有针对性地责令其遵守以下一项或者多项规定：

（一）不得进入特定的场所；

（二）不得与特定的人员会见或者通信；

（三）不得从事特定的活动；

（四）将护照等出入境证件、驾驶证件交执行机关保存。

第九十四条　人民检察院应当向取保候审的犯罪嫌疑人宣读取保候审决定书，由犯罪嫌疑人签名或者盖章，并捺指印，责令犯罪嫌疑人遵守刑事诉讼法

第七十一条的规定，告知其违反规定应负的法律责任。以保证金方式保证的，应当同时告知犯罪嫌疑人一次性将保证金存入公安机关指定银行的专门账户。

第九十五条　向犯罪嫌疑人宣布取保候审决定后，人民检察院应当将执行取保候审通知书送达公安机关执行，并告知公安机关在执行期间拟批准犯罪嫌疑人离开所居住的市、县的，应当事先征得人民检察院同意。以保证人方式保证的，应当将取保候审保证书同时送交公安机关。

人民检察院核实保证金已经交纳到公安机关指定银行的凭证后，应当将银行出具的凭证及其他有关材料与执行取保候审通知书一并送交公安机关。

第九十六条　采取保证人保证方式的，如果保证人在取保候审期间不愿继续保证或者丧失保证条件的，人民检察院应当在收到保证人不愿继续保证的申请或者发现其丧失保证条件后三日以内，责令犯罪嫌疑人重新提出保证人或者交纳保证金，并将变更情况通知公安机关。

第九十七条　采取保证金保证方式的，被取保候审人拒绝交纳保证金或者交纳保证金不足决定数额时，人民检察院应当作出变更取保候审措施、变更保证方式或者变更保证金数额的决定，并将变更情况通知公安机关。

第九十八条　公安机关在执行取保候审期间向人民检察院征询是否同意批准犯罪嫌疑人离开所居住的市、县时，人民检察院应当根据案件的具体情况及时作出决定，并通知公安机关。

第一百条　人民检察院发现犯罪嫌疑人违反刑事诉讼法第七十一条的规定，已交纳保证金的，应当书面通知公安机关没收部分或者全部保证金，并且根据案件的具体情况，责令犯罪嫌疑人具结悔过，重新交纳保证金、提出保证人，或者决定对其监视居住、予以逮捕。

公安机关发现犯罪嫌疑人违反刑事诉讼法第七十一条的规定，提出没收保证金或者变更强制措施意见的，人民检察院应当在收到意见后五日以内作出决定，并通知公安机关。

重新交纳保证金的程序适用本规则第九十二条的规定；提出保证人的程序适用本规则第九十条、第九十一条的规定。对犯罪嫌疑人继续取保候审的，取保候审的时间应当累计计算。

对犯罪嫌疑人决定监视居住的，应当办理监视居住手续。监视居住的期限应当自执行监视居住决定之日起计算并告知犯罪嫌疑人。

第一百零一条　犯罪嫌疑人有下列违反取保候审规定的行为，人民检察院应当对犯罪嫌疑人予以逮捕：

（一）故意实施新的犯罪；

（二）企图自杀、逃跑；

（三）实施毁灭、伪造证据，串供或者干扰证人作证，足以影响侦查、审查起诉工作正常进行；

（四）对被害人、证人、鉴定人、举报人、控告人及其他人员实施打击报复。

犯罪嫌疑人有下列违反取保候审规定的行为，人民检察院可以对犯罪嫌疑人予以逮捕：

（一）未经批准，擅自离开所居住的市、县，造成严重后果，或者两次未经批准，擅自离开所居住的市、县；

（二）经传讯不到案，造成严重后果，或者经两次传讯不到案；

（三）住址、工作单位和联系方式发生变动，未在二十四小时以内向公安机关报告，造成严重后果；

（四）违反规定进入特定场所、与特定人员会见或者通信、从事特定活动，严重妨碍诉讼程序正常进行。

有前两款情形，需要对犯罪嫌疑人予以逮捕的，可以先行拘留；已交纳保证金的，同时书面通知公安机关没收保证金。

第一百零二条　人民检察院决定对犯罪嫌疑人取保候审，最长不得超过十二个月。

第一百零三条　公安机关决定对犯罪嫌疑人取保候审，案件移送人民检察院审查起诉后，对于需要继续取保候审的，人民检察院应当依法重新作出取保候审决定，并对犯罪嫌疑人办理取保候审手续。取保候审的期限应当重新计算并告知犯罪嫌疑人。对继续采取保证金方式取保候审的，被取保候审人没有违反刑事诉讼法第七十一条规定的，不变更保证金数额，不再重新收取保证金。

第一百零四条　在取保候审期间，不得中断对案件的侦查、审查起诉。

第一百零五条　取保候审期限届满或者发现不应当追究犯罪嫌疑人的刑事责任的，应当及时解除或者撤销取保候审。

解除或者撤销取保候审的决定，应当及时通知执行机关，并将解除或者撤销取保候审的决定书送达犯罪嫌疑人；有保证人的，应当通知保证人解除保证义务。

第一百零六条　犯罪嫌疑人在取保候审期间没有违反刑事诉讼法第七十一条的规定，或者发现不应当追究犯罪嫌疑人刑事责任的，变更、解除或者撤销取保候审时，应当告知犯罪嫌疑人可以凭变更、解除或者撤销取保候审的通知或者有关法律文书到银行领取退还的保证金。

第一百二十五条　对被拘留的犯罪嫌疑人，发现不应当拘留的，应当立即释放；依法可以取保候审或者监视居住的，按照本规则的有关规定办理取保候审或者监视居住手续。

对被拘留的犯罪嫌疑人，需要逮捕的，按照本规则的有关规定办理逮捕手续；决定不予逮捕的，应当及时变更强制措施。

第六节　监察机关移送案件的强制措施

第一百四十三条　人民检察院应当在执行拘留后十日以内，作出是否逮捕、取保候审或者监视居住的决定。特殊情况下，决定的时间可以延长一日至四日。

人民检察院决定采取强制措施的期间不计入审查起诉期限。

第一百四十六条　对于监察机关移送起诉的未采取留置措施的案件，人民检察院受理后，在审查起诉过程中根据案件情况，可以依照本规则相关规定决定是否采取逮捕、取保候审或者监视居住措施。

第二百八十九条　对已经作出的批准逮捕决定发现确有错误的，人民检察院应当撤销原批准逮捕决定，送达公安机关执行。

对已经作出的不批准逮捕决定发现确有错误，需要批准逮捕的，人民检察院应当撤销原不批准逮捕决定，并重新作出批准逮捕决定，送达公安机关执行。

对因撤销原批准逮捕决定而被释放的犯罪嫌疑人或者逮捕后公安机关变更为取保候审、监视居住的犯罪嫌疑人，又发现需要逮捕的，人民检察院应当重新办理逮捕手续。

《公安机关办理刑事案件程序规定》

第八十一条　公安机关对具有下列情形之一的犯罪嫌疑人，可以取保候审：

（一）可能判处管制、拘役或者独立适用附加刑的；

（二）可能判处有期徒刑以上刑罚，采取取保候审不致发生社会危险性的；

（三）患有严重疾病、生活不能自理，怀孕或者正在哺乳自己婴儿的妇女，采取取保候审不致发生社会危险性的；

（四）羁押期限届满，案件尚未办结，需要继续侦查的。

对拘留的犯罪嫌疑人，证据不符合逮捕条件，以及提请逮捕后，人民检察院不批准逮捕，需要继续侦查，并且符合取保候审条件的，可以依法取保候审。

第八十二条　对累犯，犯罪集团的主犯，以自伤、自残办法逃避侦查的犯罪嫌疑人，严重暴力犯罪以及其他严重犯罪的犯罪嫌疑人不得取保候审，但犯罪嫌疑人具有本规定第八十一条第一款第三项、第四项规定情形的除外。

第八十三条　需要对犯罪嫌疑人取保候审的，应当制作呈请取保候审报告书，说明取保候审的理由、采取的保证方式以及应当遵守的规定，经县级以上公安机关负责人批准，制作取保候审决定书。取保候审决定书应当向犯罪嫌疑人宣读，由犯罪嫌疑人签名、捺指印。

第八十四条　公安机关决定对犯罪嫌疑人取保候审的，应当责令犯罪嫌疑人提出保证人或者交纳保证金。

对同一犯罪嫌疑人，不得同时责令其提出保证人和交纳保证金。对未成年人取保候审，应当优先适用保证人保证。

第八十五条　采取保证人保证的，保证人必须符合以下条件，并经公安机关审查同意：

（一）与本案无牵连；

（二）有能力履行保证义务；

（三）享有政治权利，人身自由未受到限制；

（四）有固定的住处和收入。

第八十六条　保证人应当履行以下义务：

（一）监督被保证人遵守本规定第八十九条、第九十条的规定；

（二）发现被保证人可能发生或者已经发生违反本规定第八十九条、第九十条规定的行为的，应当及时向执行机关报告。

保证人应当填写保证书，并在保证书上签名、捺指印。

第八十七条　犯罪嫌疑人的保证金起点数额为人民币一千元。犯罪嫌疑人为未成年人的，保证金起点数额为人民币五百元。具体数额应当综合考虑保证诉讼活动正常进行的需要、犯罪嫌疑人的社会危险性、案件的性质、情节、可能判处刑罚的轻重以及犯罪嫌疑人的经济状况等情况确定。

第八十八条　县级以上公安机关应当在其指定的银行设立取保候审保证金专门账户，委托银行代为收取和保管保证金。

提供保证金的人，应当一次性将保证金存入取保候审保证金专门账户。保证金应当以人民币交纳。

保证金应当由办案部门以外的部门管理。严禁截留、坐支、挪用或者以其他任何形式侵吞保证金。

第八十九条 公安机关在宣布取保候审决定时，应当告知被取保候审人遵守以下规定：

（一）未经执行机关批准不得离开所居住的市、县；

（二）住址、工作单位和联系方式发生变动的，在二十四小时以内向执行机关报告；

（三）在传讯的时候及时到案；

（四）不得以任何形式干扰证人作证；

（五）不得毁灭、伪造证据或者串供。

第九十条 公安机关在决定取保候审时，还可以根据案件情况，责令被取保候审人遵守以下一项或者多项规定：

（一）不得进入与其犯罪活动等相关联的特定场所；

（二）不得与证人、被害人及其近亲属、同案犯以及与案件有关联的其他特定人员会见或者以任何方式通信；

（三）不得从事与其犯罪行为等相关联的特定活动；

（四）将护照等出入境证件、驾驶证件交执行机关保存。

公安机关应当综合考虑案件的性质、情节、社会影响、犯罪嫌疑人的社会关系等因素，确定特定场所、特定人员和特定活动的范围。

第九十一条 公安机关决定取保候审的，应当及时通知被取保候审人居住地的派出所执行。必要时，办案部门可以协助执行。

采取保证人担保形式的，应当同时送交有关法律文书、被取保候审人基本情况、保证人基本情况等材料。采取保证金担保形式的，应当同时送交有关法律文书、被取保候审人基本情况和保证金交纳情况等材料。

第九十二条 人民法院、人民检察院决定取保候审的，负责执行的县级公安机关应当在收到法律文书和有关材料后二十四小时以内，指定被取保候审人居住地派出所核实情况后执行。

第九十三条 执行取保候审的派出所应当履行下列职责：

（一）告知被取保候审人必须遵守的规定，及其违反规定或者在取保候审期间重新犯罪应当承担的法律后果；

（二）监督、考察被取保候审人遵守有关规定，及时掌握其活动、住址、工作单位、联系方式及变动情况；

（三）监督保证人履行保证义务；

（四）被取保候审人违反应当遵守的规定以及保证人未履行保证义务的，应当及时制止、采取紧急措施，同时告知决定机关。

第九十四条　执行取保候审的派出所应当定期了解被取保候审人遵守取保候审规定的有关情况，并制作笔录。

第九十五条　被取保候审人无正当理由不得离开所居住的市、县。有正当理由需要离开所居住的市、县的，应当经负责执行的派出所负责人批准。

人民法院、人民检察院决定取保候审的，负责执行的派出所在批准被取保候审人离开所居住的市、县前，应当征得决定取保候审的机关同意。

第九十六条　被取保候审人在取保候审期间违反本规定第八十九条、第九十条规定，已交纳保证金的，公安机关应当根据其违反规定的情节，决定没收部分或者全部保证金，并且区别情形，责令其具结悔过、重新交纳保证金、提出保证人，变更强制措施或者给予治安管理处罚；需要予以逮捕的，可以对其先行拘留。

人民法院、人民检察院决定取保候审的，被取保候审人违反应当遵守的规定，负责执行的派出所应当及时通知决定取保候审的机关。

第九十七条　需要没收保证金的，应当经过严格审核后，报县级以上公安机关负责人批准，制作没收保证金决定书。

决定没收五万元以上保证金的，应当经设区的市一级以上公安机关负责人批准。

第九十八条　没收保证金的决定，公安机关应当在三日以内向被取保候审人宣读，并责令其在没收保证金决定书上签名、捺指印；被取保候审人在逃或者具有其他情形不能到场的，应当向其成年家属、法定代理人、辩护人或者单位、居住地的居民委员会、村民委员会宣布，由其成年家属、法定代理人、辩护人或者单位、居住地的居民委员会或者村民委员会的负责人在没收保证金决定书上签名。

被取保候审人或者其成年家属、法定代理人、辩护人或者单位、居民委员会、村民委员会负责人拒绝签名的，公安机关应当在没收保证金决定书上注明。

第九十九条　公安机关在宣读没收保证金决定书时，应当告知如果对没收保证金的决定不服，被取保候审人或者其法定代理人可以在五日以内向作出决定的公安机关申请复议。公安机关应当在收到复议申请后七日以内作出决定。

被取保候审人或者其法定代理人对复议决定不服的，可以在收到复议决定书后五日以内向上一级公安机关申请复核一次。上一级公安机关应当在收到复核申请后七日以内作出决定。对上级公安机关撤销或者变更没收保证金决定的，下级公安机关应当执行。

第一百条　没收保证金的决定已过复议期限，或者复议、复核后维持原决定或者变更没收保证金数额的，公安机关应当及时通知指定的银行将没收的保证金按照国家的有关规定上缴国库。人民法院、人民检察院决定取保候审的，还应当在三日以内通知决定取保候审的机关。

第一百零一条　被取保候审人在取保候审期间，没有违反本规定第八十九条、第九十条有关规定，也没有重新故意犯罪的，或者具有本规定第一百八十六条规定的情形之一的，在解除取保候审、变更强制措施的同时，公安机关应当制作退还保证金决定书，通知银行如数退还保证金。

被取保候审人可以凭退还保证金决定书到银行领取退还的保证金。被取保候审人委托他人领取的，应当出具委托书。

第一百零二条　被取保候审人没有违反本规定第八十九条、第九十条规定，但在取保候审期间涉嫌重新故意犯罪被立案侦查的，负责执行的公安机关应当暂扣其交纳的保证金，待人民法院判决生效后，根据有关判决作出处理。

第一百零三条　被保证人违反应当遵守的规定，保证人未履行保证义务的，查证属实后，经县级以上公安机关负责人批准，对保证人处一千元以上二万元以下罚款；构成犯罪的，依法追究刑事责任。

第一百零四条　决定对保证人罚款的，应当报经县级以上公安机关负责人批准，制作对保证人罚款决定书，在三日以内送达保证人，告知其如果对罚款决定不服，可以在收到决定书之日起五日以内向作出决定的公安机关申请复议。公安机关应当在收到复议申请后七日以内作出决定。

保证人对复议决定不服的，可以在收到复议决定书后五日以内向上一级公安机关申请复核一次。上一级公安机关应当在收到复核申请后七日以内作出决定。对上级公安机关撤销或者变更罚款决定的，下级公安机关应当执行。

第一百零五条　对于保证人罚款的决定已过复议期限，或者复议、复核后维持原决定或者变更罚款数额的，公安机关应当及时通知指定的银行将保证人罚款按照国家的有关规定上缴国库。人民法院、人民检察院决定取保候审的，还应当在三日以内通知决定取保候审的机关。

第一百零六条　对于犯罪嫌疑人采取保证人保证的，如果保证人在取保候审期间情况发生变化，不愿继续担保或者丧失担保条件，公安机关应当责令被取保候审人重新提出保证人或者交纳保证金，或者作出变更强制措施的决定。

人民法院、人民检察院决定取保候审的，负责执行的派出所应当自发现保证人不愿继续担保或者丧失担保条件之日起三日以内通知决定取保候审的机关。

第一百零七条　公安机关在取保候审期间不得中断对案件的侦查，对取保候审的犯罪嫌疑人，根据案情变化，应当及时变更强制措施或者解除取保候审。

取保候审最长不得超过十二个月。

第一百零八条　需要解除取保候审的，应当经县级以上公安机关负责人批准，制作解除取保候审决定书、通知书，并及时通知负责执行的派出所、被取保候审人、保证人和有关单位。

人民法院、人民检察院作出解除取保候审决定的，负责执行的公安机关应当根据决定书及时解除取保候审，并通知被取保候审人、保证人和有关单位。

第一百三十一条　对被拘留的犯罪嫌疑人审查后，根据案件情况报经县级以上公安机关负责人批准，分别作出如下处理：

（一）需要逮捕的，在拘留期限内，依法办理提请批准逮捕手续；

（二）应当追究刑事责任，但不需要逮捕的，依法直接向人民检察院移送审查起诉，或者依法办理取保候审或者监视居住手续后，向人民检察院移送审查起诉；

（三）拘留期限届满，案件尚未办结，需要继续侦查的，依法办理取保候审或者监视居住手续；

（四）具有本规定第一百八十六条规定情形之一的，释放被拘留人，发给释放证明书；需要行政处理的，依法予以处理或者移送有关部门。

第一百六十三条　案件在取保候审、监视居住期间移送审查起诉后，人民检察院决定重新取保候审、监视居住或者变更强制措施的，对原强制措施不再办理解除法律手续。

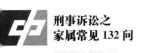

第 105 问：发回重审后，是不是要重新与辩护律师办理委托手续？

答：是否需要与律师重新办理委托手续，要看之前与律师签订的委托合同中关于授权委托书的期限是如何约定的。

如果合同签署了律师作为二审阶段的辩护律师，那么案件发回重审相当于二审阶段就结束了，案件进入新的程序，就需要重新办理委托手续；但是有可能二审法院认为一审法院有程序违法，没有经过实质审理就直接发回了，一般来说这相当于二审并没有审理，律师工作也没有进行，可以和律师就该问题进行沟通，确定一下是否需要重新办理委托手续。

如果合同签署时，约定的期限就是直至案件全部结束，也就是通常说的"包干"，那就不需要重新办理委托手续。但是一般情况下，刑事案件委托极少会约定"包干"，都是以一个审理阶段或者一个办案阶段来进行委托。

相关法条：
参见《中华人民共和国律师法》第三十一条、第三十二条。

第 106 问：当事人对发回重审后的一审判决仍然不服，可不可以再次上诉？

答：可以。发回重审的案件相当于重新开始，也就是作为一个新的案件从一审程序开始进行。

相关法条：
参见《中华人民共和国刑事诉讼法》第二百二十七条至第二百二十九条、第二百三十九条。

第 107 问：死刑复核程序是不是第三审？

答：我国的审理制度均是两审终审，不存在第三审。死刑复核是人民法院对判处死刑的案件进行复核所遵循的一种特殊审判程序。因为死刑是剥夺犯罪分子生命的刑罚，是《刑法》所规定的诸种刑罚中最严厉的一种，被称为极刑。也为了审慎适用死刑，所以专门为判处死刑的案件设置死刑复核程序，所有判处死刑、死刑缓期执行的案件均需要有核准权的机关再来审查一遍，作出是否核准的决定。

死刑除依法由最高人民法院判决的以外，都应当报请最高人民法院核准。死刑缓期执行的，可以由高级人民法院判决或者核准。

实际上，死刑案件在法院作出判决后，都必须层层上报至最高人民法院，由最高人民法院来作出是否核准的决定；死刑缓期执行的案件在作出判决后，必须层层上报至高级人民法院来作出是否核准的决定，若高级人民法院就是审判法院，那审判和死刑核准同时进行。

复核死刑、死刑缓期执行案件，应当全面审查以下内容：

（1）被告人的年龄，被告人有无刑事责任能力、是否系怀孕的妇女。

（2）原判认定的事实是否清楚，证据是否确实、充分。

（3）犯罪情节、后果及危害程度。

（4）原判适用法律是否正确，是否必须判处死刑，是否必须立即执行。

（5）有无法定、酌定从重、从轻或者减轻处罚情节。

（6）诉讼程序是否合法。

（7）应当审查的其他情况。

复核死刑、死刑缓期执行案件，应当重视审查被告人及其辩护人的辩解、辩护意见。

通过上述审查内容，也可以看出死刑复核的重点是，全案审核本案适用死刑、死缓是否适当。

死刑复核阶段，当事人也有委托辩护律师的权利，辩护律师可以就案件发表辩护意见并提交核准机关。

死刑复核核准的，则立即执行；不核准的，最高人民法院可以发回重审或者予以改判。

相关法条：

参见《中华人民共和国刑法》第四十八条。

参见《中华人民共和国刑事诉讼法》第二百四十七条、第二百五十条。

《最高人民法院关于适用〈中华人民共和国刑事诉讼法〉的解释》

第四百二十三条　报请最高人民法院核准死刑的案件，应当按照下列情形分别处理：

（一）中级人民法院判处死刑的第一审案件，被告人未上诉、人民检察院未抗诉的，在上诉、抗诉期满后十日以内报请高级人民法院复核。高级人民法院同意判处死刑的，应当在作出裁定后十日以内报请最高人民法院核准；认为原判认定的某一具体事实或者引用的法律条款等存在瑕疵，但判处被告人死刑并无不当的，可以在纠正后作出核准的判决、裁定；不同意判处死刑的，应当依照第二审程序提审或者发回重新审判；

（二）中级人民法院判处死刑的第一审案件，被告人上诉或者人民检察院抗诉，高级人民法院裁定维持的，应当在作出裁定后十日以内报请最高人民法院核准；

（三）高级人民法院判处死刑的第一审案件，被告人未上诉、人民检察院未抗诉的，应当在上诉、抗诉期满后十日以内报请最高人民法院核准。

高级人民法院复核死刑案件，应当讯问被告人。

第四百二十四条　中级人民法院判处死刑缓期执行的第一审案件，被告人未上诉、人民检察院未抗诉的，应当报请高级人民法院核准。

高级人民法院复核死刑缓期执行案件，应当讯问被告人。

第四百二十五条　报请复核的死刑、死刑缓期执行案件，应当一案一报。报送的材料包括报请复核的报告，第一、二审裁判文书，案件综合报告各五份以及全部案卷、证据。案件综合报告，第一、二审裁判文书和审理报告应当附送电子文本。

同案审理的案件应当报送全案案卷、证据。

曾经发回重新审判的案件，原第一、二审案卷应当一并报送。

第四百二十六条　报请复核死刑、死刑缓期执行的报告，应当写明案由、简要案情、审理过程和判决结果。

案件综合报告应当包括以下内容：

（一）被告人、被害人的基本情况。被告人有前科或者曾受过行政处罚、处分的，应当写明；

（二）案件的由来和审理经过。案件曾经发回重新审判的，应当写明发回重新审判的原因、时间、案号等；

（三）案件侦破情况。通过技术调查、侦查措施抓获被告人、侦破案件，以及与自首、立功认定有关的情况，应当写明；

（四）第一审审理情况。包括控辩双方意见，第一审认定的犯罪事实，合议庭和审判委员会意见；

（五）第二审审理或者高级人民法院复核情况。包括上诉理由、人民检察院的意见，第二审审理或者高级人民法院复核认定的事实，证据采信情况及理由，控辩双方意见及采纳情况；

（六）需要说明的问题。包括共同犯罪案件中另案处理的同案犯的处理情况，案件有无重大社会影响，以及当事人的反应等情况；

（七）处理意见。写明合议庭和审判委员会的意见。

第四百二十七条 复核死刑、死刑缓期执行案件，应当全面审查以下内容：

（一）被告人的年龄，被告人有无刑事责任能力、是否系怀孕的妇女；

（二）原判认定的事实是否清楚，证据是否确实、充分；

（三）犯罪情节、后果及危害程度；

（四）原判适用法律是否正确，是否必须判处死刑，是否必须立即执行；

（五）有无法定、酌定从重、从轻或者减轻处罚情节；

（六）诉讼程序是否合法；

（七）应当审查的其他情况。

复核死刑、死刑缓期执行案件，应当重视审查被告人及其辩护人的辩解、辩护意见。

第四百二十八条 高级人民法院复核死刑缓期执行案件，应当按照下列情形分别处理：

（一）原判认定事实和适用法律正确、量刑适当、诉讼程序合法的，应当裁定核准；

（二）原判认定的某一具体事实或者引用的法律条款等存在瑕疵，但判处被告人死刑缓期执行并无不当的，可以在纠正后作出核准的判决、裁定；

（三）原判认定事实正确，但适用法律有错误，或者量刑过重的，应当改判；

（四）原判事实不清、证据不足的，可以裁定不予核准，并撤销原判，发回重新审判，或者依法改判；

（五）复核期间出现新的影响定罪量刑的事实、证据的，可以裁定不予核准，并撤销原判，发回重新审判，或者依照本解释第二百七十一条的规定审理后依法改判；

（六）原审违反法定诉讼程序，可能影响公正审判的，应当裁定不予核准，并撤销原判，发回重新审判。

复核死刑缓期执行案件，不得加重被告人的刑罚。

第四百二十九条　最高人民法院复核死刑案件，应当按照下列情形分别处理：

（一）原判认定事实和适用法律正确、量刑适当、诉讼程序合法的，应当裁定核准；

（二）原判认定的某一具体事实或者引用的法律条款等存在瑕疵，但判处被告人死刑并无不当的，可以在纠正后作出核准的判决、裁定；

（三）原判事实不清、证据不足的，应当裁定不予核准，并撤销原判，发回重新审判；

（四）复核期间出现新的影响定罪量刑的事实、证据的，应当裁定不予核准，并撤销原判，发回重新审判；

（五）原判认定事实正确、证据充分，但依法不应当判处死刑的，应当裁定不予核准，并撤销原判，发回重新审判；根据案件情况，必要时，也可以依法改判；

（六）原审违反法定诉讼程序，可能影响公正审判的，应当裁定不予核准，并撤销原判，发回重新审判。

第四百三十条　最高人民法院裁定不予核准死刑的，根据案件情况，可以发回第二审人民法院或者第一审人民法院重新审判。

对最高人民法院发回第二审人民法院重新审判的案件，第二审人民法院一般不得发回第一审人民法院重新审判。

第一审人民法院重新审判的，应当开庭审理。第二审人民法院重新审判的，可以直接改判；必须通过开庭查清事实、核实证据或者纠正原审程序违法的，应当开庭审理。

第四百三十一条　高级人民法院依照复核程序审理后报请最高人民法院核准死刑，最高人民法院裁定不予核准，发回高级人民法院重新审判的，高级人民法院可以依照第二审程序提审或者发回重新审判。

第四百三十二条　最高人民法院裁定不予核准死刑，发回重新审判的案件，原审人民法院应当另行组成合议庭审理，但本解释第四百二十九条第四项、第五项规定的案件除外。

第四百三十三条　依照本解释第四百三十条、第四百三十一条发回重新审判的案件，第一审人民法院判处死刑、死刑缓期执行的，上一级人民法院依照第二审程序或者复核程序审理后，应当依法作出判决或者裁定，不得再发回重新审判。但是，第一审人民法院有刑事诉讼法第二百三十八条规定的情形或者违反刑事诉讼法第二百三十九条规定的除外。

第四百三十四条　死刑复核期间，辩护律师要求当面反映意见的，最高人民法院有关合议庭应当在办公场所听取其意见，并制作笔录；辩护律师提出书面意见的，应当附卷。

第四百三十五条　死刑复核期间，最高人民检察院提出意见的，最高人民法院应当审查，并将采纳情况及理由反馈最高人民检察院。

第四百三十六条　最高人民法院应当根据有关规定向最高人民检察院通报死刑案件复核结果。

第 108 问：什么情况下可能不核准死刑？

答：若存在以下情况，可能会作出死刑不核准的裁定：

（1）原判事实不清、证据不足的。

（2）复核期间出现新的影响定罪量刑的事实、证据的。

（3）原判认定事实正确、证据充分，但依法不应当判处死刑的。

（4）原审违反法定诉讼程序，可能影响公正审判的。

相关法条：

参见《中华人民共和国刑事诉讼法》第二百五十条。

《最高人民法院关于适用〈中华人民共和国刑事诉讼法〉的解释》

第四百二十三条　报请最高人民法院核准死刑的案件，应当按照下列情形分别处理：

（一）中级人民法院判处死刑的第一审案件，被告人未上诉、人民检察院未抗诉的，在上诉、抗诉期满后十日以内报请高级人民法院复核。高级人民法院同意判处死刑的,应当在作出裁定后十日以内报请最高人民法院核准;认为原判认定的某一具体事实或者引用的法律条款等存在瑕疵,但判处被告人死刑并无不当的,可以在纠正后作出核准的判决、裁定;不同意判处死刑的,应当依照第二审程序提审或者发回重新审判;

(二)中级人民法院判处死刑的第一审案件,被告人上诉或者人民检察院抗诉,高级人民法院裁定维持的,应当在作出裁定后十日以内报请最高人民法院核准;

(三)高级人民法院判处死刑的第一审案件,被告人未上诉、人民检察院未抗诉的,应当在上诉、抗诉期满后十日以内报请最高人民法院核准。

高级人民法院复核死刑案件,应当讯问被告人。

同案审理的案件应当报送全案案卷、证据。

曾经发回重新审判的案件,原第一、二审案卷应当一并报送。

第四百二十八条　高级人民法院复核死刑缓期执行案件,应当按照下列情形分别处理:

(一)原判认定事实和适用法律正确、量刑适当、诉讼程序合法的,应当裁定核准;

(二)原判认定的某一具体事实或者引用的法律条款等存在瑕疵,但判处被告人死刑缓期执行并无不当的,可以在纠正后作出核准的判决、裁定;

(三)原判认定事实正确,但适用法律有错误,或者量刑过重的,应当改判;

(四)原判事实不清、证据不足的,可以裁定不予核准,并撤销原判,发回重新审判,或者依法改判;

(五)复核期间出现新的影响定罪量刑的事实、证据的,可以裁定不予核准,并撤销原判,发回重新审判,或者依照本解释第二百七十一条的规定审理后依法改判;

(六)原审违反法定诉讼程序,可能影响公正审判的,应当裁定不予核准,并撤销原判,发回重新审判。

复核死刑缓期执行案件,不得加重被告人的刑罚。

第四百二十九条　最高人民法院复核死刑案件,应当按照下列情形分别处理:

（一）原判认定事实和适用法律正确、量刑适当、诉讼程序合法的，应当裁定核准；

（二）原判认定的某一具体事实或者引用的法律条款等存在瑕疵，但判处被告人死刑并无不当的，可以在纠正后作出核准的判决、裁定；

（三）原判事实不清、证据不足的，应当裁定不予核准，并撤销原判，发回重新审判；

（四）复核期间出现新的影响定罪量刑的事实、证据的，应当裁定不予核准，并撤销原判，发回重新审判；

（五）原判认定事实正确、证据充分，但依法不应当判处死刑的，应当裁定不予核准，并撤销原判，发回重新审判；根据案件情况，必要时，也可以依法改判；

（六）原审违反法定诉讼程序，可能影响公正审判的，应当裁定不予核准，并撤销原判，发回重新审判。

第四百三十条　最高人民法院裁定不予核准死刑的，根据案件情况，可以发回第二审人民法院或者第一审人民法院重新审判。

对最高人民法院发回第二审人民法院重新审判的案件，第二审人民法院一般不得发回第一审人民法院重新审判。

第一审人民法院重新审判的，应当开庭审理。第二审人民法院重新审判的，可以直接改判；必须通过开庭查清事实、核实证据或者纠正原审程序违法的，应当开庭审理。

第四百三十一条　高级人民法院依照复核程序审理后报请最高人民法院核准死刑，最高人民法院裁定不予核准，发回高级人民法院重新审判的，高级人民法院可以依照第二审程序提审或者发回重新审判。

第四百三十二条　最高人民法院裁定不予核准死刑，发回重新审判的案件，原审人民法院应当另行组成合议庭审理，但本解释第四百二十九条第四项、第五项规定的案件除外。

第四百三十三条　依照本解释第四百三十条、第四百三十一条发回重新审判的案件，第一审人民法院判处死刑、死刑缓期执行的，上一级人民法院依照第二审程序或者复核程序审理后，应当依法作出判决或者裁定，不得再发回重新审判。但是，第一审人民法院有刑事诉讼法第二百三十八条规定的情形或者违反刑事诉讼法第二百三十九条规定的除外。

第四百三十四条　死刑复核期间，辩护律师要求当面反映意见的，最高人民法院有关合议庭应当在办公场所听取其意见，并制作笔录；辩护律师提出书面意见的，应当附卷。

第四百三十五条　死刑复核期间，最高人民检察院提出意见的，最高人民法院应当审查，并将采纳情况及理由反馈最高人民检察院。

第四百三十六条　最高人民法院应当根据有关规定向最高人民检察院通报死刑案件复核结果。

第五部分

判后释疑篇

第 109 问：家属如何知晓亲人送到哪里服刑了？

答：可以等入监通知或主动查询。

其一，根据判决书结果，可以计算罪犯所剩刑期，如果罪犯在被交付执行刑罚前，剩余刑期在三个月以下的，由看守所代为执行；还有被判处拘役的也由看守所执行，那么此时，罪犯不会被送往监狱，直接就在被关押的看守所服刑。

其二，根据法律规定，罪犯收监后，监狱会在收监之日起 5 日内给家属发出入监通知书。通知书会载明所在监狱，以及监狱地址和联系方式。

其三，如出现服刑人员写错家属联系方式或者记不清家属联系方式的情况，家属就有可能无法收到入监通知书。此时家属如果想知道亲人被送到哪里服刑，可以尝试：

1. 看守所查询

若服刑前，罪犯被羁押于看守所，那么由看守所转出送监狱执行的罪犯，看守所应当清楚其被送往哪个监狱。家属可以尝试致电看守所，表明身份，咨询服刑人员去向。不过，看守所可能会因为无法核实家属的真实身份，而要求家属携带身份证件、亲属关系证明等相关证件到现场进行核实咨询。

2. 咨询对案件作出生效判决的法院，或者联系承办法官

判决生效后，是由法院将执行通知书送交公安，然后将罪犯送交监狱执行刑罚。法院应当了解罪犯被送往哪个监狱服刑。

3. 咨询办理该案的公安机关

办理案件的公安机关是将罪犯送交监狱执行的执行机关，应当了解罪犯被送往哪个监狱服刑。

4. 属地派出所查询

公安内网应当载有服刑人员的信息，包括其在哪个监狱服刑。家属可以前往服刑人员户籍所在地派出所查询，前往的时候携带好相关身份证件。

5. 监狱管理局查询

可以到服刑人员涉案地监狱管理局狱政科进行查询。

需要注意的是，查询服刑人员的讯息时，只有其近亲属可以查询，即父母、配偶、子女、同胞兄弟姐妹等，查询时应该携带相关身份证明文件。

相关法条：

参见《中华人民共和国监狱法》第十五条至第二十条。

《看守所留所执行刑罚罪犯管理办法》

第十三条　收押罪犯后，看守所应当在五日内向罪犯家属或者监护人发出罪犯执行刑罚地点通知书。对收押的外国籍罪犯，应当在二十四小时内报告所属公安机关。

《公安机关办理刑事案件程序规定》

第二百九十八条　对被依法判处刑罚的罪犯，如果罪犯已被采取强制措施的，公安机关应当依据人民法院生效的判决书、裁定书以及执行通知书，将罪犯交付执行。

对人民法院作出无罪或者免除刑事处罚的判决，如果被告人在押，公安机关在收到相应的法律文书后应当立即办理释放手续；对人民法院建议给予行政处理的，应当依照有关规定处理或者移送有关部门。

第二百九十九条　对被判处死刑的罪犯，公安机关应当依据人民法院执行死刑的命令，将罪犯交由人民法院执行。

第三百条　公安机关接到人民法院生效的判处死刑缓期二年执行、无期徒刑、有期徒刑的判决书、裁定书以及执行通知书后，应当在一个月以内将罪犯送交监狱执行。

对未成年犯应当送交未成年犯管教所执行刑罚。

第三百零一条　对被判处有期徒刑的罪犯，在被交付执行刑罚前，剩余刑期在三个月以下的，由看守所根据人民法院的判决代为执行。

对被判处拘役的罪犯，由看守所执行。

第三百零二条　对被判处管制、宣告缓刑、假释或者暂予监外执行的罪犯，已被羁押的，由看守所将其交付社区矫正机构执行。

对被判处剥夺政治权利的罪犯，由罪犯居住地的派出所负责执行。

第三百零三条　对被判处有期徒刑由看守所代为执行和被判处拘役的罪犯，执行期间如果没有再犯新罪，执行期满，看守所应当发给刑满释放证明书。

第三百零四条　公安机关在执行刑罚中，如果认为判决有错误或者罪犯提出申诉，应当转请人民检察院或者原判人民法院处理。

《公安部关于印发〈公安机关执法细则（第三版）〉的通知》

40－01. 罪犯的交付

1. 交付执行。对被依法判处刑罚的罪犯，如果罪犯已被采取强制措施的，公安机关应当依据人民法院生效的判决书、裁定书以及执行通知书，将罪犯交付执行。具体程序，依照《看守所执法细则》有关规定执行。

（1）交人民法院执行。对被判处死刑的罪犯，公安机关应当依据人民法院执行死刑的命令，将罪犯交由人民法院执行。

（2）交监狱执行。公安机关接到人民法院生效的判处死刑缓期二年执行、无期徒刑、有期徒刑的判决书、裁定书以及执行通知书后，应当在一个月内将罪犯送交监狱执行。

（3）交未成年犯管教所执行。对未成年犯，公安机关接到人民法院生效的判处无期徒刑、有期徒刑的判决书、裁定书以及执行通知书后，应当在一个月内将罪犯送交未成年犯管教所执行。

（4）在看守所执行。

①对被判处有期徒刑的罪犯，在被交付执行刑罚前，剩余刑期在三个月以下的，由看守所根据人民法院的判决代为执行。

②对被判处拘役的罪犯，由看守所执行。

（5）交社区矫正机构执行。对被判处管制、宣告缓刑、假释或者暂予监外执行的罪犯，已被羁押的，由看守所交付社区矫正机构执行。

（6）交公安派出所执行。对被判处剥夺政治权利的罪犯，交由罪犯居住地的公安派出所负责执行。

《最高人民法院关于适用〈中华人民共和国刑事诉讼法〉的解释》

第五百一十一条 被判处死刑缓期执行、无期徒刑、有期徒刑、拘役的罪犯，第一审人民法院应当在判决、裁定生效后十日以内，将判决书、裁定书、起诉书副本、自诉状复印件、执行通知书、结案登记表送达公安机关、监狱或者其他执行机关。

第 110 问：判刑以后家属何时才能与其见面？

答：关于判刑后家属何时才能与亲人见面，现行法律并未明确规定。要根据不同案件的不同情况来确定。

其一，人民法院在判决生效后十日内会将判决书、执行通知书等相关材料送达公安机关，公安机关会自收到执行通知书、判决书之日起一个月内将该罪犯送交监狱执行刑罚。

一审判决 10 日内未上诉、抗诉，即生效；裁定 5 日内未上诉、抗诉，即生效；二审判决、裁定系终审判决、裁定，一经作出即生效。据此，从判决作出到罪犯被送交监狱执行，大概是一到两个月。

其二，罪犯被送监狱执行后，监狱会在收监之日起 5 日内给家属发出通知书，待家属接到通知，或者通过联系、询问确定罪犯已到监狱服刑，就可以具体联系其所在监狱，根据各个监狱的会见要求，会见服刑亲属。

其三，由看守所代为执行的服刑人员，家属在判决生效后就可以联系看守所，根据看守所的会见规定，会见服刑亲属。

综上，一般情况下，在法院作出判决后 2~3 个月，就可以会见服刑亲人。需要注意的是，亲属在会见在押罪犯的时候要遵守相关的规定。

（1）在看守所服刑的人员的具体情况一般是：剩余刑期在三个月以下的；被判处拘役的。会见在看守所服刑的人员，需注意以下规定。

罪犯可以与其亲属或者监护人每月会见一至二次，每次不超过一小时。每次前来会见罪犯的人员不超过三人。因特殊情况需要延长会见时间，增加会见人数，或者其亲属、监护人以外的人要求会见的，应当经看守所领导批准。

罪犯与受委托的律师会见，由律师向看守所提出申请，看守所应当查验授权委托书、律师事务所介绍信和律师执业证，并在四十八小时内予以安排。

经看守所领导批准，罪犯可以用指定的固定电话与其亲友、监护人通话；外国籍罪犯还可以与其所属国驻华使（领）馆通话。通话费用由罪犯本人承担。

罪犯近亲属、监护人不便到看守所会见，经其申请，看守所可以安排视频会见。

被判处拘役的罪犯每月可以回家一至二日，由罪犯本人提出申请，管教民警签署意见，经看守所所长审核后，报所属公安机关批准。

罪犯遇有配偶、父母、子女病危或者死亡，确需本人回家处理的，由当地公安派出所出具证明，经看守所所属公安机关领导批准，可以暂时离所，由二名以上民警押解，并于当日返回。

（2）在监狱服刑的人员的具体情况一般是：判处死刑缓期二年执行、无期徒刑、有期徒刑的。会见在监狱服刑的人员，需注意以下规定。

在监狱执行刑罚的服刑人员，监狱会给家属发出通知书，通知书一般会载明监狱名称、监狱地址和联系方式，家属可以联系监狱具体询问会见要求和政策，按监狱的规定会见服刑人员。

罪犯在服刑期间可以与他人通信，但是来往信件应当经过监狱检查。监狱发现有碍罪犯改造内容的信件，可以扣留。

罪犯在监狱服刑期间，按照规定，可以会见亲属、监护人。

罪犯收受物品和钱款，应当经监狱批准、检查。

相关法条：

《看守所留所执行刑罚罪犯管理办法》

第二条 被判处有期徒刑的成年和未成年罪犯，在被交付执行前，剩余刑期在三个月以下的，由看守所代为执行刑罚。

被判处拘役的成年和未成年罪犯，由看守所执行刑罚。

第四十五条 罪犯可以与其亲属或者监护人每月会见一至二次，每次不超过一小时。每次前来会见罪犯的人员不超过三人。因特殊情况需要延长会见时间，增加会见人数，或者其亲属、监护人以外的人要求会见的，应当经看守所领导批准。

第四十六条 罪犯与受委托的律师会见，由律师向看守所提出申请，看守所应当查验授权委托书、律师事务所介绍信和律师执业证，并在四十八小时内予以安排。

第四十七条 依据我国参加的国际公约和缔结的领事条约的有关规定，外国驻华使（领）馆官员要求探视其本国籍罪犯，或者外国籍罪犯亲属、监护人首次要求会见的，应当向省级公安机关提出书面申请。看守所根据省级公安机关的书面通知予以安排。外国籍罪犯亲属或者监护人再次要求会见的，可以直接向看守所提出申请。

外国籍罪犯拒绝其所属国驻华使（领）馆官员或者其亲属、监护人探视的，看守所不予安排，但罪犯应当出具本人签名的书面声明。

第四十八条　经看守所领导批准，罪犯可以用指定的固定电话与其亲友、监护人通话；外国籍罪犯还可以与其所属国驻华使（领）馆通话。通话费用由罪犯本人承担。

第四十九条　少数民族罪犯可以使用其本民族语言文字会见、通讯；外国籍罪犯可以使用其本国语言文字会见、通讯。

第五十条　会见应当在看守所会见室进行。

罪犯近亲属、监护人不便到看守所会见，经其申请，看守所可以安排视频会见。

会见、通讯应当遵守看守所的有关规定。对违反规定的，看守所可以中止本次会见、通讯。

第五十一条　罪犯可以与其亲友或者监护人通信。看守所应当对罪犯的来往信件进行检查，发现有碍罪犯改造内容的信件可以扣留。

罪犯写给看守所的上级机关和司法机关的信件，不受检查。

第五十二条　办案机关因办案需要向罪犯了解有关情况的，应当出具办案机关证明和办案人员工作证，并经看守所领导批准后在看守所内进行。

第五十三条　因起赃、辨认、出庭作证、接受审判等需要将罪犯提出看守所的，办案机关应当出具公函，经看守所领导批准后提出，并当日送回。

侦查机关因办理其他案件需要将罪犯临时寄押到异地看守所取证，并持有侦查机关所在的设区的市一级以上公安机关公函的，看守所应当允许提出，并办理相关手续。

人民法院因再审开庭需要将罪犯提出看守所，并持有人民法院刑事再审决定书或者刑事裁定书，或者人民检察院抗诉书的，看守所应当允许提出，并办理相关手续。

第五十四条　被判处拘役的罪犯每月可以回家一至二日，由罪犯本人提出申请，管教民警签署意见，经看守所所长审核后，报所属公安机关批准。

第五十五条　被判处拘役的外国籍罪犯提出探亲申请的，看守所应当报设区的市一级以上公安机关审批。设区的市一级以上公安机关作出批准决定的，应当报上一级公安机关备案。

被判处拘役的外国籍罪犯探亲时，不得出境。

第五十六条　对于准许回家的拘役罪犯，看守所应当发给回家证明，并告知应当遵守的相关规定。

罪犯回家时间不能集中使用，不得将刑期末期作为回家时间，变相提前释放罪犯。

第五十七条　罪犯需要办理婚姻登记等必须由本人实施的民事法律行为的，应当向看守所提出书面申请，经看守所领导批准后出所办理，由二名以上民警押解，并于当日返回。

第五十八条　罪犯进行民事诉讼需要出庭时，应当委托诉讼代理人代为出庭。对于涉及人身关系的诉讼等必须由罪犯本人出庭的，凭人民法院出庭通知书办理临时离所手续，由人民法院司法警察负责押解看管，并于当日返回。

罪犯因特殊情况不宜离所出庭的，看守所可以与人民法院协商，根据《中华人民共和国民事诉讼法》第一百二十一条的规定，由人民法院到看守所开庭审理。

第五十九条　罪犯遇有配偶、父母、子女病危或者死亡，确需本人回家处理的，由当地公安派出所出具证明，经看守所所属公安机关领导批准，可以暂时离所，由二名以上民警押解，并于当日返回。

《中华人民共和国监狱法》

第四十七条　罪犯在服刑期间可以与他人通信，但是来往信件应当经过监狱检查。监狱发现有碍罪犯改造内容的信件，可以扣留。罪犯写给监狱的上级机关和司法机关的信件，不受检查。

第四十八条　罪犯在监狱服刑期间，按照规定，可以会见亲属、监护人。

第四十九条　罪犯收受物品和钱款，应当经监狱批准、检查。

第111问：想争取减刑要如何做？

答：服刑人员想要在服刑期间争取减刑，有以下几个途径：一是认真遵守监规，接受教育改造，有悔改表现的，可以减刑；二是在服刑期间有立功表现的，可以减刑；三是如果在服刑期间有重大立功的，应当被减刑。

一、遵守监规，接受教育改造，可减刑

遵守监规，接受教育改造，确有悔改表现，是指：在服刑期间认罪悔罪；遵守法律法规及监规；接受教育改造，积极参加思想、文化、职业技术教育；积极参加劳动，努力完成或者超额完成劳动生产任务。

二、服刑期间有立功表现可减刑

可以认定为"具有立功表现"的情形：

（1）阻止他人实施犯罪活动的。

（2）检举、揭发监狱内外犯罪活动，或者提供重要的破案线索，经查证属实的。

（3）协助司法机关抓捕其他犯罪嫌疑人的。

（4）在生产、科研中进行技术革新，成绩突出的。

（5）在抗御自然灾害或者排除重大事故中，表现积极的。

（6）对国家和社会有其他较大贡献的。

第（4）项和第（6）项中的技术革新或者其他较大贡献，应当由罪犯在刑罚执行期间独立或者为主完成，并经省级主管部门确认。

三、服刑期间有重大立功的应减刑

"重大立功"是指：

（1）阻止他人实施重大犯罪活动的。

（2）检举监狱内外重大犯罪活动，经查证属实的。

（3）协助司法机关抓捕其他重大犯罪嫌疑人的。

（4）有发明创造或者重大技术革新的。

（5）在日常生产、生活中舍己救人的。

（6）在抗御自然灾害或者排除重大事故中，有突出表现的。

（7）对国家和社会有其他重大贡献的。

第（4）项中的发明创造或者重大技术革新应当是罪犯在刑罚执行期间独立或者为主完成并经国家主管部门确认的发明专利，且不包括实用新型专利和外观设计专利；第（7）项中的其他重大贡献应当由罪犯在刑罚执行期间独立或者为主完成，并经国家主管部门确认。

需要注意的是：对职务犯罪、破坏金融管理秩序和金融诈骗犯罪、组织（领导、参加、包庇、纵容）黑社会性质组织犯罪等罪犯，不积极退赃、协助追缴赃款赃物、赔偿损失，或者服刑期间利用个人影响力和社会关系等不正当手段意图获得减刑、假释的，不认定其"确有悔改表现"。但是罪犯在刑罚执行期间的申诉权利应当依法保护，对其正当申诉不能不加分析地认为是不认罪悔罪。

四、减刑后的实际执行期

（1）判处管制、拘役、有期徒刑的，最低实际执行刑期不能少于原判刑期的二分之一。

（2）判处无期徒刑的，最低实际执行刑期不能少于十三年。

（3）人民法院限制减刑的死刑缓期执行的犯罪分子，缓期执行期满后依法减为无期徒刑的，最低实际执行刑期不能少于二十五年，缓期执行期满后依法减为二十五年有期徒刑的，最低实际执行刑期不能少于二十年。

五、减刑的间隔和幅度

（一）判处有期徒刑的罪犯

1. 起始时间

（1）被判处拘役或者三年以下有期徒刑，并宣告缓刑的罪犯，一般不适用减刑。罪犯在缓刑考验期内有重大立功表现的，可以予以减刑，同时应当依法缩减其缓刑考验期。缩减后，拘役的缓刑考验期限不得少于二个月，有期徒刑的缓刑考验期限不得少于一年。

（2）不满五年有期徒刑的，应当执行一年以上方可减刑。

（3）五年以上不满十年有期徒刑的，应当执行一年六个月以上方可减刑。

（4）十年以上有期徒刑的，应当执行二年以上方可减刑。

2. 幅度

（1）确有悔改表现或者有立功表现的，一次减刑不超过九个月有期徒刑。

（2）确有悔改表现并有立功表现的，一次减刑不超过一年有期徒刑。

（3）有重大立功表现的，一次减刑不超过一年六个月有期徒刑。

（4）确有悔改表现并有重大立功表现的，一次减刑不超过二年有期徒刑。

3. 间隔

（1）被判处不满十年有期徒刑的罪犯，两次减刑间隔时间不得少于一年。

（2）被判处十年以上有期徒刑的罪犯，两次减刑间隔时间不得少于一年六个月。

（3）减刑间隔时间不得低于上次减刑减去的刑期。

4. 对于严重犯罪和重型犯罪的特殊规定

（1）对于职务犯罪、金融类、黑社会性质类、国家安全类、恐怖活动类、毒品犯罪集团类、毒品再犯、累犯等严重犯罪被判处十年以下有期徒刑的，执行二

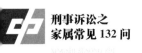
年以上方可减刑，减刑幅度较其他犯罪从严掌握，一次减刑不超过一年有期徒刑，两次减刑之间应当间隔一年以上。

（2）对于对前述严重犯罪，以及故意杀人、强奸、抢劫、绑架、放火、爆炸、投放危险物质，或者有组织的暴力性犯罪等重型犯罪，被判处十年以上有期徒刑的罪犯，数罪并罚且其中两罪以上被判处十年以上有期徒刑的罪犯，执行二年以上方可减刑，减刑幅度应当比照其他犯罪从严掌握，一次减刑不超过一年有期徒刑，两次减刑之间应当间隔一年六个月以上。

若罪犯有重大立功表现的，可以不受上述减刑起始时间和间隔时间的限制。

（二）被判处无期徒刑的罪犯

1. 起始时间

被判处无期徒刑的罪犯在刑罚执行期间，符合减刑条件的，执行二年以上，可以减刑。

2. 减刑幅度

（1）确有悔改表现或者有立功表现的，可以减为二十二年有期徒刑。

（2）确有悔改表现并有立功表现的，可以减为二十一年以上二十二年以下有期徒刑。

（3）有重大立功表现的，可以减为二十年以上二十一年以下有期徒刑。

（4）确有悔改表现并有重大立功表现的，可以减为十九年以上二十年以下有期徒刑。

（5）无期徒刑罪犯减为有期徒刑后再减刑时，按照有期徒刑的幅度进行减刑。

3. 间隔时间

两次减刑间隔时间不得少于二年。

同上，罪犯有重大立功表现的，可以不受上述减刑起始时间和间隔时间的限制。

4. 对于严重犯罪和重型犯罪被判处无期徒刑的

（1）起始时间：对被判处无期徒刑的严重犯罪、重型暴力犯罪的罪犯，确有履行能力而不履行，或者不全部履行生效裁判中财产性判项的罪犯，数罪并罚被判处无期徒刑的罪犯，符合减刑条件的，执行三年以上方可减刑。

（2）减刑幅度：减刑幅度从严掌握，减刑后的刑期最低不得少于二十年有期徒刑；减为有期徒刑后再减刑时，减刑幅度从严掌握。

（3）减刑间隔：一次不超过一年有期徒刑，两次减刑之间应当间隔二年以上。

同上，罪犯有重大立功表现的，可以不受上述减刑起始时间和间隔时间的限制。

（三）被判处死刑缓期执行的罪犯减为无期徒刑的罪犯

1. 起始时间

符合减刑条件的，执行三年以上方可减刑。

2. 减刑幅度

（1）确有悔改表现或者有立功表现的，可以减为二十五年有期徒刑。

（2）确有悔改表现并有立功表现的，可以减为二十四年以上二十五年以下有期徒刑。

（3）有重大立功表现的，可以减为二十三年以上二十四年以下有期徒刑。

（4）确有悔改表现并有重大立功表现的，可以减为二十二年以上二十三年以下有期徒刑。

3. 严重犯罪和重型暴力犯罪被判处死缓，减为无期徒刑后

（1）起始时间：符合减刑条件的，执行三年以上方可减刑。

（2）减刑幅度：一般减为二十五年有期徒刑，有立功表现或者重大立功表现的，可以减为二十三年以上二十五年以下有期徒刑；减为有期徒刑后再减刑时，减刑幅度从严掌握。

（3）减刑间隔：一次不超过一年有期徒刑，两次减刑之间应当间隔二年以上。

需要注意的是：被判处死刑缓期执行的罪犯经过一次或者几次减刑后，其实际执行的刑期不得少于十五年，死刑缓期执行期间不包括在内。同时，死刑缓期执行罪犯在缓期执行期间不服从监管、抗拒改造，尚未构成犯罪的，在减为无期徒刑后再减刑时应当适当从严。

4. 被限制减刑的死刑缓期执行罪犯，减为无期徒刑后

（1）符合减刑条件的，执行五年以上方可减刑。减刑间隔时间和减刑幅度依照判处无期的严重犯罪和重型犯罪处理。

（2）被判处死刑缓期执行的罪犯减为有期徒刑后再减刑时，比照判处有期徒刑的罪犯处理。

（3）被限制减刑的死刑缓期执行罪犯，减为有期徒刑后再减刑时，一次减刑不超过六个月有期徒刑，两次减刑间隔时间不得少于二年。有重大立功表现的，间隔时间可以适当缩短，但一次减刑不超过一年有期徒刑。

（4）对被判处终身监禁的罪犯，在死刑缓期执行期满依法减为无期徒刑后不得再减刑或者假释，应当明确终身监禁。

（5）罪犯在死刑缓期执行期间又故意犯罪，未被执行死刑的，死刑缓期执行的期间重新计算，减为无期徒刑后，五年内不予减刑。

（6）被判处死刑缓期执行罪犯减刑后，在刑罚执行期间又故意犯罪的，自新罪判决确定之日起三年内不予减刑；新罪被判处无期徒刑的，自新罪判决确定之日起四年内不予减刑。

六、法律对因贪污贿赂罪判处刑罚的原具有国家工作人员身份的罪犯的减刑、假释补有单独特殊的规定

（一）被判处不满十年、和十年以上的罪犯

1. 减刑起始时间

（1）被判处十年以上有期徒刑，符合减刑条件的，执行三年以上方可减刑。

（2）被判处不满十年有期徒刑，符合减刑条件的，执行二年以上方可减刑。

2. 减刑幅度

（1）确有悔改表现或者有立功表现的，一次减刑不超过六个月有期徒刑。

（2）确有悔改表现并有立功表现的，一次减刑不超过九个月有期徒刑。

（3）有重大立功表现的，一次减刑不超过一年有期徒刑。

3. 减刑间隔

（1）被判处十年以上有期徒刑的，两次减刑之间应当间隔二年以上。

（2）被判处不满十年有期徒刑的，两次减刑之间应当间隔一年六个月以上。

（二）被判处无期徒刑的罪犯

（1）减刑起始时间：符合减刑条件的，执行四年以上方可减刑。

（2）减刑幅度：确有悔改表现或者有立功表现的，可以减为二十三年有期徒刑；确有悔改表现并有立功表现的，可以减为二十二年以上二十三年以下有期徒刑；有重大立功表现的，可以减为二十一年以上二十二年以下有期徒刑。

需要注意的是：无期徒刑减为有期徒刑后再减刑时，两次减刑之间应当间隔二年以上。

（三）被判处死刑缓期执行的，减为无期徒刑后的罪犯

（1）减刑起始时间：符合减刑条件的，执行四年以上方可减刑。

（2）减刑幅度：确有悔改表现或者有立功表现的，可以减为二十五年有期徒刑；确有悔改表现并有立功表现的，可以减为二十四年六个月以上二十五年以下

有期徒刑；有重大立功表现的，可以减为二十四年以上二十四年六个月以下有期徒刑。

（3）减为有期徒刑后再减刑时，两次减刑之间应当间隔二年以上。

罪犯有重大立功表现的，减刑时可以不受上述起始时间和间隔时间的限制。

相关法条：

参见《中华人民共和国刑法》第七十八条至第八十条。

参见《中华人民共和国刑事诉讼法》第二百六十一条、第二百七十三条。

参见《中华人民共和国监狱法》第二十九条至第三十四条。

《最高人民法院关于办理减刑、假释案件具体应用法律的规定》

第一条　减刑、假释是激励罪犯改造的刑罚制度，减刑、假释的适用应当贯彻宽严相济刑事政策，最大限度地发挥刑罚的功能，实现刑罚的目的。

第二条　对于罪犯符合刑法第七十八条第一款规定"可以减刑"条件的案件，在办理时应当综合考察罪犯犯罪的性质和具体情节、社会危害程度、原判刑罚及生效裁判中财产性判项的履行情况、交付执行后的一贯表现等因素。

第三条　"确有悔改表现"是指同时具备以下条件：

（一）认罪悔罪；

（二）遵守法律法规及监规，接受教育改造；

（三）积极参加思想、文化、职业技术教育；

（四）积极参加劳动，努力完成劳动任务。

对职务犯罪、破坏金融管理秩序和金融诈骗犯罪、组织（领导、参加、包庇、纵容）黑社会性质组织犯罪等罪犯，不积极退赃、协助追缴赃款赃物、赔偿损失，或者服刑期间利用个人影响力和社会关系等不正当手段意图获得减刑、假释的，不认定其"确有悔改表现"。

罪犯在刑罚执行期间的申诉权利应当依法保护，对其正当申诉不能不加分析地认为是不认罪悔罪。

第四条　具有下列情形之一的，可以认定为有"立功表现"：

（一）阻止他人实施犯罪活动的；

（二）检举、揭发监狱内外犯罪活动，或者提供重要的破案线索，经查证属实的；

（三）协助司法机关抓捕其他犯罪嫌疑人的；

（四）在生产、科研中进行技术革新，成绩突出的；

（五）在抗御自然灾害或者排除重大事故中，表现积极的；

（六）对国家和社会有其他较大贡献的。

第（四）项、第（六）项中的技术革新或者其他较大贡献应当由罪犯在刑罚执行期间独立或者为主完成，并经省级主管部门确认。

第五条　具有下列情形之一的，应当认定为有"重大立功表现"：

（一）阻止他人实施重大犯罪活动的；

（二）检举监狱内外重大犯罪活动，经查证属实的；

（三）协助司法机关抓捕其他重大犯罪嫌疑人的；

（四）有发明创造或者重大技术革新的；

（五）在日常生产、生活中舍己救人的；

（六）在抗御自然灾害或者排除重大事故中，有突出表现的；

（七）对国家和社会有其他重大贡献的。

第（四）项中的发明创造或者重大技术革新应当是罪犯在刑罚执行期间独立或者为主完成并经国家主管部门确认的发明专利，且不包括实用新型专利和外观设计专利；第（七）项中的其他重大贡献应当由罪犯在刑罚执行期间独立或者为主完成，并经国家主管部门确认。

第六条　被判处有期徒刑的罪犯减刑起始时间为：不满五年有期徒刑的，应当执行一年以上方可减刑；五年以上不满十年有期徒刑的，应当执行一年六个月以上方可减刑；十年以上有期徒刑的，应当执行二年以上方可减刑。有期徒刑减刑的起始时间自判决执行之日起计算。

确有悔改表现或者有立功表现的，一次减刑不超过九个月有期徒刑；确有悔改表现并有立功表现的，一次减刑不超过一年有期徒刑；有重大立功表现的，一次减刑不超过一年六个月有期徒刑；确有悔改表现并有重大立功表现的，一次减刑不超过二年有期徒刑。

被判处不满十年有期徒刑的罪犯，两次减刑间隔时间不得少于一年；被判处十年以上有期徒刑的罪犯，两次减刑间隔时间不得少于一年六个月。减刑间隔时间不得低于上次减刑减去的刑期。

罪犯有重大立功表现的，可以不受上述减刑起始时间和间隔时间的限制。

第七条　对符合减刑条件的职务犯罪罪犯，破坏金融管理秩序和金融诈骗犯罪罪犯，组织、领导、参加、包庇、纵容黑社会性质组织犯罪罪犯，危害国家安全犯罪罪犯，恐怖活动犯罪罪犯，毒品犯罪集团的首要分子及毒品再犯，累犯，确有履行能力而不履行或者不全部履行生效裁判中财产性判项的罪犯，被判处十年以下有期徒刑的，执行二年以上方可减刑，减刑幅度应当比照本规定第六条从严掌握，一次减刑不超过一年有期徒刑，两次减刑之间应当间隔一年以上。

对被判处十年以上有期徒刑的前款罪犯，以及因故意杀人、强奸、抢劫、绑架、放火、爆炸、投放危险物质或者有组织的暴力性犯罪被判处十年以上有期徒刑的罪犯，数罪并罚且其中两罪以上被判处十年以上有期徒刑的罪犯，执行二年以上方可减刑，减刑幅度应当比照本规定第六条从严掌握，一次减刑不超过一年有期徒刑，两次减刑之间应当间隔一年六个月以上。

罪犯有重大立功表现的，可以不受上述减刑起始时间和间隔时间的限制。

第八条　被判处无期徒刑的罪犯在刑罚执行期间，符合减刑条件的，执行二年以上，可以减刑。减刑幅度为：确有悔改表现或者有立功表现的，可以减为二十二年有期徒刑；确有悔改表现并有立功表现的，可以减为二十一年以上二十二年以下有期徒刑；有重大立功表现的，可以减为二十年以上二十一年以下有期徒刑；确有悔改表现并有重大立功表现的，可以减为十九年以上二十年以下有期徒刑。无期徒刑罪犯减为有期徒刑后再减刑时，减刑幅度依照本规定第六条的规定执行。两次减刑间隔时间不得少于二年。

罪犯有重大立功表现的，可以不受上述减刑起始时间和间隔时间的限制。

第九条　对被判处无期徒刑的职务犯罪罪犯，破坏金融管理秩序和金融诈骗犯罪罪犯，组织、领导、参加、包庇、纵容黑社会性质组织犯罪罪犯，危害国家安全犯罪罪犯，恐怖活动犯罪罪犯，毒品犯罪集团的首要分子及毒品再犯，累犯以及因故意杀人、强奸、抢劫、绑架、放火、爆炸、投放危险物质或者有组织的暴力性犯罪的罪犯，确有履行能力而不履行或者不全部履行生效裁判中财产性判项的罪犯，数罪并罚被判处无期徒刑的罪犯，符合减刑条件的，执行三年以上方可减刑，减刑幅度应当比照本规定第八条从严掌握，减刑后的刑期最低不得少于二十年有期徒刑；减为有期徒刑后再减刑时，减刑幅度比照本规定第六条从严掌握，一次不超过一年有期徒刑，两次减刑之间应当间隔二年以上。

罪犯有重大立功表现的，可以不受上述减刑起始时间和间隔时间的限制。

第十条　被判处死刑缓期执行的罪犯减为无期徒刑后，符合减刑条件的，执行三年以上方可减刑。减刑幅度为：确有悔改表现或者有立功表现的，可以减为二十五年有期徒刑；确有悔改表现并有立功表现的，可以减为二十四年以上二十五年以下有期徒刑；有重大立功表现的，可以减为二十三年以上二十四年以下有期徒刑；确有悔改表现并有重大立功表现的，可以减为二十二年以上二十三年以下有期徒刑。

被判处死刑缓期执行的罪犯减为有期徒刑后再减刑时，比照本规定第八条的规定办理。

第十一条　对被判处死刑缓期执行的职务犯罪罪犯，破坏金融管理秩序和金融诈骗犯罪罪犯，组织、领导、参加、包庇、纵容黑社会性质组织犯罪罪犯，危害国家安全犯罪罪犯，恐怖活动犯罪罪犯，毒品犯罪集团的首要分子及毒品再犯，累犯以及因故意杀人、强奸、抢劫、绑架、放火、爆炸、投放危险物质或者有组织的暴力性犯罪的罪犯，确有履行能力而不履行或者不全部履行生效裁判中财产性判项的罪犯，数罪并罚被判处死刑缓期执行的罪犯，减为无期徒刑后，符合减刑条件的，执行三年以上方可减刑，一般减为二十五年有期徒刑，有立功表现或者重大立功表现的，可以比照本规定第十条减为二十三年以上二十五年以下有期徒刑；减为有期徒刑后再减刑时，减刑幅度比照本规定第六条从严掌握，一次不超过一年有期徒刑，两次减刑之间应当间隔二年以上。

第十二条　被判处死刑缓期执行的罪犯经过一次或者几次减刑后，其实际执行的刑期不得少于十五年，死刑缓期执行期间不包括在内。

死刑缓期执行罪犯在缓期执行期间不服从监管、抗拒改造，尚未构成犯罪的，在减为无期徒刑后再减刑时应当适当从严。

第十三条　被限制减刑的死刑缓期执行罪犯，减为无期徒刑后，符合减刑条件的，执行五年以上方可减刑。减刑间隔时间和减刑幅度依照本规定第九条的规定执行。

第十四条　被限制减刑的死刑缓期执行罪犯，减为有期徒刑后再减刑时，一次减刑不超过六个月有期徒刑，两次减刑间隔时间不得少于二年。有重大立功表现的，间隔时间可以适当缩短，但一次减刑不超过一年有期徒刑。

第十五条　对被判处终身监禁的罪犯，在死刑缓期执行期满依法减为无期徒刑的裁定中，应当明确终身监禁，不得再减刑或者假释。

第十六条　被判处管制、拘役的罪犯，以及判决生效后剩余刑期不满二年有期徒刑的罪犯，符合减刑条件的，可以酌情减刑，减刑起始时间可以适当缩短，但实际执行的刑期不得少于原判刑期的二分之一。

第十七条　被判处有期徒刑罪犯减刑时，对附加剥夺政治权利的期限可以酌减。酌减后剥夺政治权利的期限，不得少于一年。

被判处死刑缓期执行、无期徒刑的罪犯减为有期徒刑时，应当将附加剥夺政治权利的期限减为七年以上十年以下，经过一次或者几次减刑后，最终剥夺政治权利的期限不得少于三年。

第十八条　被判处拘役或者三年以下有期徒刑，并宣告缓刑的罪犯，一般不适用减刑。

前款规定的罪犯在缓刑考验期内有重大立功表现的，可以参照刑法第七十八条的规定予以减刑，同时应当依法缩减其缓刑考验期。缩减后，拘役的缓刑考验期限不得少于二个月，有期徒刑的缓刑考验期限不得少于一年。

第十九条　对在报请减刑前的服刑期间不满十八周岁，且所犯罪行不属于刑法第八十一条第二款规定情形的罪犯，认罪悔罪，遵守法律法规及监规，积极参加学习、劳动，应当视为确有悔改表现。

对上述罪犯减刑时，减刑幅度可以适当放宽，或者减刑起始时间、间隔时间可以适当缩短，但放宽的幅度和缩短的时间不得超过本规定中相应幅度、时间的三分之一。

第二十条　老年罪犯、患严重疾病罪犯或者身体残疾罪犯减刑时，应当主要考察其认罪悔罪的实际表现。

对基本丧失劳动能力，生活难以自理的上述罪犯减刑时，减刑幅度可以适当放宽，或者减刑起始时间、间隔时间可以适当缩短，但放宽的幅度和缩短的时间不得超过本规定中相应幅度、时间的三分之一。

第二十一条　被判处有期徒刑、无期徒刑的罪犯在刑罚执行期间又故意犯罪，新罪被判处有期徒刑的，自新罪判决确定之日起三年内不予减刑；新罪被判处无期徒刑的，自新罪判决确定之日起四年内不予减刑。

罪犯在死刑缓期执行期间又故意犯罪，未被执行死刑的，死刑缓期执行的期间重新计算，减为无期徒刑后，五年内不予减刑。

被判处死刑缓期执行罪犯减刑后，在刑罚执行期间又故意犯罪的，依照第一款规定处理。

《最高人民法院关于办理减刑、假释案件具体应用法律的补充规定》

第一条　对拒不认罪悔罪的，或者确有履行能力而不履行或者不全部履行生效裁判中财产性判项的，不予假释，一般不予减刑。

第二条　被判处十年以上有期徒刑，符合减刑条件的，执行三年以上方可减刑；被判处不满十年有期徒刑，符合减刑条件的，执行二年以上方可减刑。

确有悔改表现或者有立功表现的，一次减刑不超过六个月有期徒刑；确有悔改表现并有立功表现的，一次减刑不超过九个月有期徒刑；有重大立功表现的，一次减刑不超过一年有期徒刑。

被判处十年以上有期徒刑的，两次减刑之间应当间隔二年以上；被判处不满十年有期徒刑的，两次减刑之间应当间隔一年六个月以上。

第三条　被判处无期徒刑，符合减刑条件的，执行四年以上方可减刑。

确有悔改表现或者有立功表现的，可以减为二十三年有期徒刑；确有悔改表现并有立功表现的，可以减为二十二年以上二十三年以下有期徒刑；有重大立功表现的，可以减为二十一年以上二十二年以下有期徒刑。

无期徒刑减为有期徒刑后再减刑时，减刑幅度比照本规定第二条的规定执行。两次减刑之间应当间隔二年以上。

第四条　被判处死刑缓期执行的，减为无期徒刑后，符合减刑条件的，执行四年以上方可减刑。

确有悔改表现或者有立功表现的，可以减为二十五年有期徒刑；确有悔改表现并有立功表现的，可以减为二十四年六个月以上二十五年以下有期徒刑；有重大立功表现的，可以减为二十四年以上二十四年六个月以下有期徒刑。

减为有期徒刑后再减刑时，减刑幅度比照本规定第二条的规定执行。两次减刑之间应当间隔二年以上。

第五条　罪犯有重大立功表现的，减刑时可以不受上述起始时间和间隔时间的限制。

第六条　对本规定所指贪污贿赂罪犯适用假释时，应当从严掌握。

第七条　本规定自 2019 年 6 月 1 日起施行。此前发布的司法解释与本规定不一致的，以本规定为准。

第 112 问：争取减刑，律师可以代理吗？

答：律师可以代理。在我国现行法律中，没有明确关于律师参与减刑程序的规定，但是服刑人员仍然可以委托律师，律师可以在减刑程序中对其提供法律服务。

一、服刑人员可以在减刑前委托律师，由律师向其提供专业的法律服务，详细了解减刑的相关情况

获得减刑、假释不是服刑人员的权利，而是对于改造效果好的服刑人员的一种奖励。这也能更好地激励服刑人员遵守监狱规定和管理，积极改造。在此情况下，只有一部分服刑人员能够被"择优选择"获得减刑奖励。

此过程中，律师可以提供以下法律服务：

1. 关于减刑相关的法律咨询

什么情况下符合减刑条件，有可能的减刑幅度，减刑的程序是怎样的，怎么做能够增大减刑的几率……针对这些问题，律师可以为想要争取减刑的服刑人员，提供一个导向性的解释、指引。

2. 关于减刑相关技术性的咨询

律师可以回答减刑怎么计算，什么时候起算，下一次减刑的间隔时间，每一次减刑的上限等问题。

3. 为服刑人员争取减刑，提供可行方案

在合法合规的前提下，律师根据服刑地的监狱管理机关的规定、内部考核积分规则等细则规定，结合当事人的实际涉案情况、判决情况等，为其提供能获得减刑机会的方案。

4. 为服刑人员提供减刑程序合法方面的法律咨询

减刑程序是如何进行的，在狱内如何公示的，公示的内容是否符合法律规定，公示程序是否符合法律规定，哪些方面存在异议等。

二、必须开庭审理的减刑案件可以委托律师提供法律服务

被判处死缓、无期的罪犯，其减刑案件由罪犯服刑地的高级人民法院作出裁定；被判处有期徒刑和被减为有期徒刑的罪犯，以及对被判处拘役、管制的罪犯，其减刑案件由罪犯服刑地中级人民法院作出裁定。

实践中除了以下六类案件，法院必须开庭审理，其余减刑案件一般情况下都是采用书面审理的方式进行审理。

应当开庭的案件有：因罪犯有重大立功表现报请减刑的；报请减刑的起始时间、间隔时间或者减刑幅度不符合司法解释一般规定的；公示期间收到不同意见的；人民检察院有异议的；被报请减刑、假释罪犯系职务犯罪罪犯，组织（领导、参加、包庇、纵容）黑社会性质组织犯罪罪犯，破坏金融管理秩序和金融诈骗犯罪罪犯及其他在社会上有重大影响或社会关注度高的；人民法院认为其他应当开庭审理的。

其一，在书面审理的减刑案件中，服刑人员委托了律师，因为律师具有调查取证权，就可以根据其实际情况，收集、整理对其减刑有利、符合减刑条件的相关证据材料，提交给审理法院。

（1）证明服刑人员现无人身危险性降低、主观恶性、再犯可能性的相关证据，身体情况、疾病诊断情况、伤情诊断材料以及相关鉴定意见、专家意见书等。

（2）财产刑执行情况、附民裁判履行情况、退赃退赔等情况的材料，如相关银行票据、被害人谅解书、司法机关收据等。

（3）证明服刑人员"确有悔改"的材料：证人证言、学习记录、思想报告、计分考核表等。

（4）证明服刑人员具有立功表现的材料：检举材料、独立发明专利等。

其二，开庭审理的减刑案件，律师可以争取参加庭审，更好地为服刑人员争取减刑机会。

根据《最高人民法院关于减刑、假释案件审理程序的规定》第七条第二款规定：人民法院根据需要，可以通知证明罪犯确有悔改表现或者立功、重大立功表现的证人，公示期间提出不同意见的人，以及鉴定人、翻译人员等其他人员参加庭审。

该规定中的"其他人员"，也可以解释为律师，律师可以有争取参加庭审的空间。

根据《最高人民法院关于减刑、假释案件审理程序的规定》第十一条，被报请减刑、假释人对报请理由有疑问的，在经审判长许可后，可以出示证据，申请证人到庭，向证人提问并发表意见。

（1）律师参与庭审现场，可以以其专业知识帮助委托人更好行使出示证据、发问、质证等相关权利。

（2）律师可以向法庭提交法律意见书。

律师可以利用自身的专业知识，结合委托人的实际情况，就其判决结果、服刑情况、个人情况等，对其是否符合减刑条件，应该适用何种减刑幅度等提出专业意见，并整理为书面法律意见书向相关司法机关提交。

三、对减刑裁定不服可委托律师提供法律服务

减刑案件系一裁终审，没有上诉、抗诉等救济途径。但是就法院作出的生效裁定，律师可以：

（1）对不符合法律规定的不予减刑裁定，申请检察机关提出纠正意见。

（2）对裁定予以减刑，但起算时间、间隔时间、减刑幅度、实际服刑期限等不符合有关规定的，申请检察机关提出纠正意见。

（3）对发现在整个减刑过程中，有司法机关或有关人员在提请、审理中存在的程序违法问题，申请检察机关提出纠正意见。

相关法条：

参见《中华人民共和国刑法》第七十八条至第八十条。

《最高人民法院关于适用〈中华人民共和国刑事诉讼法〉的解释》

第五百三十三条　被判处死刑缓期执行的罪犯，在死刑缓期执行期间，没有故意犯罪的，死刑缓期执行期满后，应当裁定减刑；死刑缓期执行期满后，尚未裁定减刑前又犯罪的，应当在依法减刑后，对其所犯新罪另行审判。

第五百三十四条　对减刑、假释案件，应当按照下列情形分别处理：

（一）对被判处死刑缓期执行的罪犯的减刑，由罪犯服刑地的高级人民法院在收到同级监狱管理机关审核同意的减刑建议书后一个月以内作出裁定；

（二）对被判处无期徒刑的罪犯的减刑、假释，由罪犯服刑地的高级人民法院在收到同级监狱管理机关审核同意的减刑、假释建议书后一个月以内作出裁定，案情复杂或者情况特殊的，可以延长一个月；

（三）对被判处有期徒刑和被减为有期徒刑的罪犯的减刑、假释，由罪犯服刑地的中级人民法院在收到执行机关提出的减刑、假释建议书后一个月以内作出裁定，案情复杂或者情况特殊的，可以延长一个月；

（四）对被判处管制、拘役的罪犯的减刑，由罪犯服刑地的中级人民法院在收到同级执行机关审核同意的减刑建议书后一个月以内作出裁定。

对社区矫正对象的减刑，由社区矫正执行地的中级以上人民法院在收到社

区矫正机构减刑建议书后三十日以内作出裁定。

第五百三十五条　受理减刑、假释案件，应当审查执行机关移送的材料是否包括下列内容：

（一）减刑、假释建议书；

（二）原审法院的裁判文书、执行通知书、历次减刑裁定书的复制件；

（三）证明罪犯确有悔改、立功或者重大立功表现具体事实的书面材料；

（四）罪犯评审鉴定表、奖惩审批表等；

（五）罪犯假释后对所居住社区影响的调查评估报告；

（六）刑事裁判涉财产部分、附带民事裁判的执行、履行情况；

（七）根据案件情况需要移送的其他材料。

人民检察院对报请减刑、假释案件提出意见的，执行机关应当一并移送受理减刑、假释案件的人民法院。

经审查，材料不全的，应当通知提请减刑、假释的执行机关在三日以内补送；逾期未补送的，不予立案。

第五百三十六条　审理减刑、假释案件，对罪犯积极履行刑事裁判涉财产部分、附带民事裁判确定的义务的，可以认定有悔改表现，在减刑、假释时从宽掌握；对确有履行能力而不履行或者不全部履行的，在减刑、假释时从严掌握。

第五百三十七条　审理减刑、假释案件，应当在立案后五日以内对下列事项予以公示：

（一）罪犯的姓名、年龄等个人基本情况；

（二）原判认定的罪名和刑期；

（三）罪犯历次减刑情况；

（四）执行机关的减刑、假释建议和依据。

公示应当写明公示期限和提出意见的方式。

第五百三十八条　审理减刑、假释案件，应当组成合议庭，可以采用书面审理的方式，但下列案件应当开庭审理：

（一）因罪犯有重大立功表现提请减刑的；

（二）提请减刑的起始时间、间隔时间或者减刑幅度不符合一般规定的；

（三）被提请减刑、假释罪犯系职务犯罪罪犯，组织、领导、参加、包庇、纵容黑社会性质组织罪犯，破坏金融管理秩序罪犯或者金融诈骗罪犯的；

（四）社会影响重大或者社会关注度高的；

（五）公示期间收到不同意见的；

（六）人民检察院提出异议的；

（七）有必要开庭审理的其他案件。

第五百三十九条　人民法院作出减刑、假释裁定后，应当在七日以内送达提请减刑、假释的执行机关、同级人民检察院以及罪犯本人。人民检察院认为减刑、假释裁定不当，在法定期限内提出书面纠正意见的，人民法院应当在收到意见后另行组成合议庭审理，并在一个月以内作出裁定。

对假释的罪犯，适用本解释第五百一十九条的有关规定，依法实行社区矫正。

第五百四十条　减刑、假释裁定作出前，执行机关书面提请撤回减刑、假释建议的，人民法院可以决定是否准许。

第五百四十一条　人民法院发现本院已经生效的减刑、假释裁定确有错误的，应当另行组成合议庭审理；发现下级人民法院已经生效的减刑、假释裁定确有错误的，可以指令下级人民法院另行组成合议庭审理，也可以自行组成合议庭审理。

《最高人民法院关于减刑、假释案件审理程序的规定》

第一条　对减刑、假释案件，应当按照下列情形分别处理：

（一）对被判处死刑缓期执行的罪犯的减刑，由罪犯服刑地的高级人民法院在收到同级监狱管理机关审核同意的减刑建议书后一个月内作出裁定；

（二）对被判处无期徒刑的罪犯的减刑、假释，由罪犯服刑地的高级人民法院在收到同级监狱管理机关审核同意的减刑、假释建议书后一个月内作出裁定，案情复杂或者情况特殊的，可以延长一个月；

（三）对被判处有期徒刑和被减为有期徒刑的罪犯的减刑、假释，由罪犯服刑地的中级人民法院在收到执行机关提出的减刑、假释建议书后一个月内作出裁定，案情复杂或者情况特殊的，可以延长一个月；

（四）对被判处拘役、管制的罪犯的减刑，由罪犯服刑地中级人民法院在收到同级执行机关审核同意的减刑、假释建议书后一个月内作出裁定。

对暂予监外执行罪犯的减刑，应当根据情况，分别适用前款的有关规定。

第二条　人民法院受理减刑、假释案件，应当审查执行机关移送的下列材料：

（一）减刑或者假释建议书；

（二）终审法院裁判文书、执行通知书、历次减刑裁定书的复印件；

（三）罪犯确有悔改或者立功、重大立功表现的具体事实的书面证明材料；

（四）罪犯评审鉴定表、奖惩审批表等；

（五）其他根据案件审理需要应予移送的材料。

报请假释的，应当附有社区矫正机构或者基层组织关于罪犯假释后对所居住社区影响的调查评估报告。

人民检察院对报请减刑、假释案件提出检察意见的，执行机关应当一并移送受理减刑、假释案件的人民法院。

经审查，材料齐备的，应当立案；材料不齐的，应当通知执行机关在三日内补送，逾期未补送的，不予立案。

第三条 人民法院审理减刑、假释案件，应当在立案后五日内将执行机关报请减刑、假释的建议书等材料依法向社会公示。

公示内容应当包括罪犯的个人情况、原判认定的罪名和刑期、罪犯历次减刑情况、执行机关的建议及依据。

公示应当写明公示期限和提出意见的方式。公示期限为五日。

第四条 人民法院审理减刑、假释案件，应当依法由审判员或者由审判员和人民陪审员组成合议庭进行。

第五条 人民法院审理减刑、假释案件，除应当审查罪犯在执行期间的一贯表现外，还应当综合考虑犯罪的具体情节、原判刑罚情况、财产刑执行情况、附带民事裁判履行情况、罪犯退赃退赔等情况。

人民法院审理假释案件，除应当审查第一款所列情形外，还应当综合考虑罪犯的年龄、身体状况、性格特征、假释后生活来源以及监管条件等影响再犯罪的因素。

执行机关以罪犯有立功表现或重大立功表现为由提出减刑的，应当审查立功或重大立功表现是否属实。涉及发明创造、技术革新或者其他贡献的，应当审查该成果是否系罪犯在执行期间独立完成，并经有关主管机关确认。

第六条 人民法院审理减刑、假释案件，可以采取开庭审理或者书面审理的方式。但下列减刑、假释案件，应当开庭审理：

（一）因罪犯有重大立功表现报请减刑的；

（二）报请减刑的起始时间、间隔时间或者减刑幅度不符合司法解释一般规定的；

（三）公示期间收到不同意见的；

（四）人民检察院有异议的；

（五）被报请减刑、假释罪犯系职务犯罪罪犯，组织（领导、参加、包庇、纵容）黑社会性质组织犯罪罪犯，破坏金融管理秩序和金融诈骗犯罪罪犯及其他在社会上有重大影响或社会关注度高的；

（六）人民法院认为其他应当开庭审理的。

第七条　人民法院开庭审理减刑、假释案件，应当通知人民检察院、执行机关及被报请减刑、假释罪犯参加庭审。

人民法院根据需要，可以通知证明罪犯确有悔改表现或者立功、重大立功表现的证人，公示期间提出不同意见的人，以及鉴定人、翻译人员等其他人员参加庭审。

第八条　开庭审理应当在罪犯刑罚执行场所或者人民法院确定的场所进行。有条件的人民法院可以采取视频开庭的方式进行。

在社区执行刑罚的罪犯因重大立功被报请减刑的，可以在罪犯服刑地或者居住地开庭审理。

第九条　人民法院对于决定开庭审理的减刑、假释案件，应当在开庭三日前将开庭的时间、地点通知人民检察院、执行机关、被报请减刑、假释罪犯和有必要参加庭审的其他人员，并于开庭三日前进行公告。

第十条　减刑、假释案件的开庭审理由审判长主持，应当按照以下程序进行：

（一）审判长宣布开庭，核实被报请减刑、假释罪犯的基本情况；

（二）审判长宣布合议庭组成人员、检察人员、执行机关代表及其他庭审参加人；

（三）执行机关代表宣读减刑、假释建议书，并说明主要理由；

（四）检察人员发表检察意见；

（五）法庭对被报请减刑、假释罪犯确有悔改表现或立功表现、重大立功表现的事实以及其他影响减刑、假释的情况进行调查核实；

（六）被报请减刑、假释罪犯作最后陈述；

（七）审判长对庭审情况进行总结并宣布休庭评议。

第十一条　庭审过程中，合议庭人员对报请理由有疑问的，可以向被报请减刑、假释罪犯、证人、执行机关代表、检察人员提问。

庭审过程中，检察人员对报请理由有疑问的，在经审判长许可后，可以出示证据，申请证人到庭，向被报请减刑、假释罪犯及证人提问并发表意见。被报请减刑、假释罪犯对报请理由有疑问的，在经审判长许可后，可以出示证据，申请证人到庭，向证人提问并发表意见。

第十二条　庭审过程中，合议庭对证据有疑问需要进行调查核实，或者检察人员、执行机关代表提出申请的，可以宣布休庭。

第十三条　人民法院开庭审理减刑、假释案件，能够当庭宣判的应当当庭宣判；不能当庭宣判的，可以择期宣判。

第十四条　人民法院书面审理减刑、假释案件，可以就被报请减刑、假释罪犯是否符合减刑、假释条件进行调查核实或听取有关方面意见。

第十五条　人民法院书面审理减刑案件，可以提讯被报请减刑罪犯；书面审理假释案件，应当提讯被报请假释罪犯。

第十六条　人民法院审理减刑、假释案件，应当按照下列情形分别处理：

（一）被报请减刑、假释罪犯符合法律规定的减刑、假释条件的，作出予以减刑、假释的裁定；

（二）被报请减刑的罪犯符合法律规定的减刑条件，但执行机关报请的减刑幅度不适当的，对减刑幅度作出相应调整后作出予以减刑的裁定；

（三）被报请减刑、假释罪犯不符合法律规定的减刑、假释条件的，作出不予减刑、假释的裁定。

在人民法院作出减刑、假释裁定前，执行机关书面申请撤回减刑、假释建议的，是否准许，由人民法院决定。

第十七条　减刑、假释裁定书应当写明罪犯原判和历次减刑情况，确有悔改表现或者立功、重大立功表现的事实和理由，以及减刑、假释的法律依据。

裁定减刑的，应当注明刑期的起止时间；裁定假释的，应当注明假释考验期的起止时间。

裁定调整减刑幅度或者不予减刑、假释的，应当在裁定书中说明理由。

第十八条　人民法院作出减刑、假释裁定后，应当在七日内送达报请减刑、假释的执行机关、同级人民检察院以及罪犯本人。作出假释裁定的，还应当送达社区矫正机构或者基层组织。

第十九条　减刑、假释裁定书应当通过互联网依法向社会公布。

第二十条　人民检察院认为人民法院减刑、假释裁定不当，在法定期限内提出书面纠正意见的，人民法院应当在收到纠正意见后另行组成合议庭审理，并在一个月内作出裁定。

第二十一条 人民法院发现本院已经生效的减刑、假释裁定确有错误的，应当依法重新组成合议庭进行审理并作出裁定；上级人民法院发现下级人民法院已经生效的减刑、假释裁定确有错误的，应当指令下级人民法院另行组成合议庭审理，也可以自行依法组成合议庭进行审理并作出裁定。

第二十二条 最高人民法院以前发布的司法解释和规范性文件，与本规定不一致的，以本规定为准。

参见《中华人民共和国律师法》第三十五条。

第113问：申请假释有哪些条件？

答：申请假释须同时具备三个方面的条件，也存在法律规定的不得假释的情况，同时，假释还应当考虑到犯罪分子假释后对所居住社区的影响。

一、申请假释须同时具备以下三个方面的条件

（1）符合适用假释的对象要求：一是被判处有期徒刑的犯罪分子；二是被判处无期徒刑的犯罪分子；三是原判死刑缓期执行，被依法减刑的犯罪分子。

（2）对于被假释的犯罪分子，必须实际执行一定的刑期后才能被假释。被判处有期徒刑的犯罪分子，实际执行原判刑期二分之一以上；被判处无期徒刑的犯罪分子，实际执行刑期十三年以上；被判处死刑缓期执行的罪犯减为无期徒刑或者有期徒刑后，实际执行刑期十五年以上，死缓考验期不计算在内。

有关假释前的实际执行刑期还有一个例外规定，即"如果有特殊情况，经最高人民法院核准，可以不受上述执行刑期的限制"。据此，对实际服刑不足法律规定期限的犯罪分子需要予以假释的，都必须报请最高人民法院核准；不经最高人民法院核准，任何法院都无权批准假释。

所谓特殊情况，主要是指涉及政治或者外交等从国家整体利益考虑的情况。根据《最高人民法院关于办理减刑、假释案件具体应用法律的规定》第二十四条，"特殊情况"是指"有国家政治、国防、外交等方面特殊需要的情况"。遇到这类特殊情况，即使实际服刑不足规定的期限，经过最高人民法院核准后，也可以假释。

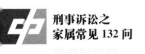

（3）犯罪分子必须认真遵守监规，接受教育改造，确有悔改表现，没有再犯罪的危险。

所谓"确有悔改表现、没有再犯罪的危险"，是指犯罪分子在刑罚执行期间遵守监规，接受教育改造，并通过教育、改造和学习，对自己所犯罪行有较深刻的认识，并以实际行动痛改前非，改恶从善，释放后不会重操旧业或从事违法犯罪活动。根据《最高人民法院关于办理减刑、假释案件具体应用法律的规定》第二十二条的规定，办理假释案件，认定"没有再犯罪的危险"，除符合《刑法》第八十一条规定的情形外，还应当根据犯罪的具体情节、原判刑罚情况，在刑罚执行中的一贯表现，罪犯的年龄、身体状况、性格特征，假释后生活来源以及监管条件等因素综合考虑。

应当注意的是，对罪犯在刑罚执行期间提出申诉的，要依法保护其申诉权利。对罪犯申诉应当具体情况具体分析，不应一概认为是没有悔改，不认罪服法。

综上，在一般情况下，上述三方面条件必须同时具备，缺一不可。对于同时具备上述条件的犯罪分子，可以假释。

二、法律规定中不得假释的情况

1. 累犯不得假释

因为累犯主观恶性较深、再犯的可能性较大。

2. 严重犯罪不得假释

关于严重犯罪的范围，是指：故意杀人、强奸、抢劫、绑架、放火、爆炸、投放危险物质或者有组织的暴力性犯罪被判处十年以上有期徒刑、无期徒刑的犯罪分子，不得假释。

其中有组织的暴力性犯罪是指有组织地进行黑社会性质犯罪、恐怖活动犯罪等暴力性犯罪的情形。

需要指出的是，对不得假释的犯罪分子，法律规定还必须是被判处十年以上有期徒刑或者无期徒刑的犯罪分子。因为这类犯罪分子罪行严重，主观恶性深，社会危害性大，所以对于这类犯罪分子不适用假释。

三、根据法律规定，假释还应当考虑其假释后对所居住社区的影响

犯罪分子决定假释时，应当考虑其假释后对所居住社区的影响。假释制度有助于减少长期监禁刑对罪犯回归社会造成的不利影响。一般来说，被假释的犯罪分子大多会回到原来所居住的社区，会对原来的社区造成一定的影响。如果犯罪

分子假释后对所居住社区的影响不好，势必影响其融入社会，甚至可能诱发新的犯罪，不利于社会的稳定与安宁。

相关法条：

参见《中华人民共和国刑法》第七十九条、第八十一条至第八十六条。

参见《中华人民共和国刑事诉讼法》第二百六十九条、第二百七十三条、第二百七十四条。

《最高人民法院关于适用〈中华人民共和国刑事诉讼法〉的解释》

第四百二十条　报请最高人民法院核准因罪犯具有特殊情况，不受执行刑期限制的假释案件，应当按照下列情形分别处理：

（一）中级人民法院依法作出假释裁定后，应当报请高级人民法院复核。高级人民法院同意的，应当书面报请最高人民法院核准；不同意的，应当裁定撤销中级人民法院的假释裁定；

（二）高级人民法院依法作出假释裁定的，应当报请最高人民法院核准。

第四百二十一条　报请最高人民法院核准因罪犯具有特殊情况，不受执行刑期限制的假释案件，应当报送报请核准的报告、罪犯具有特殊情况的报告、假释裁定书各五份，以及全部案卷。

第四百二十二条　对因罪犯具有特殊情况，不受执行刑期限制的假释案件，最高人民法院予以核准的，应当作出核准裁定书；不予核准的，应当作出不核准裁定书，并撤销原裁定。

第五百三十四条　对减刑、假释案件，应当按照下列情形分别处理：

（一）对被判处死刑缓期执行的罪犯的减刑，由罪犯服刑地的高级人民法院在收到同级监狱管理机关审核同意的减刑建议书后一个月以内作出裁定；

（二）对被判处无期徒刑的罪犯的减刑、假释，由罪犯服刑地的高级人民法院在收到同级监狱管理机关审核同意的减刑、假释建议书后一个月以内作出裁定，案情复杂或者情况特殊的，可以延长一个月；

（三）对被判处有期徒刑和被减为有期徒刑的罪犯的减刑、假释，由罪犯服刑地的中级人民法院在收到执行机关提出的减刑、假释建议书后一个月以内作出裁定，案情复杂或者情况特殊的，可以延长一个月；

（四）对被判处管制、拘役的罪犯的减刑，由罪犯服刑地的中级人民法院在收到同级执行机关审核同意的减刑建议书后一个月以内作出裁定。

对社区矫正对象的减刑，由社区矫正执行地的中级以上人民法院在收到社区矫正机构减刑建议书后三十日以内作出裁定。

第五百三十五条　受理减刑、假释案件，应当审查执行机关移送的材料是否包括下列内容：

（一）减刑、假释建议书；

（二）原审法院的裁判文书、执行通知书、历次减刑裁定书的复制件；

（三）证明罪犯确有悔改、立功或者重大立功表现具体事实的书面材料；

（四）罪犯评审鉴定表、奖惩审批表等；

（五）罪犯假释后对所居住社区影响的调查评估报告；

（六）刑事裁判涉财产部分、附带民事裁判的执行、履行情况；

（七）根据案件情况需要移送的其他材料。

人民检察院对报请减刑、假释案件提出意见的，执行机关应当一并移送受理减刑、假释案件的人民法院。

经审查，材料不全的，应当通知提请减刑、假释的执行机关在三日以内补送；逾期未补送的，不予立案。

第五百三十六条　审理减刑、假释案件，对罪犯积极履行刑事裁判涉财产部分、附带民事裁判确定的义务的，可以认定有悔改表现，在减刑、假释时从宽掌握；对确有履行能力而不履行或者不全部履行的，在减刑、假释时从严掌握。

第五百三十七条　审理减刑、假释案件，应当在立案后五日以内对下列事项予以公示：

（一）罪犯的姓名、年龄等个人基本情况；

（二）原判认定的罪名和刑期；

（三）罪犯历次减刑情况；

（四）执行机关的减刑、假释建议和依据。

公示应当写明公示期限和提出意见的方式。

第五百三十八条　审理减刑、假释案件，应当组成合议庭，可以采用书面审理的方式，但下列案件应当开庭审理：

（一）因罪犯有重大立功表现提请减刑的；

（二）提请减刑的起始时间、间隔时间或者减刑幅度不符合一般规定的；

（三）被提请减刑、假释罪犯系职务犯罪罪犯，组织、领导、参加、包庇、纵容黑社会性质组织罪犯，破坏金融管理秩序罪犯或者金融诈骗罪犯的；

（四）社会影响重大或者社会关注度高的；

（五）公示期间收到不同意见的；

（六）人民检察院提出异议的；

（七）有必要开庭审理的其他案件。

第五百三十九条 人民法院作出减刑、假释裁定后，应当在七日以内送达提请减刑、假释的执行机关、同级人民检察院以及罪犯本人。人民检察院认为减刑、假释裁定不当，在法定期限内提出书面纠正意见的，人民法院应当在收到意见后另行组成合议庭审理，并在一个月以内作出裁定。

对假释的罪犯，适用本解释第五百一十九条的有关规定，依法实行社区矫正。

第五百四十条 减刑、假释裁定作出前，执行机关书面提请撤回减刑、假释建议的，人民法院可以决定是否准许。

第五百四十一条 人民法院发现本院已经生效的减刑、假释裁定确有错误的，应当另行组成合议庭审理；发现下级人民法院已经生效的减刑、假释裁定确有错误的，可以指令下级人民法院另行组成合议庭审理，也可以自行组成合议庭审理。

《最高人民法院关于办理减刑、假释案件具体应用法律的规定》

第二十二条 办理假释案件，认定"没有再犯罪的危险"，除符合刑法第八十一条规定的情形外，还应当根据犯罪的具体情节、原判刑罚情况、在刑罚执行中的一贯表现，罪犯的年龄、身体状况、性格特征，假释后生活来源以及监管条件等因素综合考虑。

第二十三条 被判处有期徒刑的罪犯假释时，执行原判刑期二分之一的时间，应当从判决执行之日起计算，判决执行以前先行羁押的，羁押一日折抵刑期一日。

被判处无期徒刑的罪犯假释时，刑法中关于实际执行刑期不得少于十三年的时间，应当从判决生效之日起计算。判决生效以前先行羁押的时间不予折抵。

被判处死刑缓期执行的罪犯减为无期徒刑或者有期徒刑后，实际执行十五年以上，方可假释，该实际执行时间应当从死刑缓期执行期满之日起计算。死刑缓期执行期间不包括在内，判决确定以前先行羁押的时间不予折抵。

第二十四条 刑法第八十一条第一款规定的"特殊情况",是指有国家政治、国防、外交等方面特殊需要的情况。

第二十五条 对累犯以及因故意杀人、强奸、抢劫、绑架、放火、爆炸、投放危险物质或者有组织的暴力性犯罪被判处十年以上有期徒刑、无期徒刑的罪犯,不得假释。

因前款情形和犯罪被判处死刑缓期执行的罪犯,被减为无期徒刑、有期徒刑后,也不得假释。

第二十六条 对下列罪犯适用假释时可以依法从宽掌握:

(一)过失犯罪的罪犯、中止犯罪的罪犯、被胁迫参加犯罪的罪犯;

(二)因防卫过当或者紧急避险过当而被判处有期徒刑以上刑罚的罪犯;

(三)犯罪时未满十八周岁的罪犯;

(四)基本丧失劳动能力、生活难以自理,假释后生活确有着落的老年罪犯、患严重疾病罪犯或者身体残疾罪犯;

(五)服刑期间改造表现特别突出的罪犯;

(六)具有其他可以从宽假释情形的罪犯。

罪犯既符合法定减刑条件,又符合法定假释条件的,可以优先适用假释。

第二十七条 对于生效裁判中有财产性判项,罪犯确有履行能力而不履行或者不全部履行的,不予假释。

第二十八条 罪犯减刑后又假释的,间隔时间不得少于一年;对一次减去一年以上有期徒刑后,决定假释的,间隔时间不得少于一年六个月。

罪犯减刑后余刑不足二年,决定假释的,可以适当缩短间隔时间。

第二十九条 罪犯在假释考验期内违反法律、行政法规或者国务院有关部门关于假释的监督管理规定的,作出假释裁定的人民法院,应当在收到报请机关或者检察机关撤销假释建议书后及时审查,作出是否撤销假释的裁定,并送达报请机关,同时抄送人民检察院、公安机关和原刑罚执行机关。

罪犯在逃的,撤销假释裁定书可以作为对罪犯进行追捕的依据。

第三十条 依照刑法第八十六条规定被撤销假释的罪犯,一般不得再假释。但依照该条第二款被撤销假释的罪犯,如果罪犯对漏罪曾作如实供述但原判未予认定,或者漏罪系其自首,符合假释条件的,可以再假释。

被撤销假释的罪犯,收监后符合减刑条件的,可以减刑,但减刑起始时间自收监之日起计算。

第三十一条　年满八十周岁、身患疾病或者生活难以自理、没有再犯罪危险的罪犯，既符合减刑条件，又符合假释条件的，优先适用假释；不符合假释条件的，参照本规定第二十条有关的规定从宽处理。

第114问：申请监外执行有什么条件？

答：监外执行必须满足法律的特殊规定才可以申请。

监外执行是指被判处有期徒刑、拘役的罪犯，本应在监狱或其他执行场所服刑，但由于出现了法律规定的某种特殊情形，不适宜在监狱或其他执行场所执行刑罚时，执行机关暂时采取的一种变通执行方法。经过一定时间，如果批准暂予监外执行的条件已不存在，而且刑期还没有执行完毕，或者符合取消监外执行的条件时，执行机关仍然要将其收监执行。

为了正确执行暂予监外执行的制度，法律严格规定了监外执行的条件和批准程序：

一、被判有期徒刑或拘役的罪犯可以监外执行的情形

（1）患重病的：有严重疾病需要保外就医的。

有严重疾病需要保外就医的，可以暂予监外执行。一是，需要保外就医的严重疾病，法律对此有专门列举的疾病清单，只有所患疾病是"需要保外就医的严重疾病"才符合条件。二是，患病需要有相应的证明文件、鉴定意见等专业文件予以证明，且这些证明文件需要由省级人民政府指定的医院诊断并开具。程序审查严格。

（2）怀有身孕、处在哺乳期的：怀孕或者正在哺乳自己婴儿的妇女。

怀孕或者正在哺乳自己婴儿的妇女，可以暂予监外执行。这是人道主义原则的重要体现。其目的是不在执行场所对怀孕或者正在哺乳自己婴儿的妇女执行刑罚，而使罪犯回到家庭中，得到更好的照顾以及照顾好婴儿。

（3）生活不能自理，适用暂予监外执行不致危害社会的。

生活不能自理，适用暂予监外执行不致危害社会的罪犯，可以暂予监外执行。这主要考虑到有些被判处有期徒刑或者拘役的罪犯，虽然不符合上述两种情形的规定，但由于其年老体弱等原因，生活不能自理，不适宜继续执行刑罚。

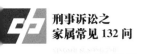

二、被判无期徒刑的罪犯可以监外执行的情形

对被判处无期徒刑的罪犯，如果是怀有身孕或者处在哺乳期的，可以暂予监外执行。

因为被判处无期徒刑的罪犯，大多是严重犯罪、主观恶性较深、罪行恶劣的罪犯，通常具有一定的社会危险性，如果允许其监外执行，可能会造成社会不安定的影响，所以法律规定判处无期徒刑的罪犯，仅有"怀孕、处在哺乳期"的，才可以暂予监外执行。

三、严重犯罪减刑为有期徒刑的罪犯，需执行一定期限后才可适用监外执行

对需要保外就医或者属于生活不能自理的累犯，以及故意杀人、强奸、抢劫、绑架、放火、爆炸、投放危险物质，或者有组织的暴力性犯罪的罪犯，原被判处死刑缓期二年执行或者无期徒刑的，应当在减为有期徒刑后执行有期徒刑七年以上方可适用暂予监外执行；原被判处十年以上有期徒刑的，应当执行原判刑期三分之一以上方可适用暂予监外执行。

四、不得暂予监外执行的情形

（1）对适用保外就医可能有社会危险性的罪犯。

（2）生活不能自理但可能有社会危险性的罪犯。

（3）自伤自残、不配合治疗的罪犯不得保外就医。自伤自残是指罪犯在关押场所内故意吞食异物，如钉子、大头钉等，使自己身体受到伤害、残疾等。

对上述罪犯不得暂予监外执行。

需要注意的是：对严重罪名的罪犯，职务犯罪、破坏金融管理秩序和金融诈骗犯罪、组织（领导、参加、包庇、纵容）黑社会性质组织犯罪的罪犯适用保外就医应当从严审批；对患有高血压、糖尿病、心脏病等严重疾病，但经诊断短期内没有生命危险的，不得暂予监外执行。

五、决定监外执行的机关

（1）在交付执行前，由人民法院决定。

（2）在监狱服刑的，由监狱审查同意后提请省级以上监狱管理机关批准。

（3）在看守所服刑的，由看守所审查同意后提请设区的市一级以上公安机关批准。

在对罪犯判处刑罚时，人民法院发现没有被关押在看守所的罪犯有符合法律

规定的暂予监外执行条件的，如罪犯因患有严重疾病被取保候审等，此时，人民法院在判处刑罚的同时，有权决定对该罪犯暂予监外执行。

根据人民法院的生效的判决，公安机关将罪犯送交监狱执行时，监狱在将该罪犯收押前，应当对送交执行的罪犯进行身体检查。如果在检查中发现罪犯符合暂予监外执行的条件时，可以暂不收监执行，而由原来作出判决的人民法院来决定暂予监外执行。

在刑罚的执行过程中发现罪犯有符合暂予监外执行条件的，由执行机关（如监狱、拘役所、看守所）提出书面材料和意见，报请省、自治区、直辖市监狱管理机关或者看守所、拘役所的主管公安机关批准，暂予监外执行。

六、人民检察院对监外执行的适用进行监督

为了保证监外执行的正确、合法适用，人民检察院应当对批准暂予监外执行的决定进行有效的监督。批准暂予监外执行的机关应当将批准的决定抄送人民检察院。经过审查，人民检察院认为被批准暂予监外执行的罪犯不符合法律规定的条件，也就是说，认为批准暂予监外执行决定是错误的，那么，人民检察院应当自接到通知当天起一个月内将书面意见送交批准暂予监外执行的机关。批准暂予监外执行的机关接到人民检察院的书面意见后，应当立即对批准决定进行重新审查，如果确实属于批准错误的，应当及时予以纠正。

如果发现被保外就医的罪犯不符合保外就医条件，或者严重违反保外就医规定的，应当及时通知原执行机关将罪犯收监，继续执行刑罚。执行中，该罪犯户口所在地或者常年生活所在地的基层组织，或者罪犯所在的原单位也应当积极协助公安机关进行监督。

七、适用监外执行的罪犯，依法实行社区矫正，由社区矫正机构负责执行

八、暂予监外执行的罪犯被收监继续执行的情形

对暂予监外执行的罪犯，有下列情形之一的，应当及时收监：

（1）发现不符合暂予监外执行条件的。

（2）未经批准离开所居住的市、县，经警告拒不改正，或者拒不报告行踪，脱离监管的。

（3）因违反监督管理规定受到治安管理处罚，仍不改正的。

（4）受到执行机关两次警告，仍不改正的。

（5）保外就医期间不按规定提交病情复查情况，经警告拒不改正的。

（6）暂予监外执行的情形消失后，刑期未满的。

（7）保证人丧失保证条件或者因不履行义务被取消保证人资格，不能在规定期限内提出新的保证人的（监外执行需要有保证人，同时缴纳保证金）。

（8）违反法律、行政法规和监督管理规定，情节严重的其他情形。

相关法条：

参见《中华人民共和国监狱法》第十七条、第二十五条至第二十八条。

参见《中华人民共和国刑事诉讼法》第二百六十五条至第二百六十九条。

《最高人民法院关于适用〈中华人民共和国刑事诉讼法〉的解释》

第五百一十四条　罪犯在被交付执行前，因有严重疾病、怀孕或者正在哺乳自己婴儿的妇女、生活不能自理的原因，依法提出暂予监外执行的申请的，有关病情诊断、妊娠检查和生活不能自理的鉴别，由人民法院负责组织进行。

第五百一十五条　被判处无期徒刑、有期徒刑或者拘役的罪犯，符合刑事诉讼法第二百六十五条第一款、第二款的规定，人民法院决定暂予监外执行的，应当制作暂予监外执行决定书，写明罪犯基本情况、判决确定的罪名和刑罚、决定暂予监外执行的原因、依据等。

人民法院在作出暂予监外执行决定前，应当征求人民检察院的意见。

人民检察院认为人民法院的暂予监外执行决定不当，在法定期限内提出书面意见的，人民法院应当立即对该决定重新核查，并在一个月以内作出决定。

对暂予监外执行的罪犯，适用本解释第五百一十九条的有关规定，依法实行社区矫正。

人民法院决定暂予监外执行的，由看守所或者执行取保候审、监视居住的公安机关自收到决定之日起十日以内将罪犯移送社区矫正机构。

第五百一十六条　人民法院收到社区矫正机构的收监执行建议书后，经审查，确认暂予监外执行的罪犯具有下列情形之一的，应当作出收监执行的决定：

（一）不符合暂予监外执行条件的；

（二）未经批准离开所居住的市、县，经警告拒不改正，或者拒不报告行踪，脱离监管的；

（三）因违反监督管理规定受到治安管理处罚，仍不改正的；

（四）受到执行机关两次警告，仍不改正的；

（五）保外就医期间不按规定提交病情复查情况，经警告拒不改正的；

（六）暂予监外执行的情形消失后，刑期未满的；

（七）保证人丧失保证条件或者因不履行义务被取消保证人资格，不能在规定期限内提出新的保证人的；

（八）违反法律、行政法规和监督管理规定，情节严重的其他情形。

《暂予监外执行规定》

第一条 为了规范暂予监外执行工作，严格依法适用暂予监外执行，根据刑事诉讼法、监狱法等有关规定，结合刑罚执行工作实际，制定本规定。

第二条 对罪犯适用暂予监外执行，分别由下列机关决定或者批准：

（一）在交付执行前，由人民法院决定；

（二）在监狱服刑的，由监狱审查同意后提请省级以上监狱管理机关批准；

（三）在看守所服刑的，由看守所审查同意后提请设区的市一级以上公安机关批准。

对有关职务犯罪罪犯适用暂予监外执行，还应当依照有关规定逐案报请备案审查。

第三条 对暂予监外执行的罪犯，依法实行社区矫正，由其居住地的社区矫正机构负责执行。

第四条 罪犯在暂予监外执行期间的生活、医疗和护理等费用自理。

罪犯在监狱、看守所服刑期间因参加劳动致伤、致残被暂予监外执行的，其出监、出所后的医疗补助、生活困难补助等费用，由其服刑所在的监狱、看守所按照国家有关规定办理。

第五条 对被判处有期徒刑、拘役或者已经减为有期徒刑的罪犯，有下列情形之一，可以暂予监外执行：

（一）患有属于本规定所附《保外就医严重疾病范围》的严重疾病，需要保外就医的；

（二）怀孕或者正在哺乳自己婴儿的妇女；

（三）生活不能自理的。

对被判处无期徒刑的罪犯，有前款第二项规定情形的，可以暂予监外执行。

第六条 对需要保外就医或者属于生活不能自理，但适用暂予监外执行可能有社会危险性，或者自伤自残，或者不配合治疗的罪犯，不得暂予监外执行。

对职务犯罪、破坏金融管理秩序和金融诈骗犯罪、组织（领导、参加、包庇、纵容）黑社会性质组织犯罪的罪犯适用保外就医应当从严审批，对患有高血压、糖尿病、心脏病等严重疾病，但经诊断短期内没有生命危险的，不得暂予监外执行。

对在暂予监外执行期间因违法违规被收监执行或者因重新犯罪被判刑的罪犯，需要再次适用暂予监外执行的，应当从严审批。

第七条　对需要保外就医或者属于生活不能自理的累犯以及故意杀人、强奸、抢劫、绑架、放火、爆炸、投放危险物质或者有组织的暴力性犯罪的罪犯，原被判处死刑缓期二年执行或者无期徒刑的，应当在减为有期徒刑后执行有期徒刑七年以上方可适用暂予监外执行；原被判处十年以上有期徒刑的，应当执行原判刑期三分之一以上方可适用暂予监外执行。

对未成年罪犯、六十五周岁以上的罪犯、残疾人罪犯，适用前款规定可以适度从宽。

对患有本规定所附《保外就医严重疾病范围》的严重疾病，短期内有生命危险的罪犯，可以不受本条第一款规定关于执行刑期的限制。

第八条　对在监狱、看守所服刑的罪犯需要暂予监外执行的，监狱、看守所应当组织对罪犯进行病情诊断、妊娠检查或者生活不能自理的鉴别。罪犯本人或者其亲属、监护人也可以向监狱、看守所提出书面申请。

监狱、看守所对拟提请暂予监外执行的罪犯，应当核实其居住地。需要调查其对所居住社区影响的，可以委托居住地县级司法行政机关进行调查。

监狱、看守所应当向人民检察院通报有关情况。人民检察院可以派员监督有关诊断、检查和鉴别活动。

第九条　对罪犯的病情诊断或者妊娠检查，应当委托省级人民政府指定的医院进行。医院出具的病情诊断或者检查证明文件，应当由两名具有副高以上专业技术职称的医师共同作出，经主管业务院长审核签名，加盖公章，并附化验单、影像学资料和病历等有关医疗文书复印件。

对罪犯生活不能自理情况的鉴别，由监狱、看守所组织有医疗专业人员参加的鉴别小组进行。鉴别意见由组织鉴别的监狱、看守所出具，参与鉴别的人员应当签名，监狱、看守所的负责人应当签名并加盖公章。

对罪犯进行病情诊断、妊娠检查或者生活不能自理的鉴别，与罪犯有亲属关系或者其他利害关系的医师、人员应当回避。

第十条　罪犯需要保外就医的，应当由罪犯本人或者其亲属、监护人提出保证人，保证人由监狱、看守所审查确定。

罪犯没有亲属、监护人的，可以由其居住地的村（居）民委员会、原所在单位或者社区矫正机构推荐保证人。

保证人应当向监狱、看守所提交保证书。

第十一条　保证人应当同时具备下列条件：

（一）具有完全民事行为能力，愿意承担保证人义务；

（二）人身自由未受到限制；

（三）有固定的住处和收入；

（四）能够与被保证人共同居住或者居住在同一市、县。

第十二条　罪犯在暂予监外执行期间，保证人应当履行下列义务：

（一）协助社区矫正机构监督被保证人遵守法律和有关规定；

（二）发现被保证人擅自离开居住的市、县或者变更居住地，或者有违法犯罪行为，或者需要保外就医情形消失，或者被保证人死亡的，立即向社区矫正机构报告；

（三）为被保证人的治疗、护理、复查以及正常生活提供帮助；

（四）督促和协助被保证人按照规定履行定期复查病情和向社区矫正机构报告的义务。

第十三条　监狱、看守所应当就是否对罪犯提请暂予监外执行进行审议。经审议决定对罪犯提请暂予监外执行的，应当在监狱、看守所内进行公示。对病情严重必须立即保外就医的，可以不公示，但应当在保外就医后三个工作日以内在监狱、看守所内公告。

公示无异议或者经审查异议不成立的，监狱、看守所应当填写暂予监外执行审批表，连同有关诊断、检查、鉴别材料、保证人的保证书，提请省级以上监狱管理机关或者设区的市一级以上公安机关批准。已委托进行核实、调查的，还应当附县级司法行政机关出具的调查评估意见书。

监狱、看守所审议暂予监外执行前，应当将相关材料抄送人民检察院。决定提请暂予监外执行的，监狱、看守所应当将提请暂予监外执行书面意见的副本和相关材料抄送人民检察院。人民检察院可以向决定或者批准暂予监外执行的机关提出书面意见。

第十四条　批准机关应当自收到监狱、看守所提请暂予监外执行材料之日起十五个工作日以内作出决定。批准暂予监外执行的，应当在五个工作日以内将暂予监外执行决定书送达监狱、看守所，同时抄送同级人民检察院、原判人民法院和罪犯居住地社区矫正机构。暂予监外执行决定书应当上网公开。不予批准暂予监外执行的，应当在五个工作日以内将不予批准暂予监外执行决定书送达监狱、看守所。

第十五条　监狱、看守所应当向罪犯发放暂予监外执行决定书，及时为罪犯办理出监、出所相关手续。

在罪犯离开监狱、看守所之前，监狱、看守所应当核实其居住地，书面通知其居住地社区矫正机构，并对其进行出监、出所教育，书面告知其在暂予监外执行期间应当遵守的法律和有关监督管理规定。罪犯应当在告知书上签名。

第十六条　监狱、看守所应当派员持暂予监外执行决定书及有关文书材料，将罪犯押送至居住地，与社区矫正机构办理交接手续。监狱、看守所应当及时将罪犯交接情况通报人民检察院。

第十七条　对符合暂予监外执行条件的，被告人及其辩护人有权向人民法院提出暂予监外执行的申请，看守所可以将有关情况通报人民法院。对被告人、罪犯的病情诊断、妊娠检查或者生活不能自理的鉴别，由人民法院依照本规定程序组织进行。

第十八条　人民法院应当在执行刑罚的有关法律文书依法送达前，作出是否暂予监外执行的决定。

人民法院决定暂予监外执行的，应当制作暂予监外执行决定书，写明罪犯基本情况、判决确定的罪名和刑罚、决定暂予监外执行的原因、依据等，在判决生效后七日以内将暂予监外执行决定书送达看守所或者执行取保候审、监视居住的公安机关和罪犯居住地社区矫正机构，并抄送同级人民检察院。

人民法院决定不予暂予监外执行的，应当在执行刑罚的有关法律文书依法送达前，通知看守所或者执行取保候审、监视居住的公安机关，并告知同级人民检察院。监狱、看守所应当依法接收罪犯，执行刑罚。

人民法院在作出暂予监外执行决定前，应当征求人民检察院的意见。

第十九条　人民法院决定暂予监外执行，罪犯被羁押的，应当通知罪犯居住地社区矫正机构，社区矫正机构应当派员持暂予监外执行决定书及时与看守所办理交接手续，接收罪犯档案；罪犯被取保候审、监视居住的，由社区矫正机构与执行取保候审、监视居住的公安机关办理交接手续。

第二十条　罪犯原服刑地与居住地不在同一省、自治区、直辖市，需要回居住地暂予监外执行的，原服刑地的省级以上监狱管理机关或者设区的市一级以上公安机关监所管理部门应当书面通知罪犯居住地的监狱管理机关、公安机关监所管理部门，由其指定一所监狱、看守所接收罪犯档案，负责办理罪犯收监、刑满释放等手续，并及时书面通知罪犯居住地社区矫正机构。

第二十一条　社区矫正机构应当及时掌握暂予监外执行罪犯的身体状况以及疾病治疗等情况，每三个月审查保外就医罪犯的病情复查情况，并根据需要向批准、决定机关或者有关监狱、看守所反馈情况。

第二十二条　罪犯在暂予监外执行期间因犯新罪或者发现判决宣告以前还有其他罪没有判决的，侦查机关应当在对罪犯采取强制措施后二十四小时以内，将有关情况通知罪犯居住地社区矫正机构；人民法院应当在判决、裁定生效后，及时将判决、裁定的结果通知罪犯居住地社区矫正机构和罪犯原服刑或者接收其档案的监狱、看守所。

罪犯按前款规定被判处监禁刑罚后，应当由原服刑的监狱、看守所收监执行；原服刑的监狱、看守所与接收其档案的监狱、看守所不一致的，应当由接收其档案的监狱、看守所收监执行。

第二十三条　社区矫正机构发现暂予监外执行罪犯依法应予收监执行的，应当提出收监执行的建议，经县级司法行政机关审核同意后，报决定或者批准机关。决定或者批准机关应当进行审查，作出收监执行决定的，将有关的法律文书送达罪犯居住地县级司法行政机关和原服刑或者接收其档案的监狱、看守所，并抄送同级人民检察院、公安机关和原判人民法院。

人民检察院发现暂予监外执行罪犯依法应予收监执行而未收监执行的，由决定或者批准机关同级的人民检察院向决定或者批准机关提出收监执行的检察建议。

第二十四条　人民法院对暂予监外执行罪犯决定收监执行的，决定暂予监外执行时剩余刑期在三个月以下的，由居住地公安机关送交看守所收监执行；决定暂予监外执行时剩余刑期在三个月以上的，由居住地公安机关送交监狱收监执行。

监狱管理机关对暂予监外执行罪犯决定收监执行的，原服刑或者接收其档案的监狱应当立即赴羁押地将罪犯收监执行。

公安机关对暂予监外执行罪犯决定收监执行的，由罪犯居住地看守所将罪犯收监执行。

监狱、看守所将罪犯收监执行后，应当将收监执行的情况报告决定或者批准机关，并告知罪犯居住地县级人民检察院和原判人民法院。

第二十五条　被决定收监执行的罪犯在逃的，由罪犯居住地县级公安机关负责追捕。公安机关将罪犯抓捕后，依法送交监狱、看守所执行刑罚。

第二十六条　被收监执行的罪犯有法律规定的不计入执行刑期情形的，社区矫正机构应当在收监执行建议书中说明情况，并附有关证明材料。批准机关进行审核后，应当及时通知监狱、看守所向所在地的中级人民法院提出不计入执行刑期的建议书。人民法院应当自收到建议书之日起一个月以内依法对罪犯的刑期重新计算作出裁定。

人民法院决定暂予监外执行的，在决定收监执行的同时应当确定不计入刑期的期间。

人民法院应当将有关的法律文书送达监狱、看守所，同时抄送同级人民检察院。

第二十七条　罪犯暂予监外执行后，刑期即将届满的，社区矫正机构应当在罪犯刑期届满前一个月以内，书面通知罪犯原服刑或者接收其档案的监狱、看守所按期办理刑满释放手续。

人民法院决定暂予监外执行罪犯刑期届满的，社区矫正机构应当及时解除社区矫正，向其发放解除社区矫正证明书，并将有关情况通报原判人民法院。

第二十八条　罪犯在暂予监外执行期间死亡的，社区矫正机构应当自发现之日起五日以内，书面通知决定或者批准机关，并将有关死亡证明材料送达罪犯原服刑或者接收其档案的监狱、看守所，同时抄送罪犯居住地同级人民检察院。

第二十九条　人民检察院发现暂予监外执行的决定或者批准机关、监狱、看守所、社区矫正机构有违法情形的，应当依法提出纠正意见。

第三十条　人民检察院认为暂予监外执行不当的，应当自接到决定书之日起一个月以内将书面意见送交决定或者批准暂予监外执行的机关，决定或者批准暂予监外执行的机关接到人民检察院的书面意见后，应当立即对该决定进行重新核查。

第三十一条　人民检察院可以向有关机关、单位调阅有关材料、档案，可以调查、核实有关情况，有关机关、单位和人员应当予以配合。

人民检察院认为必要时，可以自行组织或者要求人民法院、监狱、看守所对罪犯重新组织进行诊断、检查或者鉴别。

第三十二条　在暂予监外执行执法工作中，司法工作人员或者从事诊断、检查、鉴别等工作的相关人员有玩忽职守、徇私舞弊、滥用职权等违法违纪行为的，依法给予相应的处分；构成犯罪的，依法追究刑事责任。

第三十三条　本规定所称生活不能自理，是指罪犯因患病、身体残疾或者年老体弱，日常生活行为需要他人协助才能完成的情形。

生活不能自理的鉴别参照《劳动能力鉴定—职工工伤与职业病致残等级分级》（GB/T16180—2006）执行①。进食、翻身、大小便、穿衣洗漱、自主行动等五项日常生活行为中有三项需要他人协助才能完成，且经过六个月以上治疗、护理和观察，自理能力不能恢复的，可以认定为生活不能自理。六十五周岁以上的罪犯，上述五项日常生活行为有一项需要他人协助才能完成即可视为生活不能自理。

第三十四条　本规定自2014年12月1日起施行。最高人民检察院、公安部、司法部1990年12月31日发布的《罪犯保外就医执行办法》同时废止。

《关于贯彻执行〈暂予监外执行规定〉的通知》

一、严格把握暂予监外执行的实体条件

1. 对职务犯罪、金融犯罪、涉黑犯罪等"三类罪犯"，累犯，以及严重暴力犯罪罪犯，应当从严把握暂予监外执行的实体条件，认真进行调查核实，切实加强法律监督。

2. 正确理解和把握"经诊断短期内没有生命危险"的条件。对患有高血压、糖尿病、心脏病等疾病的职务犯罪、金融犯罪、涉黑犯罪等"三类罪犯"，除了经诊断短期内有生命危险且符合其他法定条件的以外，一律不得暂予监外执行。

二、完善办理暂予监外执行案件的程序

3. 监狱、看守所组织对罪犯进行病情诊断、妊娠检查或者生活不能自理的鉴别，检察机关根据需要可以派员监督有关诊断、检查和鉴别活动。

4. 检察机关审查的暂予监外执行案件材料，除有关法律文书外，还应当包括病情诊断或者检查证明文件、化验单、影像学资料、病历等有关医疗文书，并在审查完毕后一并予以归档。

5. 检察机关可以派员列席监狱、看守所的暂予监外执行评审会议，了解案件有关情况，根据需要发表意见。

---

① 2023年5月28日，《关于进一步规范暂予监外执行工作的意见》制定出台。规范了"生活不能自理"的鉴别参照《劳动能力鉴定　职工工伤与职业病致残等级（GB/T 16180—2014）》执行。该意见自2023年7月1日起施。

6. 检察机关应当在收到监狱、看守所抄送的提请暂予监外执行书面意见副本和相关材料后十日以内，进行审查并提出意见。案情复杂或者情况特殊的，可以延长十日。

三、加强对人民法院决定暂予监外执行的监督

7. 人民法院在作出暂予监外执行决定前征求意见的，检察机关应当及时审查并依法提出意见。

8. 检察机关应当主动、及时、全面掌握人民法院判决实刑罪犯的交付执行情况，发现人民法院对判决实刑罪犯未依法交付执行也未决定暂予监外执行的，应当依法提出纠正意见。

四、加强刑事执行检察部门和检察技术部门的配合

9. 刑事执行检察部门受理暂予监外执行案件后，应当委托检察技术部门进行技术性证据审查。检察技术部门受理后应当在五日以内完成技术性证据审查并出具书面审查意见；案情复杂或者情况特殊的，可以延长五日。

10. 刑事执行检察部门认为必要时，可以邀请检察技术部门派员参加监狱、看守所组织的诊断、检查和鉴别等活动，列席罪犯暂予监外执行评审会议。

11. 本院没有检察技术部门的，刑事执行检察部门可以委托其他检察院检察技术部门进行技术性证据审查，或者聘请相关临床专业的医学专家进行会诊或者提出专家意见。

12. 检察机关认为必要时，可以要求人民法院、监狱、看守所对罪犯重新组织进行诊断、检查或者鉴别，或者自行委托省级人民政府指定的医院对罪犯重新进行诊断、检查或者鉴别，所需经费在本院办案经费里解决。

五、严肃查办职务犯罪案件

13. 检察机关收到控告、举报或者发现司法工作人员在办理暂予监外执行案件中涉嫌违法的，应当依法进行调查，并根据情况，向有关单位提出纠正违法意见，建议更换办案人，或者建议予以纪律处分；构成犯罪的，依法追究刑事责任。

14. 检察机关发现暂予监外执行罪犯的疾病鉴定与本人病情不符，存在徇私舞弊犯罪嫌疑的，可以视情况先以事立案，再深入查究相关责任。

第 115 问：如何确定社区矫正执行地？

答：社区矫正执行地为社区矫正对象的居住地，而居住地包括户籍地和经常居住地。一般情况下，被矫正对象的户籍地即为执行地。当被矫正对象的户籍地与经常居住地不一致时，经常居住地为其执行地。经常居住地为社区矫正对象被追诉前已连续居住一年以上的地方，但住院就医的除外。

相关法条：

参见《中华人民共和国刑法》第三十八条、第七十六条。

参见《中华人民共和国刑事诉讼法》第八十五条、第二百六十九条。

参见《中华人民共和国社区矫正法》第十七条。

《最高人民法院关于适用〈中华人民共和国刑事诉讼法〉的解释》

第三条　被告人的户籍地为其居住地。经常居住地与户籍地不一致的，经常居住地为其居住地。经常居住地为被告人被追诉前已连续居住一年以上的地方，但住院就医的除外。

被告单位登记的住所地为其居住地。主要营业地或者主要办事机构所在地与登记的住所地不一致的，主要营业地或者主要办事机构所在地为其居住地。

第五百一十九条　对被判处管制、宣告缓刑的罪犯，人民法院应当依法确定社区矫正执行地。社区矫正执行地为罪犯的居住地；罪犯在多个地方居住的，可以确定其经常居住地为执行地；罪犯的居住地、经常居住地无法确定或者不适宜执行社区矫正的，应当根据有利于罪犯接受矫正、更好地融入社会的原则，确定执行地。

宣判时，应当告知罪犯自判决、裁定生效之日起十日以内到执行地社区矫正机构报到，以及不按期报到的后果。

人民法院应当自判决、裁定生效之日起五日以内通知执行地社区矫正机构，并在十日以内将判决书、裁定书、执行通知书等法律文书送达执行地社区矫正机构，同时抄送人民检察院和执行地公安机关。人民法院与社区矫正执行地不在同一地方的，由执行地社区矫正机构将法律文书转送所在地的人民检察院和公安机关。

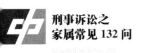

第 116 问：没钱缴纳罚金，就不能减刑吗？

答：不是绝对不能，但是罚金是否缴纳是衡量是否符合减刑要求的重要因素之一。确因经济困难没钱缴纳罚金，但是符合减刑要求"确有悔改表现或有立功表现"的，依然能够减刑，只是在综合考虑后减刑幅度可能会较情况类似但完全缴纳罚金的罪犯低。

一、减刑适用的对象

被判处管制、拘役、有期徒刑、无期徒刑的犯罪分子。

二、减刑适用的条件

1. 确有悔改表现或者立功表现可以减刑的

"确有悔改表现"是指同时具备以下四个方面情形：认罪悔罪；遵守法律法规及监规，接受教育改造；积极参加思想、文化、职业技术教育；积极参加劳动，努力完成劳动任务。

"立功表现"包括下列情形：

（1）阻止他人实施犯罪活动的。

（2）检举、揭发监狱内外犯罪活动，或者提供重要的破案线索，经查证属实的。

（3）协助司法机关抓捕其他犯罪嫌疑人的。

（4）在生产、科研中进行技术革新，成绩突出的。

（5）在抗御自然灾害或者排除重大事故中，表现积极的。

（6）对国家和社会有其他较大贡献的。

第（4）项、第（6）项中的技术革新或者其他较大贡献应当由罪犯在刑罚执行期间独立或者为主完成，并经省级主管部门确认。

2. 有重大立功表现的应当减刑

"重大立功表现"是指：

（1）阻止他人重大犯罪活动的。

（2）检举监狱内外重大犯罪活动，经查证属实的。

（3）有发明创造或者重大技术革新的。

（4）在日常生产、生活中舍己救人的。

（5）在抗御自然灾害或者排除重大事故中，有突出表现的。

（6）对国家和社会有其他重大贡献的。

三、在可以减刑的案件中，是否缴纳罚金是罪犯是否能够减刑的重要考虑因素，未缴纳罚金有可能不被认定为"确有悔改"

"可以减刑"的案件，即罪犯确有悔改表现或立功表现的案件。在办理这类案件时，应当综合考察罪犯犯罪的性质和具体情节，社会危害程度，原判刑罚，以及生效裁判中财产性判项的履行情况，交付执行后的一贯表现等因素。

罪犯未履行或者未全部履行财产性判项，具有下列情形之一的，不认定罪犯确有悔改表现：

（1）拒不交代赃款、赃物去向。

（2）隐瞒、藏匿、转移财产。

（3）有可供履行的财产拒不履行。

（4）无特殊原因狱内消费明显超出规定额度标准的，一般不认定罪犯确有悔改表现。

综上，罪犯确因经济困难无法缴纳罚金的，如果满足"确有悔改表现或者有立功表现"的，可以减刑；如果满足"有重大立功表现"的，应当减刑。

相关法条：

参见《中华人民共和国刑法》第七十八条至八十条。

《最高人民法院关于办理减刑、假释案件具体应用法律的规定》

第二条　对于罪犯符合刑法第七十八条第一款规定"可以减刑"条件的案件，在办理时应当综合考察罪犯犯罪的性质和具体情节、社会危害程度、原判刑罚及生效裁判中财产性判项的履行情况、交付执行后的一贯表现等因素。

第七条　对符合减刑条件的职务犯罪罪犯，破坏金融管理秩序和金融诈骗犯罪罪犯，组织、领导、参加、包庇、纵容黑社会性质组织犯罪罪犯，危害国家安全犯罪罪犯，恐怖活动犯罪罪犯，毒品犯罪集团的首要分子及毒品再犯，累犯，确有履行能力而不履行或者不全部履行生效裁判中财产性判项的罪犯，被判处十年以下有期徒刑的，执行二年以上方可减刑，减刑幅度应当比照本规定第六条从严掌握，一次减刑不超过一年有期徒刑，两次减刑之间应当间隔一年以上。

对被判处十年以上有期徒刑的前款罪犯，以及因故意杀人、强奸、抢劫、绑架、放火、爆炸、投放危险物质或者有组织的暴力性犯罪被判处十年以上有期徒刑的罪犯，数罪并罚且其中两罪以上被判处十年以上有期徒刑的罪犯，执行二年以上方可减刑，减刑幅度应当比照本规定第六条从严掌握，一次减刑不超过一年有期徒刑，两次减刑之间应当间隔一年六个月以上。

罪犯有重大立功表现的，可以不受上述减刑起始时间和间隔时间的限制。

第九条 对被判处无期徒刑的职务犯罪罪犯，破坏金融管理秩序和金融诈骗犯罪罪犯，组织、领导、参加、包庇、纵容黑社会性质组织犯罪罪犯，危害国家安全犯罪罪犯，恐怖活动犯罪罪犯，毒品犯罪集团的首要分子及毒品再犯，累犯以及因故意杀人、强奸、抢劫、绑架、放火、爆炸、投放危险物质或者有组织的暴力性犯罪的罪犯，确有履行能力而不履行或者不全部履行生效裁判中财产性判项的罪犯，数罪并罚被判处无期徒刑的罪犯，符合减刑条件的，执行三年以上方可减刑，减刑幅度应当比照本规定第八条从严掌握，减刑后的刑期最低不得少于二十年有期徒刑；减为有期徒刑后再减刑时，减刑幅度比照本规定第六条从严掌握，一次不超过一年有期徒刑，两次减刑之间应当间隔二年以上。

罪犯有重大立功表现的，可以不受上述减刑起始时间和间隔时间的限制。

第十一条 对被判处死刑缓期执行的职务犯罪罪犯，破坏金融管理秩序和金融诈骗犯罪罪犯，组织、领导、参加、包庇、纵容黑社会性质组织犯罪罪犯，危害国家安全犯罪罪犯，恐怖活动犯罪罪犯，毒品犯罪集团的首要分子及毒品再犯，累犯以及因故意杀人、强奸、抢劫、绑架、放火、爆炸、投放危险物质或者有组织的暴力性犯罪的罪犯，确有履行能力而不履行或者不全部履行生效裁判中财产性判项的罪犯，数罪并罚被判处死刑缓期执行的罪犯，减为无期徒刑后，符合减刑条件的，执行三年以上方可减刑，一般减为二十五年有期徒刑，有立功表现或者重大立功表现的，可以比照本规定第十条减为二十三年以上二十五年以下有期徒刑；减为有期徒刑后再减刑时，减刑幅度比照本规定第六条从严掌握，一次不超过一年有期徒刑，两次减刑之间应当间隔二年以上。

第二十七条 对于生效裁判中有财产性判项，罪犯确有履行能力而不履行或者不全部履行的，不予假释。

第三十八条 人民法院作出的刑事判决、裁定发生法律效力后，在依照《刑事诉讼法》第二百五十三条、第二百五十四条的规定将罪犯交付执行刑罚时，如果生效裁判中有财产性判项，人民法院应当将反映财产性判项执行、履行情况的有关材料一并随案移送刑罚执行机关。罪犯在服刑期间本人履行或者其亲属代为履行生效裁判中财产性判项的，应当及时向刑罚执行机关报告。刑罚执行机关报请减刑时应随案移送以上材料。

人民法院办理减刑、假释案件时，可以向原一审人民法院核实罪犯履行财产性判项的情况。原一审人民法院应当出具相关证明。

刑罚执行期间，负责办理减刑、假释案件的人民法院可以协助原一审人民法院执行生效裁判中的财产性判项。

第四十一条　本规定所称"财产性判项"是指判决罪犯承担的附带民事赔偿义务判项，以及追缴、责令退赔、罚金、没收财产等判项。

《最高人民法院关于减刑、假释案件审理程序的规定》

第五条　人民法院审理减刑、假释案件，除应当审查罪犯在执行期间的一贯表现外，还应当综合考虑犯罪的具体情节、原判刑罚情况、财产刑执行情况、附带民事裁判履行情况、罪犯退赃退赔等情况。

人民法院审理假释案件，除应当审查第一款所列情形外，还应当综合考虑罪犯的年龄、身体状况、性格特征、假释后生活来源以及监管条件等影响再犯罪的因素。

执行机关以罪犯有立功表现或重大立功表现为由提出减刑的，应当审查立功或重大立功表现是否属实。涉及发明创造、技术革新或者其他贡献的，应当审查该成果是否系罪犯在执行期间独立完成，并经有关主管机关确认。

《最高人民法院 最高人民检察院 公安部 司法部印发〈关于加强减刑、假释案件实质化审理的意见〉的通知》

1. 坚持全面依法审查。审理减刑、假释案件应当全面审查刑罚执行机关报送的材料，既要注重审查罪犯交付执行后的一贯表现，同时也要注重审查罪犯犯罪的性质、具体情节、社会危害程度、原判刑罚及生效裁判中财产性判项的履行情况等，依法作出公平、公正的裁定，切实防止将考核分数作为减刑、假释的唯一依据。

7. 严格审查罪犯履行财产性判项的能力。罪犯未履行或者未全部履行财产性判项，具有下列情形之一的，不认定罪犯确有悔改表现：

（1）拒不交代赃款、赃物去向；

（2）隐瞒、藏匿、转移财产；

（3）有可供履行的财产拒不履行。

对于前款罪犯，无特殊原因狱内消费明显超出规定额度标准的，一般不认定罪犯确有悔改表现。

8. 严格审查反映罪犯是否有再犯罪危险的材料。对于报请假释的罪犯，应当认真审查刑罚执行机关提供的反映罪犯服刑期间现实表现和生理、心理状况的材料，并认真审查司法行政机关或者有关社会组织出具的罪犯假释后对所居住社区影响的材料，同时结合罪犯犯罪的性质、具体情节、社会危害程度、原判刑罚及生效裁判中财产性判项的履行情况等，综合判断罪犯假释后是否具有再犯罪危险性。

11. 充分发挥庭审功能。人民法院开庭审理减刑、假释案件，应当围绕罪犯实际服刑表现、财产性判项执行履行情况等，认真进行法庭调查。人民检察院应当派员出庭履行职务，并充分发表意见。人民法院对于有疑问的证据材料，要重点进行核查，必要时可以要求有关机关或者罪犯本人作出说明，有效发挥庭审在查明事实、公正裁判中的作用。

14. 强化审判组织的职能作用。人民法院审理减刑、假释案件，合议庭成员应当对罪犯是否符合减刑或者假释条件、减刑幅度是否适当、财产性判项是否执行履行等情况，充分发表意见。对于重大、疑难、复杂的减刑、假释案件，合议庭必要时可以提请院长决定提交审判委员会讨论，但提请前应当先经专业法官会议研究。

15. 完善财产性判项执行衔接机制。人民法院刑事审判部门作出具有财产性判项内容的刑事裁判后，应当及时按照规定移送负责执行的部门执行。刑罚执行机关对罪犯报请减刑、假释时，可以向负责执行财产性判项的人民法院调取罪犯财产性判项执行情况的有关材料，负责执行的人民法院应当予以配合。刑罚执行机关提交的关于罪犯财产性判项执行情况的材料，可以作为人民法院认定罪犯财产性判项执行情况和判断罪犯是否具有履行能力的依据。

第 117 问：亲人被判刑后，其工作还能保住吗？

答：亲人涉及刑事犯罪被判刑后，其工作还能不能保住要看罪犯是做什么工作的。

一、公职人员

公职人员，原则上涉嫌犯罪后一律都要被开除，其工作也就保不住了。只有非常特殊的情况，比如，罪犯是因为过失犯罪且判处管制、拘役或者三年以下有期徒刑的，经上一级机关批准，有可能不被开除，而是予以撤职。

公职人员是指：

（1）中国共产党机关、人民代表大会及其常务委员会机关、人民政府、监察委员会、人民法院、人民检察院、中国人民政治协商会议各级委员会机关、民主党派机关和工商业联合会机关的公务员，以及参照《中华人民共和国公务员法》管理的人员。

（2）法律、法规授权或者受国家机关依法委托管理公共事务的组织中从事公务的人员。

（3）国有企业管理人员。

（4）公办的教育、科研、文化、医疗卫生、体育等单位中从事管理的人员。

（5）基层群众性自治组织中从事管理的人员。

（6）其他依法履行公职的人员。

公职人员犯罪，有下列情形之一的，予以开除：

（1）因故意犯罪被判处管制、拘役或者有期徒刑以上刑罚（含宣告缓刑）的。

（2）因过失犯罪被判处有期徒刑，刑期超过三年的。

（3）因犯罪被单处或者并处剥夺政治权利的。

（4）因过失犯罪被判处管制、拘役或者三年以下有期徒刑的，一般应当予以开除；案件情况特殊，予以撤职更为适当的，可以不予开除，但是应当报请上一级机关批准。

二、事业单位的工作人员

事业单位的一般工作人员（非公职人员），判刑后是否会被开除，要看具体被判处的刑罚轻重。被判处有期徒刑以上刑罚的，会被开除，那工作就保不住了；如果是被判处管制、拘役、缓刑的，就不会被开除，工作就能保住。

事业单位中的公职人员，按照公职人员判刑的情况处理。

三、国有企业员工

国有企业的一般工作人员，并不一定被解除劳动关系，要根据公司章程和内部规定来决定。需要注意的是，用人单位对被追究刑事责任的劳动者享有解除劳动关系的权利。

国有企业的管理者是公职人员，按照公职人员被判刑后的情况处理。

四、一般企业

一般企业的员工，被判刑后是否被开除，取决于企业的内部规定和要求。需要注意的是，企业对被追究刑事责任的劳动者享有解除劳动关系的权利。也就是说，一般企业员工的工作能不能保住，取决于公司。

五、特殊行业可能会有特殊的规定

比如律师，需要取得律师执业证才能以律师身份开展工作，一旦律师犯罪被判刑后，将会被吊销律师执照，无法再以律师身份从事律师工作。又如，从事几类司法鉴定业务的人员，故意犯罪或者职务过失犯罪，被判刑后就不得再从事司法鉴定业务。再如拍卖师，故意犯罪被判刑后，也不得再从事拍卖师的工作，等等。

相关法条：

参见《中华人民共和国公务员法》第二条、第二十六条。

参见《中华人民共和国公职人员政务处分法》第二条。

参见《中华人民共和国监察法》第十五条。

参见《中华人民共和国劳动法》第二十五条。

参见《中华人民共和国律师法》第七条。

参见《中华人民共和国拍卖法》第十五条。

《事业单位工作人员处分暂行规定》

第二十二条 事业单位工作人员被依法判处刑罚的，给予降低岗位等级或者撤职以上处分。其中，被依法判处有期徒刑以上刑罚的，给予开除处分。

行政机关任命的事业单位工作人员，被依法判处刑罚的，给予开除处分。

《全国人民代表大会常务委员会关于司法鉴定管理问题的决定》

四、具备下列条件之一的人员，可以申请登记从事司法鉴定业务：

（一）具有与所申请从事的司法鉴定业务相关的高级专业技术职称；

（二）具有与所申请从事的司法鉴定业务相关的专业执业资格或者高等院校相关专业本科以上学历，从事相关工作五年以上；

（三）具有与所申请从事的司法鉴定业务相关工作十年以上经历，具有较强的专业技能。

因故意犯罪或者职务过失犯罪受过刑事处罚的，受过开除公职处分的，以及被撤销鉴定人登记的人员，不得从事司法鉴定业务。

第118问：亲人被判刑后，对其子女有没有影响？

答：亲人被判刑后，对其子女在政审方面会有影响。父母或者其他直系亲属服过刑，不影响报考公务员的普通岗位，但对于报考军警、服兵役、入党，以及报考公检法相关的岗位，一般是有影响的。

一、亲人被判刑，子女报考警校可能受限

报考警校对于学生的政治审查要求严格，在警校招生中，考生有下列情形之一的，为政审不合格：

其一，曾受过刑事处罚、劳动教养、少年管教，或者近五年曾受过治安处罚的。

其二，有违法犯罪嫌疑正在被政法机关侦查、控制的。

其三，曾受过开除学籍、团籍或者党籍纪律处分，或者近三年曾受过记过以上纪律处分的。

其四，曾参加过邪教和其他非法组织，或者带有黑社会性质组织的。

其五，有过吸毒史的。

其六，直系亲属和关系密切的旁系亲属中有被判处死刑或者因危害国家安全罪被判刑，或者因其他犯罪正在服刑的。

其七，直系亲属和关系密切的旁系亲属中有正在被政法机关侦查、控制的犯罪嫌疑人，或者有邪教和其他非法组织的骨干分子或顽固不化、继续坚持错误立场的。

其八，其他不宜录取的情形。比如，考生的直系亲属正在服刑，或者被判处死刑，或者因为危害国家安全罪被判刑，该考生无法通过警校的政审。

二、亲人被判刑，子女征兵入伍可能受限

入伍当兵人员的政审十分严格，当父母或家庭主要成员被判刑，这对孩子的征兵入伍影响是非常大的，根据《征兵政治审查工作规定》：

家庭主要成员、直接抚养人、主要社会关系成员或者对本人影响较大的其他亲属被刑事处罚或者开除党籍、开除公职的；家庭主要成员、直接抚养人、主要社会关系成员或者对本人影响较大的其他亲属因涉嫌违法犯罪正在被调查处理，或者正在被侦查、起诉或者审判的，不得征集服现役。

即家庭的主要成员被刑事处罚、开除党籍、开除公职的，或因涉嫌违法犯罪正被调查处理等情况下，该家庭的其他成员都不得征集服现役。

三、亲人被判刑，子女入党可能受限

《中国共产党发展党员工作细则》规定：党组织必须对发展对象进行政治审查。入党是件神圣且严肃的事情，所有发展党员都要进行政治审查，除了对个人表现进行审查，还要对直系亲属及与本人关系密切的主要社会关系的政治情况进行审查。因此当亲人被判刑后，其子女的政治审查可能会通不过，进而影响其子女入党。

四、亲人被判刑，子女考公务员可能会受限

国家公务员招考有政审环节。政治审查主要审查考生本人的思想作风及法制观念，但对于公检法这类政法相关的岗位或者与国家安全相关的岗位，政治审查会更加严格，如果直系血亲有犯罪记录，有可能会影响其子女的录用。

相关法条：

《公安部关于印发〈公安机关录用人民警察政治考察工作办法〉的通知》

第九条　考察对象的家庭成员具有下列情形之一的，其本人不得确定为拟录用人选：

（一）因故意杀人、故意伤害致人重伤或者死亡、强奸、抢劫、贩卖毒品、放火、爆炸、投放危险物质罪等社会影响恶劣的严重犯罪，或者贪污贿赂数额巨大、具有严重情节，受到刑事处罚的；

（二）有危害国家安全、荣誉和利益行为的；

（三）组织、参加、支持暴力恐怖、民族分裂、宗教极端、邪教、黑社会性质的组织，或者参与相关活动的；

（四）其他可能影响考察对象录用后依法公正履职的情形。

《征兵政治考核工作规定》

第八条 【具体条件】具有下列情形之一的公民，不得征集服现役：

（一）因散布有政治性问题的言论，撰写、编著、制作、发表、出版、传播有危害国家安全或者其他政治性问题的文章、著作、音像制品，编造或者传播有政治性问题的手机、互联网信息，参加法律禁止的政治性组织等，受过处罚的；

（二）组织、参加、支持民族分裂、暴力恐怖、宗教极端等非法组织的；

（三）组织、参加邪教、有害气功组织以及黑社会性质的组织，或者参与相关活动的；

（四）曾被刑事处罚、行政拘留或者收容教养的，涉嫌违法犯罪正在被调查处理或者被侦查、起诉、审判的；

（五）被开除公职、责令辞职、开除学籍，或者被开除党籍、留党察看、开除团籍的；

（六）与国（境）外政治背景复杂的组织或者人员联系，政治上可疑，被有关部门记录在案的；

（七）有涉及淫秽、暴力和非法组织标志等文身的；

（八）家庭成员、主要社会关系成员有危害国家安全行为受到刑事处罚或者正在被侦查、起诉、审判的，组织、参加、支持民族分裂、暴力恐怖、宗教极端等非法组织的，是邪教、有害气功组织或者黑社会性质的组织成员的；

（九）其他不符合征集服现役政治条件的。

第119问：亲人被判刑后，其做股东有无影响？

答：亲人被判刑后，对一般股东无影响，但对董事、监事、高级管理人员有限制。

《中华人民共和国公司法》明确规定，因贪污、贿赂、侵占财产、挪用财产或者破坏社会主义市场经济秩序，被判处刑罚，执行期满未逾五年的，或者因犯罪被剥夺政治权利，执行期满未逾五年的，不得担任公司的董事、监事、高级管理人员。

相关法条：

参见《中华人民共和国公司法》第一百四十六条。

第 120 问：亲人被判刑后，其债权、债务怎么办？

答：亲人被判刑后，其债权的实现和债务的履行不会受到影响。

一、亲人被判刑，债务不消灭

债务关系不会因为债务人被判处刑罚而消灭，偿还债务属于其应当承担的民事责任，被判刑后之前欠下的债务仍然需要以其个人财产按时清偿，不方便的话可以先委托家人或者朋友代还债务。如果债务人到期不按时偿还债务，债权人仍然可以向法院递交起诉状请求维护自己的债权利益。如果债务人因服刑暂时没有能力偿还的，经过债权人同意或者是人民法院调解，可以由债务人进行分期偿还。有能力而拒不偿还的，由人民法院强制执行，只是在送达等程序上《民事诉讼法》进行了特别的规定。

二、亲人被判刑，债权不消灭

罪犯在执行刑罚期间，依法享有正常的民事权利，对于他人所欠的债务，可以委托授权律师或者亲属，以自己的名义与债务人协商。如果协商不成的，可以委托授权律师向原告所在地的人民法院提起诉讼进行索要，主张债权。

相关法条：

参见《中华人民共和国民事诉讼法》第九十三条、第九十四条。
参见《中华人民共和国民法典》第六百七十五条。

第 121 问：亲人被判刑后，机动车年检、驾驶证更换怎么办？

答：委托他人办理或申请延期。

一、机动车年检可以委托他人代办

亲人被判刑后，机动车年检可以委托他人代办。机动车年审不需要本人亲自去办理，因此服刑人员可以委托家人或朋友带上车辆行驶证，车辆来年的交强险的单据去办理车辆年检。

二、家属可代为申请延期换证

亲人被判刑后，机动车驾驶人无法在限定时间内办理换证、审验的，可以提交身体条件证明等相关材料，向发证单位申请延期，延长期限最长是 3 年，家属可以代替服刑人员办理延期业务。

如果服刑期超过 3 年，驾驶证只能被注销，待服刑完后重新办理。根据《机动车驾驶证申领和使用规定》，机动车驾驶人超过机动车驾驶证有效期一年以上未换证的，车辆管理所应当注销其机动车驾驶证。被注销机动车驾驶证未超过两年的，机动车驾驶人参加道路交通安全法律、法规和相关知识考试合格后，可以恢复驾驶资格。申请人可以向机动车驾驶证核发地或者核发地以外的车辆管理所申请。

因此，驾驶证有效期超过一年没有换证的，就会被注销，注销之后两年内，只要去参加笔试并合格，就可以重新拿回驾驶证。

相关法条：

《机动车驾驶证申领和使用规定》

第七十九条 机动车驾驶人具有下列情形之一的，车辆管理所应当注销其机动车驾驶证：

（一）死亡的；

（二）提出注销申请的；

（三）丧失民事行为能力，监护人提出注销申请的；

（四）身体条件不适合驾驶机动车的；

（五）有器质性心脏病、癫痫病、美尼尔氏症、眩晕症、癔病、震颤麻痹、精神病、痴呆以及影响肢体活动的神经系统疾病等妨碍安全驾驶疾病的；

（六）被查获有吸食、注射毒品后驾驶机动车行为，正在执行社区戒毒、强制隔离戒毒、社区康复措施，或者长期服用依赖性精神药品成瘾尚未戒除的；

（七）代替他人参加机动车驾驶人考试的；

（八）超过机动车驾驶证有效期一年以上未换证的；

（九）年龄在 70 周岁以上，在一个记分周期结束后一年内未提交身体条件证明的；或者持有残疾人专用小型自动挡载客汽车准驾车型，在三个记分周期结束后一年内未提交身体条件证明的；

（十）年龄在 60 周岁以上，所持机动车驾驶证只具有轮式专用机械车、无轨电车或者有轨电车准驾车型，或者年龄在 70 周岁以上，所持机动车驾驶证只具有低速载货汽车、三轮汽车准驾车型的；

（十一）机动车驾驶证依法被吊销或者驾驶许可依法被撤销的。

有第一款第二项至第十一项情形之一，未收回机动车驾驶证的，应当公告机动车驾驶证作废。

有第一款第八项情形被注销机动车驾驶证未超过二年的，机动车驾驶人参加道路交通安全法律、法规和相关知识考试合格后，可以恢复驾驶资格。申请人可以向机动车驾驶证核发地或者核发地以外的车辆管理所申请。

有第一款第九项情形被注销机动车驾驶证，机动车驾驶证在有效期内或者超过有效期不满一年的，机动车驾驶人提交身体条件证明后，可以恢复驾驶资格。申请人可以向机动车驾驶证核发地或者核发地以外的车辆管理所申请。

有第一款第二项至第九项情形之一，按照第二十七条规定申请机动车驾驶证，有道路交通安全违法行为或者交通事故未处理记录的，应当将道路交通安全违法行为、交通事故处理完毕。

第 122 问：亲人被判刑后，交纳的商业保险怎么办？

答：亲人被判刑后，其交纳的商业保险依旧有效。

投保和受益作为民事权利，并不因为当事人被判刑而剥夺，因为民事权利具有不可剥夺性。因此服刑人员既可以自己投保商业保险，也可由家属为其投保商业保险。根据《最高人民法院关于适用〈中华人民共和国保险法〉若干问题的解释（三）》中第二十三条第二款的规定："被保险人在羁押、服刑期间因意外或者疾病造成伤残或者死亡，保险人主张根据保险法第四十五条的规定不承担给付保险金责任的，人民法院不予支持。"因此如果保险合同中没有特别规定服刑人员是否免责，那么服刑人员在服刑期间不幸罹患重疾可以进行保险理赔，如果服刑人员在保险期间不幸身亡，也可以进行保险理赔。也即被保人购买的商业保险在保险合同理赔范围内和免责条款外，任何保险事故，保险公司都应正常理赔。

相关法条：

参见《中华人民共和国保险法》第四十三条、第四十五条。

《最高人民法院关于适用〈中华人民共和国保险法〉若干问题的解释（三）》

第二十三条　保险人主张根据保险法第四十五条的规定不承担给付保险金责任的，应当证明被保险人的死亡、伤残结果与其实施的故意犯罪或者抗拒依法采取的刑事强制措施的行为之间存在因果关系。

被保险人在羁押、服刑期间因意外或者疾病造成伤残或者死亡，保险人主张根据保险法第四十五条的规定不承担给付保险金责任的，人民法院不予支持。

第 123 问：亲人被判刑后，缴纳的社保怎么办？

答：亲人被判羁押刑的，服刑期间暂停缴费，服刑期满后可继续缴费并享受社保待遇。被判处非羁押刑的，可继续缴纳并享受社保待遇。此处以广东省的相关规定为例。广东省的规定具有普遍参考价值，但不排除有些地区有差异性的规定，具体可到当地人社局了解情况。

一、未退休服刑人员

1. 被判羁押刑

参照广东省的相关规定，参保人被判处拘役、有期徒刑及以上刑罚的，服刑期间暂停缴纳养老保险费，服刑期满后可继续缴费，服刑前后的缴费年限和个人账户储存额合并计算。

2. 被判非羁押刑

参照广东省的相关规定，参保人被判处管制、有期徒刑宣告缓刑或被假释的，可继续缴纳养老保险费，并享受财政补贴。参保人因涉嫌犯罪被通缉，在押期间，养老保险费暂停缴纳。

二、已退休服刑人员

1. 被判羁押刑的

根据《关于退休人员被判刑后有关养老保险待遇问题的复函》（劳社厅函〔2001〕44 号），企业职工基本养老保险退休人员被判处拘役、有期徒刑及以上刑罚的，服刑期间停发基本养老金，服刑期满后可以按服刑前的标准继续发给基本养老金，并参加以后的基本养老金调整。

2. 被判非羁押刑的

根据《关于退休人员被判刑后有关养老保险待遇问题的复函》（劳社厅函〔2001〕44 号），退休人员被判处管制、有期徒刑宣告缓刑和监外执行的，可以继续发给基本养老金，但不参与基本养老金调整。

相关法条：

《关于加强和完善城镇职工基本医疗保险个人账户管理有关问题的通知》

参保人在参保期间被判刑、劳动教养的，其医疗保险关系予以冻结，个人账户予以封存，个人账户资金继续计息。

参保人刑满释放或解除劳动教养后，其个人账户按以下规定办理：

（1）有用人单位接收安置的，由该用人单位到医疗保险经办机构办理恢复其基本医疗保险关系和个人账户启封手续。参保人为职工的，按规定继续参加城镇职工基本医疗保险，缴纳基本医疗保险费，个人账户按月划入；参保人为退休人员的，从恢复领取基本养老金或退休金之月起，个人账户按月划入。

（2）参保人在判刑、劳动教养期间达到符合享受退休人员基本医疗保险待遇条件的，刑满释放或解除劳动教养回原单位办理退休手续后，从领取基本养老金或退休金之月起，享受基本医疗保险待遇，个人账户资金按月划入。

（3）参保人在判刑、劳动教养期间达到法定退休年龄，未达到退休人员享受基本医疗保险待遇的缴费年限，但符合补缴条件的，刑满释放或解除劳动教养回原单位办理退休手续后，应一次性补足剩余缴费年限应缴纳的基本医疗保险费。从补缴次月起，享受基本医疗保险待遇，个人账户资金按月划入。

《关于退休人员被判刑后有关养老保险待遇问题的复函》

退休人员被判处拘役、有期知徒刑及以上刑罚或被劳动教养的，服刑或劳动教养期间停发基本养老金，服刑或劳动教养期满后可以按服刑或劳动教养前的标准继内续发给基本养老金，并参加以后的基本养老金调整。退休人员被判处管制、有期徒刑宣告缓刑和监外执行的，可以继续发给基本养老金，但不参与基本养老金调整。

第 124 问：亲人作为公职人员被判刑后，其退休工资受影响吗？

答：公职人员被判处有期徒刑以上刑罚的，自判决生效之日的下月起取消其退休金和其他退休待遇。

具体包括：

其一，对于被劳动教养、治安拘留、取保候审、监视居住、强制收容教育、强制戒毒、羁押、管制、拘役、有期徒刑缓刑的，停发基本退休金，其受行政、刑事处罚期间的生活费按照《人事部关于国家机关、事业单位工作人员受行政刑事处罚工资处理意见的复函》（人函〔1999〕177号）办理。

其二，退休的国家公务员在任职期间或者退休后触犯刑律，被依法判处有期徒刑以上刑罚的，自判决生效之日的下月起取消退休金和其他退休待遇。

相关法条：

《监察部关于对犯错误的已退休国家公务员追究行政纪律责任若干问题的通知》

一、关于国家公务员退休后，因违纪需要追究责任的行政处理及待遇的问题

（一）对于国家公务员在任期间违纪，退休后被立案调查且应当追究其行政纪律责任的，考虑到他们已退出国家公务员队伍，可不作处分决定。根据其所犯错误，按照《国家公务员暂行条例》规定的处分种类和标准，按以下办法作出行政处理决定：

1. 应当给予记过或者记大过处分的，按照每两年一次增加退休费的标准，降低其基本退休金。

2. 应当给予降级处分的，以退休时的级别为基础，降低一个级别重新确定其基本退休金。处分前已经发放的退休金不再退回。

3. 应当给予撤职处分的，以退休时所担任的职务为基础，降低一职以上职务，按照规定从新确定相应的职级待遇后，重新确定其基本退休金。同时，按照所受处分降低其相应的政治待遇和生活待遇。处分前已发放的基本退休金不再退回。

4. 应当给予开除处分的，一般不再给予开除处分，改为撤职处分。以退休时的职务为基础，降低三职以上职务，其中对于担任副主任科员以下职务的，

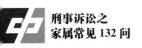

降低办事员职务，按照规定重新确定相应的职级待遇后，重新确定其基本退休金。同时，按照所受处分降低其相应的政治待遇和生活待遇。处分前已发放的基本退休金不再退回。

（二）对于国家公务员退休后，犯有危害国家安全、荣誉和利益，以及泄密、贪污、贿赂等严重违纪行为，但尚不够给予行政处罚或者刑事处罚的，根据其所犯错误，比照应受到的行政处分的种类，按以下办法作出行政处理决定：

1. 当给予记过或者记大过处分的，按照每两年一次增加退休费的标准，降低其基本退休金。

2. 当给予降级以上处分的，按照每两年一次增加退休费的标准，降低其基本退休金，再以降低后的基本退休金为基数，按下列不同比例减发基本退休金：

应当给予降级处分的，减发其基本退休金的 5%；

应当给予撤职处分的，减发其基本退休金的 10%，并按撤职处分相应降低其政治待遇和生活待遇；

应当给予开除处分的，减发其基本退休金的 15%，并按降低三职以上职务，降低其政治待遇和生活待遇。

二、国家公务员退休后，因违法需要追究责任的行政处理及待遇问题

（一）对于被劳动教养、治安拘留、取保候审、监视居住、强制收容教育、强制戒毒、羁押、管制、拘役、有期徒刑缓刑的，停发基本退休金，其受行政、刑事处罚期间的生活费按照《关于国家机关、事业单位工作人员受行政刑事处罚工资处理意见的复函》（人函〔1999〕177 号）办理。

（二）退休的国家公务员在任职期间或者退休后触犯刑律，被依法判处有期徒刑以上刑罚的，自判决生效之日的下月起取消退休金和其他退休待遇。

三、对于退休后的国家公务员因违反行政纪律取得的财务应当根据《中华人民共和国行政监察法》第二十四条第（二）项的规定处理。

第 125 问：配偶被判刑后，要离婚如何办理？

答：我国的离婚制度分为协议离婚和诉讼离婚两种。由于婚姻关系当事人对离婚所持的态度不同，在处理程序上也不相同。

如果夫妻中一人被判刑，在服刑期间要离婚的，通常采取诉讼离婚的方式来进行。

因为协议离婚，服刑一方不能亲自到婚姻登记机关办理离婚手续，原则上服刑人员可以向监狱申请离监办理，并由管教干警陪同或者由监狱协调婚姻登记机关到监狱办理离婚登记，但在实践中执行起来非常困难。

如果是非服刑人员一方起诉离婚，起诉时，应当向原告住所地法院提起诉讼，住所地与经常居住地不一致的向经常居住地法院提起诉讼。

如果是服刑人员起诉离婚，起诉时，应当向被告住所地法院提起诉讼，住所地与经常居住地不一致的向经常居住地法院提起诉讼。

相关法条：

参见《中华人民共和国民法典》第一千零七十六条至第一千零八十三条。

参见《中华人民共和国民事诉讼法》第二十二条、第二十三条。

第 126 问：亲人被判刑后，要处理房产怎么办？

答：首先，确定被判刑的人没有被判处没收所有财产；其次，确认房产是其合法财产，那么处理自己的合法财产是每个人的权利，被判处刑罚的人仍然可以行使这一权利。只是服刑人员因为被羁押，无法亲自办理，那么可以委托代理人帮其处理，需要出具本人签署的授权委托书，如果涉及到处分房产，授权委托书需要进行公证。

服刑人员可以通过会见或写信，向家属传达其委托代理人的需求，然后委托代理人联系公证处一同到其羁押场所办理委托手续、开展相关工作。服刑人员也可以向监狱进行申请，由监狱向房管局申请工作人员进监狱办理，或者向监狱申请，请求公证处的公证人员到监狱进行委托公证，委托给自己的指定人员办理房产。

每个地方相应的政策可能存在不同之处，家属可先到当地房管机构进行咨询。

相关法条：

参见《中华人民共和国民法典》第一百六十一条至第一百六十三条。

《不动产登记暂行条例》

第十五条　当事人或者其代理人应当向不动产登记机构申请不动产登记。

不动产登记机构将申请登记事项记载于不动产登记簿前，申请人可以撤回登记申请。

第十六条　申请人应当提交下列材料，并对申请材料的真实性负责：

（一）登记申请书；

（二）申请人、代理人身份证明材料、授权委托书；

（三）相关的不动产权属来源证明材料、登记原因证明文件、不动产权属证书；

（四）不动产界址、空间界限、面积等材料；

（五）与他人利害关系的说明材料；

（六）法律、行政法规以及本条例实施细则规定的其他材料。

不动产登记机构应当在办公场所和门户网站公开申请登记所需材料目录和示范文本等信息。

《不动产登记暂行条例实施细则》

第十二条　当事人可以委托他人代为申请不动产登记。

代理申请不动产登记的，代理人应当向不动产登记机构提供被代理人签字或者盖章的授权委托书。

自然人处分不动产，委托代理人申请登记的，应当与代理人共同到不动产登记机构现场签订授权委托书，但授权委托书经公证的除外。

境外申请人委托他人办理处分不动产登记的，其授权委托书应当按照国家有关规定办理认证或者公证。

第 127 问：被告人对终审判决不服怎么办？

答：被告人对终审判决不服，可以向人民法院或者人民检察院提出申诉。但是提出申诉，不一定会启动再审程序，只有当案件符合法定的启动再审的条件时，人民法院才会启动再审，重新审判案件。

启动再审的法定条件：

（1）有新的证据证明原判决、裁定认定的事实确有错误，可能影响定罪量刑的。

（2）据以定罪量刑的证据不确实、不充分、依法应当排除的。

（3）证明案件事实的主要证据之间存在矛盾的。

（4）主要事实依据被依法变更或者撤销的。

（5）认定罪名错误的。

（6）量刑明显不当的。

（7）对违法所得或者其他涉案财物的处理确有明显错误的。

（8）违反法律关于溯及力规定的。

（9）违反法定诉讼程序，可能影响公正裁判的。

（10）审判人员在审理该案件时有贪污受贿、徇私舞弊、枉法裁判行为的。

申诉不具有上述法定情形的，人民法院应当说服申诉人撤回申诉；对仍然坚持申诉的，应当书面通知驳回。

申诉人对驳回申诉不服的，可以向上一级人民法院申诉。上一级人民法院经审查认为申诉不符合法定条件的，应当说服申诉人撤回申诉；对仍然坚持申诉的，应当驳回或者通知不予重新审判。

人民法院按照审判监督程序重新审判的案件，由原审人民法院审理的，应当另行组成合议庭进行。如果原来是第一审案件，应当依照第一审程序进行审判，所作的判决、裁定，可以上诉、抗诉；如果原来是第二审案件，或者是上级人民法院提审的案件，应当依照第二审程序进行审判，所作的判决、裁定，是终审的判决、裁定。

相关法条：

参见《中华人民共和国刑事诉讼法》第二百五十二条、第二百五十三条。

《最高人民法院关于适用〈中华人民共和国刑事诉讼法〉的解释》

第四百五十一条　当事人及其法定代理人、近亲属对已经发生法律效力的判决、裁定提出申诉的，人民法院应当审查处理。

案外人认为已经发生法律效力的判决、裁定侵害其合法权益，提出申诉的，人民法院应当审查处理。

申诉可以委托律师代为进行。

第四百五十七条　对立案审查的申诉案件，应当在三个月以内作出决定，至迟不得超过六个月。因案件疑难、复杂、重大或者其他特殊原因需要延长审查期限的，参照本解释第二百一十条的规定处理。

经审查，具有下列情形之一的，应当根据刑事诉讼法第二百五十三条的规定，决定重新审判：

（一）有新的证据证明原判决、裁定认定的事实确有错误，可能影响定罪量刑的；

（二）据以定罪量刑的证据不确实、不充分、依法应当排除的；

（三）证明案件事实的主要证据之间存在矛盾的；

（四）主要事实依据被依法变更或者撤销的；

（五）认定罪名错误的；

（六）量刑明显不当的；

（七）对违法所得或者其他涉案财物的处理确有明显错误的；

（八）违反法律关于溯及力规定的；

（九）违反法定诉讼程序，可能影响公正裁判的；

（十）审判人员在审理该案件时有贪污受贿、徇私舞弊、枉法裁判行为的。

申诉不具有上述情形的，应当说服申诉人撤回申诉；对仍然坚持申诉的，应当书面通知驳回。

第四百五十八条 具有下列情形之一，可能改变原判决、裁定据以定罪量刑的事实的证据，应当认定为刑事诉讼法第二百五十三条第一项规定的"新的证据"：

（一）原判决、裁定生效后新发现的证据；

（二）原判决、裁定生效前已经发现，但未予收集的证据；

（三）原判决、裁定生效前已经收集，但未经质证的证据；

（四）原判决、裁定所依据的鉴定意见，勘验、检查等笔录被改变或者否定的；

（五）原判决、裁定所依据的被告人供述、证人证言等证据发生变化，影响定罪量刑，且有合理理由的。

第 128 问：申请再审，可以委托律师吗？

答：可以委托律师申请再审。

相关法条：

《最高人民法院关于适用〈中华人民共和国刑事诉讼法〉的解释》

第四百五十一条　当事人及其法定代理人、近亲属对已经发生法律效力的判决、裁定提出申诉的，人民法院应当审查处理。

案外人认为已经发生法律效力的判决、裁定侵害其合法权益，提出申诉的，人民法院应当审查处理。

申诉可以委托律师代为进行。

第 129 问：家属可否代为申诉，流程是什么？

答：当事人家属可以代为申诉。申诉可向法院提出，也可向检查院提起，具体流程有所区别。

一、向法院申诉

1. 需要准备的材料

（1）申诉状，应当写明当事人的基本情况、联系方式以及申诉的事实与理由。

（2）原一、二审判决书、裁定书等法律文书。经过人民法院复查或者再审的，应当附有驳回申诉通知书、再审决定书、再审判决书、裁定书。

（3）其他相关材料。以有新的证据证明原判决、裁定认定的事实确有错误为由申诉的，应当同时附有相关证据材料；申请人民法院调查取证的，应当附有相关线索或者材料。

材料符合规定的，人民法院应当出具收到申诉材料的回执，不符合规定的，人民法院应当告知申诉人补充材料；若申诉人拒绝补充必要材料且无正当理由的，不予审查。

2. 向哪个法院进行申诉

（1）一般向终审法院进行申诉：申诉由终审人民法院审查处理。但是，第二审人民法院裁定准许撤回上诉的案件，申诉人对第一审判决提出申诉的，可以由第一审人民法院审查处理。

（2）直接向终审法院的上一级法院申诉：当事人直接向终审法院的上一级法院提出申诉的，上一级人民法院可以告知申诉人向终审人民法院提出申诉，或者上一级人民法院可以直接交终审人民法院审查处理，案件疑难、复杂、重大的，也可以直接审查处理。

（3）直接向上级人民法院申诉的：当事人对未经终审人民法院及其上一级人民法院审查处理的申诉，直接向上级人民法院申诉的，上级人民法院不会受理，但会告知申诉人向下级人民法院提出申诉。

3. 由哪个法院对申诉进行审查

（1）申诉由终审人民法院审查处理。

但是，第二审人民法院裁定准许撤回上诉的案件，申诉人对第一审判决提出申诉的，可以由第一审人民法院审查处理。

上一级人民法院对未经终审人民法院审查处理的申诉可以直接交终审人民法院审查处理，并告知申诉人；案件疑难、复杂、重大的，也可以直接审查处理。

（2）上级人民法院可以指定其他法院对申诉进行审查。

最高人民法院或者上级人民法院可以指定终审人民法院以外的人民法院对申诉进行审查。被指定的人民法院审查后，应当制作审查报告，提出处理意见，层报最高人民法院或者上级人民法院审查处理。

（3）死刑案件的申诉可以由原核准法院或者原审法院进行审查。

对死刑案件的申诉，可以由原核准的人民法院直接审查处理，也可以交由原审人民法院审查。原审人民法院应当制作审查报告，提出处理意见，层报原核准的人民法院审查处理。

4. 申诉审查期限

申诉人提交申诉材料后，法院会审查后作出决定，是否启动再审程序。

对立案审查的申诉案件，应当在三个月以内作出决定，至迟不得超过六个月。因案件疑难、复杂、重大或者其他特殊原因需要延长审查期限的，经最高院批准可以延长。

经审查，符合法定条件的，决定重新审判；不符合法定条件的应当说服申诉人撤回申诉；对仍然坚持申诉的，应当书面通知驳回。

申诉人对驳回申诉不服的，可以向上一级人民法院申诉。上一级人民法院经审查认为申诉不符合法定条件的，应当说服申诉人撤回申诉；对仍然坚持申诉的，应当驳回或者通知不予重新审判。

二、向检察院申诉

由作出生效判决、裁定的人民法条的同级人民检察院依法办理。

当事人及其法定代理人、近亲属认为人民法院已经发生法律效力的判决、裁定确有错误，向人民检察院申诉的，由作出生效判决、裁定的人民法院的同级人民检察院依法办理。

向哪个检察院申诉：

（1）一般向作出生效判决、裁定的人民法院的同级人民检察院申诉。

（2）直接向上级人民检察院申诉的，上级人民检察院可以交由作出生效判决、裁定的人民法院的同级人民检察院受理；案情重大、疑难、复杂的，上级人民检察院可以直接受理。

（3）提出申诉，经人民检察院复查决定不予抗诉后继续提出申诉的，上一级人民检察院应当受理。

（4）经两级人民检察院办理且省级人民检察院已经复查的，如果没有新的证据，人民检察院不再复查，但原审被告人可能被宣告无罪或者判决、裁定有其他重大错误可能的除外。

人民检察院对提出申诉的案件复查终结后，在十日内通知申诉人，并制发《刑事申诉复查通知书》。

人民检察院对不服人民法院已经发生法律效力的判决、裁定的申诉案件复查终结后，应当制作刑事申诉复查通知书，在十日以内通知申诉人。

经复查向上一级人民检察院提请抗诉的，应当在上一级人民检察院作出是否抗诉的决定后制作刑事申诉复查通知书。

检察院审查后认为需要抗诉的，提请上一级人民检察院抗诉。

地方各级人民检察院对不服同级人民法院已经发生法律效力的判决、裁定的申诉复查后，认为需要提出抗诉的，应当提请上一级人民检察院抗诉。

上级人民检察院对下一级人民检察院提请抗诉的申诉案件进行审查后，认为需要提出抗诉的，应当向同级人民法院提出抗诉。

相关法条：

参见《中华人民共和国刑事诉讼法》第二百五十二条至第二百五十八条。

《最高人民法院关于适用〈中华人民共和国刑事诉讼法〉的解释》

第四百五十一条　当事人及其法定代理人、近亲属对已经发生法律效力的判决、裁定提出申诉的，人民法院应当审查处理。

案外人认为已经发生法律效力的判决、裁定侵害其合法权益，提出申诉的，人民法院应当审查处理。

申诉可以委托律师代为进行。

第四百五十二条　向人民法院申诉，应当提交以下材料：

（一）申诉状。应当写明当事人的基本情况、联系方式以及申诉的事实与理由；

（二）原一、二审判决书、裁定书等法律文书。经过人民法院复查或者再审的，应当附有驳回申诉通知书、再审决定书、再审判决书、裁定书；

（三）其他相关材料。以有新的证据证明原判决、裁定认定的事实确有错误为由申诉的，应当同时附有相关证据材料；申请人民法院调查取证的，应当附有相关线索或者材料。

申诉符合前款规定的，人民法院应当出具收到申诉材料的回执。申诉不符合前款规定的，人民法院应当告知申诉人补充材料；申诉人拒绝补充必要材料且无正当理由的，不予审查。

第四百五十三条　申诉由终审人民法院审查处理。但是，第二审人民法院裁定准许撤回上诉的案件，申诉人对第一审判决提出申诉的，可以由第一审人民法院审查处理。

上一级人民法院对未经终审人民法院审查处理的申诉，可以告知申诉人向终审人民法院提出申诉，或者直接交终审人民法院审查处理，并告知申诉人；案件疑难、复杂、重大的，也可以直接审查处理。

对未经终审人民法院及其上一级人民法院审查处理，直接向上级人民法院申诉的，上级人民法院应当告知申诉人向下级人民法院提出。

第四百五十四条　最高人民法院或者上级人民法院可以指定终审人民法院以外的人民法院对申诉进行审查。被指定的人民法院审查后，应当制作审查报告，提出处理意见，层报最高人民法院或者上级人民法院审查处理。

第四百五十五条　对死刑案件的申诉，可以由原核准的人民法院直接审查处理，也可以交由原审人民法院审查。原审人民法院应当制作审查报告，提出处理意见，层报原核准的人民法院审查处理。

第四百五十六条　对立案审查的申诉案件，人民法院可以听取当事人和原办案单位的意见，也可以对原判据以定罪量刑的证据和新的证据进行核实。必要时，可以进行听证。

第四百五十七条　对立案审查的申诉案件，应当在三个月以内作出决定，至迟不得超过六个月。因案件疑难、复杂、重大或者其他特殊原因需要延长审查期限的，参照本解释第二百一十条的规定处理。

经审查，具有下列情形之一的，应当根据刑事诉讼法第二百五十三条的规定，决定重新审判：

（一）有新的证据证明原判决、裁定认定的事实确有错误，可能影响定罪量刑的；

（二）据以定罪量刑的证据不确实、不充分、依法应当排除的；

（三）证明案件事实的主要证据之间存在矛盾的；

（四）主要事实依据被依法变更或者撤销的；

（五）认定罪名错误的；

（六）量刑明显不当的；

（七）对违法所得或者其他涉案财物的处理确有明显错误的；

（八）违反法律关于溯及力规定的；

（九）违反法定诉讼程序，可能影响公正裁判的；

（十）审判人员在审理该案件时有贪污受贿、徇私舞弊、枉法裁判行为的。

申诉不具有上述情形的，应当说服申诉人撤回申诉；对仍然坚持申诉的，应当书面通知驳回。

第四百五十八条　具有下列情形之一，可能改变原判决、裁定据以定罪量刑的事实的证据，应当认定为刑事诉讼法第二百五十三条第一项规定的"新的证据"：

（一）原判决、裁定生效后新发现的证据；

（二）原判决、裁定生效前已经发现，但未予收集的证据；

（三）原判决、裁定生效前已经收集，但未经质证的证据；

（四）原判决、裁定所依据的鉴定意见，勘验、检查等笔录被改变或者否定的；

（五）原判决、裁定所依据的被告人供述、证人证言等证据发生变化，影响定罪量刑，且有合理理由的。

第四百五十九条　申诉人对驳回申诉不服的，可以向上一级人民法院申诉。上一级人民法院经审查认为申诉不符合刑事诉讼法第二百五十三条和本解释第四百五十七条第二款规定的，应当说服申诉人撤回申诉；对仍然坚持申诉的，应当驳回或者通知不予重新审判。

第四百六十条　各级人民法院院长发现本院已经发生法律效力的判决、裁定确有错误的，应当提交审判委员会讨论决定是否再审。

第四百六十一条　上级人民法院发现下级人民法院已经发生法律效力的判决、裁定确有错误的，可以指令下级人民法院再审；原判决、裁定认定事实正确但适用法律错误，或者案件疑难、复杂、重大，或者有不宜由原审人民法院审理情形的，也可以提审。

上级人民法院指令下级人民法院再审的，一般应当指令原审人民法院以外的下级人民法院审理；由原审人民法院审理更有利于查明案件事实、纠正裁判错误的，可以指令原审人民法院审理。

第四百六十二条　对人民检察院依照审判监督程序提出抗诉的案件，人民法院应当在收到抗诉书后一个月以内立案。但是，有下列情形之一的，应当区别情况予以处理：

（一）不属本院管辖的，应当将案件退回人民检察院；

（二）按照抗诉书提供的住址无法向被抗诉的原审被告人送达抗诉书的，应当通知人民检察院在三日以内重新提供原审被告人的住址；逾期未提供的，将案件退回人民检察院；

（三）以有新的证据为由提出抗诉，但未附相关证据材料或者有关证据不是指向原起诉事实的，应当通知人民检察院在三日以内补送相关材料；逾期未补送的，将案件退回人民检察院。

决定退回的抗诉案件，人民检察院经补充相关材料后再次抗诉，经审查符合受理条件的，人民法院应当受理。

第四百六十三条　对人民检察院依照审判监督程序提出抗诉的案件，接受抗诉的人民法院应当组成合议庭审理。对原判事实不清、证据不足，包括有新的证据证明原判可能有错误，需要指令下级人民法院再审的，应当在立案之日起一个月以内作出决定，并将指令再审决定书送达抗诉的人民检察院。

第四百六十四条　对决定依照审判监督程序重新审判的案件，人民法院应当制作再审决定书。再审期间不停止原判决、裁定的执行，但被告人可能经再审改判无罪，或者可能经再审减轻原判刑罚而致刑期届满的，可以决定中止原判决、裁定的执行，必要时，可以对被告人采取取保候审、监视居住措施。

第四百六十五条 依照审判监督程序重新审判的案件，人民法院应当重点针对申诉、抗诉和决定再审的理由进行审理。必要时，应当对原判决、裁定认定的事实、证据和适用法律进行全面审查。

第四百六十六条 原审人民法院审理依照审判监督程序重新审判的案件，应当另行组成合议庭。

原来是第一审案件，应当依照第一审程序进行审判，所作的判决、裁定可以上诉、抗诉；原来是第二审案件，或者是上级人民法院提审的案件，应当依照第二审程序进行审判，所作的判决、裁定是终审的判决、裁定。

符合刑事诉讼法第二百九十六条、第二百九十七条规定的，可以缺席审判。

第四百六十七条 对依照审判监督程序重新审判的案件，人民法院在依照第一审程序进行审判的过程中，发现原审被告人还有其他犯罪的，一般应当并案审理，但分案审理更为适宜的，可以分案审理。

第四百六十八条 开庭审理再审案件，再审决定书或者抗诉书只针对部分原被告人，其他同案原审被告人不出庭不影响审理的，可以不出庭参加诉讼。

第四百六十九条 除人民检察院抗诉的以外，再审一般不得加重原审被告人的刑罚。再审决定书或者抗诉书只针对部分原审被告人的，不得加重其他同案原审被告人的刑罚。

第四百七十条 人民法院审理人民检察院抗诉的再审案件，人民检察院在开庭审理前撤回抗诉的，应当裁定准许；人民检察院接到出庭通知后不派员出庭，且未说明原因的，可以裁定按撤回抗诉处理，并通知诉讼参与人。

人民法院审理申诉人申诉的再审案件，申诉人在再审期间撤回申诉的，可以裁定准许；但认为原判确有错误的，应当不予准许，继续按照再审案件审理。申诉人经依法通知无正当理由拒不到庭，或者未经法庭许可中途退庭的，可以裁定按撤回申诉处理，但申诉人不是原审当事人的除外。

第四百七十一条 开庭审理的再审案件，系人民法院决定再审的，由合议庭组成人员宣读再审决定书；系人民检察院抗诉的，由检察员宣读抗诉书；系申诉人申诉的，由申诉人或者其辩护人、诉讼代理人陈述申诉理由。

第四百七十二条 再审案件经过重新审理后，应当按照下列情形分别处理：

（一）原判决、裁定认定事实和适用法律正确、量刑适当的，应当裁定驳

回申诉或者抗诉,维持原判决、裁定;

(二) 原判决、裁定定罪准确、量刑适当,但在认定事实、适用法律等方面有瑕疵的,应当裁定纠正并维持原判决、裁定;

(三) 原判决、裁定认定事实没有错误,但适用法律错误或者量刑不当的,应当撤销原判决、裁定,依法改判;

(四) 依照第二审程序审理的案件,原判决、裁定事实不清、证据不足的,可以在查清事实后改判,也可以裁定撤销原判,发回原审人民法院重新审判。

原判决、裁定事实不清或者证据不足,经审理事实已经查清的,应当根据查清的事实依法裁判;事实仍无法查清,证据不足,不能认定被告人有罪的,应当撤销原判决、裁定,判决宣告被告人无罪。

第四百七十三条 原判决、裁定认定被告人姓名等身份信息有误,但认定事实和适用法律正确、量刑适当的,作出生效判决、裁定的人民法院可以通过裁定对有关信息予以更正。

第四百七十四条 对再审改判宣告无罪并依法享有申请国家赔偿权利的当事人,人民法院宣判时,应当告知其在判决发生法律效力后可以依法申请国家赔偿。

《人民检察院刑事诉讼规则》

第五百九十三条 当事人及其法定代理人、近亲属认为人民法院已经发生法律效力的判决、裁定确有错误,向人民检察院申诉的,由作出生效判决、裁定的人民法院的同级人民检察院依法办理。

当事人及其法定代理人、近亲属直接向上级人民检察院申诉的,上级人民检察院可以交由作出生效判决、裁定的人民法院的同级人民检察院受理;案情重大、疑难、复杂的,上级人民检察院可以直接受理。

当事人及其法定代理人、近亲属对人民法院已经发生法律效力的判决、裁定提出申诉,经人民检察院复查决定不予抗诉后继续提出申诉的,上一级人民检察院应当受理。

第五百九十四条 对不服人民法院已经发生法律效力的判决、裁定的申诉,经两级人民检察院办理且省级人民检察院已经复查的,如果没有新的证据,人民检察院不再复查,但原审被告人可能被宣告无罪或者判决、裁定有其他重大错误可能的除外。

第五百九十五条 人民检察院对已经发生法律效力的判决、裁定的申诉复查后，认为需要提请或者提出抗诉的，报请检察长决定。

地方各级人民检察院对不服同级人民法院已经发生法律效力的判决、裁定的申诉复查后，认为需要提出抗诉的，应当提请上一级人民检察院抗诉。

上级人民检察院对下一级人民检察院提请抗诉的申诉案件进行审查后，认为需要提出抗诉的，应当向同级人民法院提出抗诉。

人民法院开庭审理时，同级人民检察院应当派员出席法庭。

第五百九十六条　人民检察院对不服人民法院已经发生法律效力的判决、裁定的申诉案件复查终结后，应当制作刑事申诉复查通知书，在十日以内通知申诉人。

经复查向上一级人民检察院提请抗诉的，应当在上一级人民检察院作出是否抗诉的决定后制作刑事申诉复查通知书。

第五百九十七条　最高人民检察院发现各级人民法院已经发生法律效力的判决或者裁定，上级人民检察院发现下级人民法院已经发生法律效力的判决或者裁定确有错误时，可以直接向同级人民法院提出抗诉，或者指令作出生效判决、裁定人民法院的上一级人民检察院向同级人民法院提出抗诉。

第五百九十八条　人民检察院按照审判监督程序向人民法院提出抗诉的，应当将抗诉书副本报送上一级人民检察院。

第五百九十九条　对按照审判监督程序提出抗诉的案件，人民检察院认为人民法院再审作出的判决、裁定仍然确有错误的，如果案件是依照第一审程序审判的，同级人民检察院应当按照第二审程序向上一级人民法院提出抗诉；如果案件是依照第二审程序审判的，上一级人民检察院应当按照审判监督程序向同级人民法院提出抗诉。

第六百条　人民检察院办理按照第二审程序、审判监督程序抗诉的案件，认为需要对被告人采取强制措施的，参照本规则相关规定。决定采取强制措施应当经检察长批准。

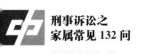

第 130 问：未上诉案件，是否还可以申诉？

答：可以。

刑事案件一审未上诉，当事人依然享有申诉的权利。申诉的对象是已经发生法律效力的判决、裁定，而上诉的对象是尚未发生法律效力的一审判决、裁定。一审案件未上诉，一审判决或裁定因此而生效，即使没有在法定期限内提起上诉，但是针对该生效的一审判决或裁定，当事人依法可以进行申诉。

只要申诉的案件符合：一有新的证据证明原判决、裁定认定的事实确有错误，可能影响定罪量刑的；二据以定罪量刑的证据不确实、不充分、依法应当予以排除，或者证明案件事实的主要证据之间存在矛盾的；三原判决、裁定适用法律确有错误的；四违反法律规定的诉讼程序，可能影响公正审判的；五审判人员在审理该案件的时候，有贪污受贿，徇私舞弊，枉法裁判行为的等情形之一的，人民法院依法应当重新审判。

由此可知，案件是否上诉，并不影响当事人申诉的权利，也不是法院决定是否重新审判的法定理由。

相关法条：

参见《中华人民共和国刑事诉讼法》第二百五十二条、第二百五十三条。

第 131 问：最高人民法院核准死刑后，何时执行？

答：下级人民法院接到最高人民法院执行死刑的命令后，应当在七日以内交付执行。

根据《中华人民共和国刑事诉讼法》的规定，最高人民法院判处和核准的死刑立即执行的判决，应当由最高人民法院院长签发执行死刑的命令。下级人民法院接到最高人民法院执行死刑的命令后，应当在七日以内交付执行。

相关法条：

参见《中华人民共和国刑事诉讼法》第二百六十一条、第二百六十二条。

第 132 问：死刑的执行方式有哪些？

答：根据《刑事诉讼法》的规定，死刑采取枪决或者注射等方法执行。

相关法条：

参见《中华人民共和国刑事诉讼法》第二百六十三条。

附录　相关法律参考

《中华人民共和国宪法》		《中华人民共和国刑法》	
《中华人民共和国刑事诉讼法》		《中华人民共和国律师法》	
《中华人民共和国法律援助法》		《中华人民共和国监狱法》	

《中华人民共和国 国家赔偿法》		《中华人民共和国 法官法》	
《中华人民共和国 社区矫正法》		《中华人民共和国 公务员法》	
《中华人民共和国 公职人员政务处分法》		《中华人民共和国 监察法》	
《中华人民共和国 拍卖法》		《中华人民共和国 劳动法》	
《中华人民共和国 公司法》		《中华人民共和国 民法典》